本书为国家社会科学基金项目"民族地区农村社会保障难点问题研究"最终成果

本书由湖北省人文社科重点研究基地"湖北民族地区经济社会发展研究中心"资助出版

民族地区农村社会保障
难点问题研究

黄瑞芹　著

人 民 出 版 社

目　录

第一章
导　论

第一节　研究民族地区农村社会保障的意义

一、进一步建设和完善民族地区农村社会保障制度

党的十八大描绘了全面建成小康社会、加快推进社会主义现代化的宏伟蓝图。我国贫困人口主要集中在民族地区，其贫困具有整体性、长期性、深度性特征，因此，民族地区的经济发展是我国全面建设小康社会的难中之难、重中之重。民族地区的经济社会能否快速发展直接影响整个宏伟蓝图的实现。

我们党历来重视民生问题，特别是党的十七大报告将"加快推进以改善民生为重点的社会建设"单独列篇，首次系统地提出了改善民生的理念和政策取向，将民生问题提升到前所未有的高度。党的十八大报告又指出"加强社会建设，必须以保障和改善民生为重点。要多谋民生之利，多解民生之忧，解决好人民最关心、最直接、最现实的利益问题，在学有所教、劳有所得、病有所医、老有所养、住有所居上持续取得新进展，努力让人民过上更好生活"[①]。这进一步明确了社会保障制度建设在保障民生和改善民生中的核心作用。

我国社会保障制度建设的战略目标是在 2020 年前全面建成覆

---

① 中国共产党第十八次全国代表大会：《坚定不移沿着中国特色社会主义道路前进、为全面建成小康社会而奋斗》，《人民日报》2012-11-18。

盖城乡居民的社会保障体系。二元经济结构体制下，我国城乡经济发展水平极不平衡，城镇与农村社会保障之间存在较大差异，农村的社会保障制度在保障项目、覆盖范围、筹资标准和保障水平等方面都明显低于城镇。民族地区的社会保障制度是我国社会保障体系的重要组成部分，民族地区社会保障制度建设能否跟上全国社会保障制度发展的步伐，直接影响到全面建成覆盖城乡居民社会保障体系这一战略目标的实现。按照我国整体社会保障二元结构的特征，民族地区的社会保障体系也分为民族地区城镇社会保障制度和民族地区农村社会保障制度两个部分。民族地区城镇社会保障制度经过30多年的发展，基本可以融入国家统一的城镇社会保障体系之中。而民族地区的农村社会保障制度发展水平相对滞后，甚至有些保障项目才刚刚起步。同时，相对于其他地区，民族地区的农村社会保障制度建设又有其特殊性。因此，民族地区农村社会保障制度是目前我国社会保障制度建设的重点和难点。

民族地区农村社会保障制度的建设和完善对于促进民族地区经济发展、缩小城乡差距、维护社会公平的重要作用已经达成共识。但是，民族地区农村社会保障制度体系构建是否完善？各个社会保障项目制度设计是否合理？各个社会保障项目制度设计的目标是什么？在多大程度上实现了制度最初设定的目标？各个社会保障项目实施效果如何？农民对各个社会保障项目的满意度如何？这一系列问题的回答将成为各级政府进一步完善和修正各个社会保障项目的依据。

因此，剖析民族地区农村社会保障运行面临的政治、经济、社会、自然和行政环境，在这些特殊的环境背景下，结合民族地区农村社会保障制度运行机制，分析各个社会保障项目急需解决的难点问题，评价现行社会保障制度实施效果，从而提出民族地区农村社会保障制度优化策略，还有待进一步研究，这些都赋予了本课题重要的理论与现实意义。

二、民族地区农村社会保障的难点问题

(一)民族地区

民族地区是指少数民族聚集居住的地方，依据少数民族聚居区人口的多少、区域面积的大小，我国民族自治地方分为自治区、自治州、自治县三级。目前我国共建立了 155 个民族自治地方，包括 5 个自治区、30 个自治州、120 个自治县(旗)。[①]由于贵州省、云南省、青海省三省是少数民族分布比较集中的多民族省份，一般也常被纳入民族地区范围之内，与内蒙古自治区、新疆维吾尔自治区、广西壮族自治区、宁夏回族自治区、西藏自治区五个自治区共同形成"民族八省区"。本研究着重描述"民族八省区"的农村社会保障实施状况，并选取部分民族自治县进行实地调查，深入分析民族地区农村社会保障的难点问题。

(二)农村社会保障

农村社会保障是指以法律为依据，以国家、集体和农民投入为依托，通过国民收入的分配和再分配，对农村社会成员的基本生产过程和生活给予的物质保障(王越，2005)。我国农村社会保障制度包括农村社会救助、农村社会保险、农村社会福利三个方面的内容。农村社会救助是农村社会保障制度较低层次的一种保障，保障对象是农村最困难的群体，目的是保障农村居民的生存需要。农村社会保险是农村社会保障制度的核心，保障对象主要是劳动者，目的是帮助其在暂时或永久丧失劳动能力或劳动机会时仍能保障其基本生活。农村社会福利是农村社会保障制度较高层次的一种保障，保障对象是全体农村居民，目的是改善和提高其物质文化生活水平和质量。

目前，已经实施的新型农村社会养老保险和新型农村合作医疗是我国农村社会保险的核心。新型农村社会养老保险(简称新农

[①] 具体名单参见国家民族事务委员会：《民族自治地方分布图》，国家民委门户网，http://www.seac.gov.cn/col/col121/index.html。

保）是我国农村社会养老保险的一项基本制度，旨在解决农村居民老有所养的问题。新型农村合作医疗（简称新农合）是由政府组织、引导、支持，农民自愿参加，个人、集体和政府多方筹资，以大病统筹为主的农民医疗互助共济制度[①]，在缓解农民因病致贫、因病返贫方面发挥着重要作用，已成为我国农村的一项基本医疗保障制度。农村最低生活保障（简称农低保）是农村社会救助制度的核心与基础，目标是解决我国农村贫困人口的温饱问题，它与灾害、医疗、教育、住房、司法、就业等临时救助和专项救助一起构成了我国农村社会救助制度的框架。

新型农村社会养老保险制度、新型农村合作医疗制度和农村最低生活保障制度是目前我国农村社会保障体系的三大基石。这三项制度是我国农村社会保障重点扶持和实施的项目，覆盖面广，政府财政资金拨款额度大。这三项制度的科学合理设计及其有效贯彻实施是农村社会保障制度建设的重点和难点。因此，本研究主要针对这三项制度进行深入分析。

（三）民族地区农村社会保障难点问题

民族地区新型农村社会养老保险制度、新型农村合作医疗制度和农村最低生活保障制度这三项制度，都属于农村社会保障的范畴，有其共性的一面。每一项制度都涉及到制度设计、制度实施、财务机制和体系建设等环节。任何一个环节运行出现问题，或者两个环节之间衔接不顺畅，都会影响整个制度的有效运行。

但是这三项制度在实施运行过程中又有其各自的特点。新型农村社会养老保险属于长期项目，缴费和领取待遇时间跨度比较长，基金筹集采用基金积累制，这一特点决定了新型农村社会养老保险制度的实施必须充分考虑农村居民对养老保险的潜在需求。新型农村社会养老保险制度实施过程中的难点在于各级政府如何提供

[①]　国务院办公厅：《中共中央、国务院关于进一步加强农村卫生工作的决定》，中央政府门户网，http://www.gov.cn/gongbao/content/2002/content_61818.htm，2002-10-19。

有效的制度供给来满足农民的需求，激励农民尤其是中青年长期缴费。新型农村合作医疗制度设计的初衷是解决农民因病致贫、因病返贫的问题，其难点在于如何合理地进行制度设计，最大限度地规避农民疾病风险，逐步缩小与制度目标的差距，提高农民对新型农村合作医疗制度的满意度。农村最低生活保障制度实施的难点在于如何识别和瞄准低保对象，将有限的财政资金落实在真正需要帮助的人身上。

因此，本研究着重从新型农村社会养老保险制度的供求均衡、新型农村合作医疗制度的疾病风险规避以及农村最低生活保障制度的目标瞄准这三个角度对民族地区农村社会保障的难点问题进行深入探讨。

第二节　农村社会保障研究述评

一、农村社会保障研究发展历程

利用中国知网（CNKI）源数据库中《中国学术期刊网络出版总库》的数据资料，选择1983—2012年检索条件为"关键词是农村合作医疗或新型农村合作医疗、农村养老保险或农村社会养老保险、农村最低生活保障或农村低保、五保户、农村社会救助、农村社会保障"进行精确检索，结果显示，30年里国内学者发表关于农村社会保障的论文数量共计16721篇，其中关键词为农村合作医疗或新型农村合作医疗的论文共10340篇，关键词为农村养老保险或农村社会养老保险的论文共3330篇，关键词为农村社会保障的论文2228篇，关键词为农村最低生活保障或农村低保、五保户、农村社会救助的论文共823篇。

30年来，随着我国社会经济的不断发展和社会保障制度改革不断完善，关于农村社会保障这一研究领域的论文数量成倍增加，研究范围逐渐扩大。从图1—1可以看出，国内学者对农村社会保障的研究分为三个阶段。

第一阶段（1983—1993 年），关于农村社会保障的研究论文较少，发表论文最多的年份是 1992 年，共有 43 篇。这一阶段国内学者对农村社会保障的研究主要集中在农村合作医疗、五保户等单一项目。

第二阶段（1994—2002 年），关于农村社会保障的研究论文总量明显增加，1994 年的论文总量猛增到 147 篇，随后每年的论文数量保持在一两百篇左右。由于 1992 年民政部颁布了《县级农村社会养老保险基本方案》，农村社会养老保险开始试点实践，这一阶段研究农村社会养老保险的论文有所增加。

第三阶段（2003—2012 年），关于农村社会保障的研究论文急剧增加，最多的年份是 2009 年，总发文量达到 2130 篇。随着农村社会保障改革实践从试点逐步发展到全面推广，相关理论研究也随之不断深入。农村社会保障研究已经成为管理学、社会学、经济学、法学及政治学领域研究的热点问题，这表明我国农村社会保障理论研究进入了一个新的阶段。

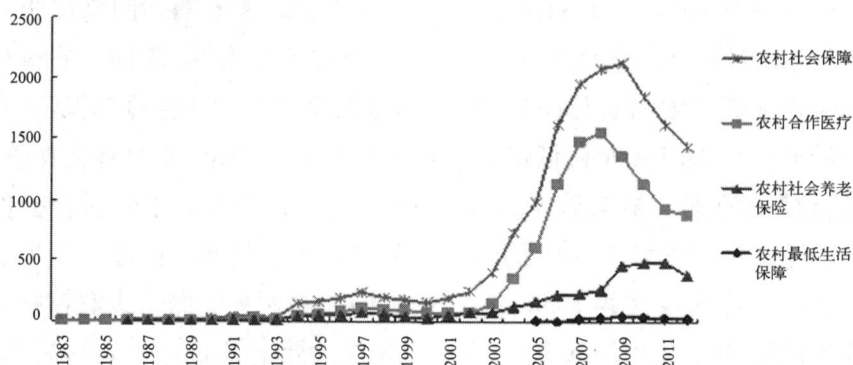

图 1—1　1983—2012 年国内学者发表关于农村社会保障的论文数

二、农村社会保障研究综述

从研究内容上看，国内学者关于农村社会保障理论的研究可以归纳为三类。第一类是针对农村社会保障制度建设普遍性问题的研究，这类研究主要涉及农村社会保障制度与其他相关问题的关系、农村社会保障制度国际比较、农村社会保障技术方法等三个方面。第二类是针对农村社会保障不同项目的研究，这类研究主要围绕新型农村社会养老保险、新型农村合作医疗和农村最低生活保障三个项目展开。第三类是针对不同类型人群社会保障的研究，这类研究除一般意义上的农民之外，还分别针对农民工、失地农民等特定人群的社会保障进行了分析。这里着重围绕农村社会保障制度建设的普遍性问题进行阐述。

（一）农村社会保障制度与其他相关问题的关系

1. 农村社会保障与政府责任

关于社会保障制度中的政府责任已有大量研究，绝大多数学者从公共产品的属性和市场失灵这一经济学视角出发，普遍认为现阶段政府在农村社会保障制度建设和完善中应起主导作用（郑功成，2003；林毓铭，2006；冯伟林和杜茂华，2010；葛庆敏和许明月，2011）。

（1）政府在农村社会保障制度建设中应承担的具体职责。学者们普遍认为，农村社会保障制度中政府承担的具体职责应包括五个方面：第一，制度设计，构建与经济发展水平相适应的农村社会保障制度的基本框架，为农村社会保障的推行提供有效实施手段；第二，财政支持，为农村社会保障的实施提供强有力的经济后盾；第三，基金管理，确保基金的安全运营和保值增值；第四，监督管理，是农村社会保障体系良性运行的必要条件；第五，立法建设，为农村社会保障的顺利运行提供良好的法制环境（李迎生，2005；刘燕，2006；金兆怀和郭赞，2007；金海和和李利，2010；柴瑞娟，2011）。

（2）中央和地方政府在农村社会保障制度建设中的职责划分。中央政府应承担社会保障制度建设宏观方面的责任，如制度设计责任、管理责任、监督责任、立法推动责任等；而地方政府应承担社会保障制度建设的具体执行和实施等微观方面的责任（杨方方，2003）。地方政府应处理好三个方面的关系：一是激发工作动力方面的领导干部考核机制和做好社会保障工作的关系；二是制度建设方面的地方政策和全国各地衔接的关系；三是协调利益机制方面的政府决策和农民意见表达的关系（钱亚仙，2008）。在我国现有财政分权的制度背景下，地方政府的社会保障制度建设是作为一种政策工具服务于地方经济发展的。而随着经济全球化、新社会风险的出现，目前的社会保障制度建设将面临新的挑战。因此，地方政府应把改善治理机制作为着眼点，逐步加强社会政策的自主性，进一步推动社会保障制度的改革和完善（彭宅文，2009）。

2. 农村社会保障与城镇化

农村社会保障与城镇化发展是相互作用的。一方面，农村社会保障制度的健全有助于城镇化进程。目前农村社会保障制度的缺失已明显阻碍了城镇化进程。主要表现在，农村社会保障制度缺失不利于农村市场经济的发育和完善，进城务工农民社会保障的缺失影响了农村剩余劳动力的转移，进而影响了城镇化建设。建立农村社会保障制度是目前解决我国农村问题的关键，为农村市场机制的有效运行构造一个现代化的制度平台。而成功建立农村社会保障制度对于顺利推进城镇化具有重要意义（蒋占峰，2007；俞雅乖，2007；王静，2007）。另一方面，城镇化进程又能够促进我国农村社会保障水平的提高，如仇晓洁和温振华（2009）利用 23 个省份的面板数据，采用横截面数据分析方法，发现城镇化进程的推进对我国农村社会保障水平具有促进作用。

3. 农村社会保障与农民收入、消费

（1）农村社会保障与农民收入增长的关系是互相促进、相辅相成的。一方面，建立农村社会保障制度不仅可以对城乡居民收入进行再分配，缩小城乡收入差距，直接增加农村居民收入，而且可以通过解决农民的养老、医疗、失业和最低生活保障等后顾之忧，加快城镇化进程，间接增加农村居民收入（林义和郑军，2010）。另一方面，农民收入增加反过来又能推动农村社会保障制度的发展。农民收入水平直接决定农民缴纳社会保障费的能力，不仅影响到对农村社会保障的有效需求，从而制约政府对社会保障制度供给规模，而且也影响到农民消费需求的层次，从而制约农民对农村社会保障的参保水平（张秀生和马晓鸣，2009）。

（2）农村社会保障与农民消费的关系。国内外学者关于社会保障与居民消费之间关系的研究还未达成共识。有些学者的研究结果显示社会保障有助于促进居民消费（Feldstein，1974；穆怀中，2001；董拥军和邱长溶，2007；郑功成，2010），有些学者的研究结果显示社会保障在一定程度上会抑制居民消费（Kotlikoff，1979；杨天宇和王小婷，2007），有些学者的研究结果显示社会保障与居民消费的关系无法确定（Leimer，1982；孙永勇，2007）。

关于农村社会保障与农村居民消费的关系也存在分歧。一种观点认为，农村社会保障有助于农村居民消费。如涂玉华（2012）运用安杜、莫迪利亚尼的消费函数分析了中国农村社会保障支出对农村居民消费需求的影响，结果显示，农村社会保障支出对农村居民消费有促进作用。冉净斐和贾小玫（2004）认为，一个没有参加社会保障的家庭会比一个已经参加社会保障的家庭面临更大的不确定性，就会有更强的动机去持有资产以防备可能出现的意外和疾病，降低消费需求，农村社会保障制度的缺失会抑制农村居民消费增长。另一种观点认为，农村社会保障并没有促进农村居民消费。吴庆田和陈孝光（2009）利用协整分析构建向量误差修正模型分析了我国农村社会保障支出对农村居民消费支出的长期和短期影响，结果表明，我国农村社会保障支出没有对农村居民消费产生促进作用。

（二）农村社会保障制度国际比较

已有研究主要从横向和纵向两个角度对各国农村社会保障制度进行比较。从横向看，针对某一项目或领域在不同国家之间的比较。如丁少群和林义（2006）按医疗保障基金筹集方式的不同，将世界各国的农村医疗保障制度分为免费医疗保障、社会医疗保险、社区合作医疗和市场主导的商业医疗保险四种不同模式。林义

（2000）认为，在经济全球化、人口老龄化、社会转型的大背景下，国际农村社会保障调整改革的主要方向是，完善现有制度框架，拓展服务领域，扩大覆盖面是农村社会保障改革的中心，探索多元化的农村社会保障模式。

从纵向看，针对不同国家的农村社会保障制度进行分析。如德国农村社会保障制度的特色主要体现在，指导思想上主张预防为主、责任分担，功能上兼顾社会功能和经济功能，内容上完整和独立，执行上立法强制、管理自治、政府监督，运作上充分考虑农业特殊性及农业发展的政策性（和春雷，2001；韦红，2007）。日本农村社会保障制度改革的特点主要体现在，发展模式由财政主导到社会化、产业化经营转变；目标追求由生存权到发展权转变；法律保障由实体法、公法保障到程序法、公私法并重转变；内容选择由社会救济到以社会保险为主转变（张运书和潘淑娟，2011；中国驻日使馆经参处，2003）。

（三）农村社会保障技术方法

研究农村社会保障制度的具体技术方法包括保险精算技术、人口统计技术、农户生计资产测量技术、计量经济技术等。如利用保险精算技术构建新型农村社会养老保险个人账户精算模型测算个人账户替代率及其敏感性（邓大松和薛惠元，2010；刘昌平和谢婷，2009；贾宁和袁建华，2010）；运用社会保障统计与精算技术构建新型农村社会养老保险基金收支平衡精算模型，模拟并预测某地区基金收支平衡状况（封铁英和李梦伊，2010；张思锋等，2007；钱振伟等，2012）；采用前向多层神经的反向传播算法（即 BP 神经网络）构建银行利率的时间序列预测模型对农村社会养老保险进行模式识别（李思哲和米红，2005）；利用人口统计技术构建国民生命表对农村社会养老保险制度安排进行模拟仿真（米红和项洁雯，2008）；利用农户生计资产测量技术对农户进行准确排序，从而提高农村最低生活保障目标瞄准效率（谢冬梅，2009；易红梅和张林秀，2011）；利用扩展线性支出模型构建确定农村最低生活保障线的核心模型和扩展模型对农村最低生活保障线进行预测与比较（封铁英和贾继开，2008）。

三、民族地区农村社会保障研究综述

目前关于民族地区农村社会保障的研究可以归纳为两类：一类是关于民族地区农村社会保障制度建设普遍性问题的研究，这类研究主要集中在民族地区农村社会保障制度建设存在的问题、管理模式、法律制度等；另一类是针对民族地区农村社会保障各个子项目的研究，这类研究主要围绕民族地区新型农村社会养老保险、民族地区新型农村合作医疗和民族地区农村最低生活保障三项制度展开。

（一）民族地区农村社会保障制度建设相关研究

学者们普遍认为，民族地区农村社会保障体系建设应结合民族地区的特点，进行分层研究、分类施保。李俊清（2006）认为，我国民族地区社会保障制度基础薄弱、覆盖面小、城乡失衡、体系结构性倾向突出，应结合民族地区的实际情况构建具有民族地区特色的社会保障体系。唐新民（2008）对民族地区农村社会保障制度的构建及其路径选择进行了理论分析，对农民工、失地农民和特困民族的社会保障进行了创新性研究，并以云南省为例，提出了民族地区农村社会保障各项制度建设的具体时间表。王伟（2008）认为，民族地区农村社会保障法律制度建设十分滞后，政府应针对民族地区农村的实际情况，建立农村最低生活保障制度、养老保险制度、自然灾害救助制度、医疗保险和医疗救助制度的法律体系，才能保障民族地区农村居民的合法权益。沈道权（2001）在对土家族所处的自然、经济、政治和社会环境进行分析的基础上，提出灾害救助、贫困救助、农村养老保险、合作医疗是其社会保障制度建设的重点内容。曾玉成、王誉霖和谭忠游（2011）在对民族地区社会保障管理的特点进行分析的基础上，提出了适合于民族地区的社会保障管理模式，即政府主导型适度垂直管理模式、政府主导型分级管理模式和政府

主导型委托管理模式。安华（2013）认为，民族地区农村牧区社会保障体系的设计应充分考虑其特有的历史发展轨迹、政策法律依据、文化根基和现实差异化需求，应正确处理传统保障手段与现代社会保障制度、社会保险与社会救助、缴费型制度与非缴费型制度、制度统一性与差异性的关系，应区分不同阶段、不同地区、不同人群，保障项目逐步实施和完善，最终实现与全国政策的统一。部分学者以个案研究方法，分析了民族地区农村社会保障存在的问题以及制约民族地区农村社会保障发展的因素（杨德亮和马晓琴，2009；马子量，2009；木永跃和杨文顺，2010；司睿和韩旭峰，2011）。

（二）民族地区农村养老保险制度相关研究

包学雄（2006）从国民经济学的视角，利用五个民族自治区的调查数据，建立相应的经济数学分析模型，提出健全民族自治区养老保险体系的整体构想。谢冰和叶慧（2010）通过对贵州省黄平县的农户调查，发现民族地区新型农村养老保障事业推进迟缓，应在稳定家庭养老保障的基础上，积极推进农村社区养老，从而化解制约社会化养老保障的瓶颈。李慧娟和米迎海（2011）对麦盖提县农民参保现状及参保意愿影响因素进行了分析，同时指出麦盖提县新型农村养老保险试点工作中还存在扩面进展缓慢、政策宣传不到位、地方财政不足等问题。阿里木江·阿不来提和赵凤莲（2009）指出，新疆各少数民族长期形成的以家庭养老为核心的养老文化对新疆农村社会养老保障制度的构建起着促进或阻碍的作用，应弘扬民族传统养老文化，扬长补短，培育具有地方特色的现代养老文化。祁恒珺（2006）分析了国内外社会养老保险模式，阐述了甘南州农村居民对养老保险的认识以及基金积累情况，提出政府应加强保险知识宣传、拓宽养老保险金的筹资渠道、增加民族地区农民参加养老保险的信心。

（三）民族地区新型农村合作医疗制度相关研究

新型农村合作医疗制度的实施在民族地区取得了重大的社会影响，当地群众获得了真正的实惠，已逐步缓解了民族地区农村居民因病致贫、因病返贫的现象，但在具体实施过程中还存在一定的问题。姜芝簪(2009)结合对边远落后的少数民族乡镇新型农村合作医疗实施状况的调查，指出参合率低、受益面窄、政府及民政部门认识不到位、西医医疗信誉低且医疗费用高等是当前民族贫困乡镇新型农村合作医疗实践过程存在的主要问题。敖双红、吴师法和苏艳蓉(2008)通过对湖南两个民族自治县的调查，发现少数民族山区新型农村合作医疗依然存在组织的事权与财权不一致、管理监督不规范、医患关系紧张、外出人员待遇考虑不周到、年老体弱及五保户人群服务不到位等问题。朱院利和韩旭峰(2009)以甘肃省少数民族地区为例，认为甘肃省民族地区新型农村合作医疗运行中存在四个方面的问题，医疗卫生基础设施落后，人才短缺；缺乏多层次的医疗保障；药价虚高，参保农民利益受损；立法滞后，政策约束力差。顾金龙、葛和平和陈晓雪(2009)从西部少数民族牧区实际出发，指出牧民对政府不信任、牧民收入增加缓慢导致筹资难、医疗服务部门服务质量差、资金运作管理不善等因素直接影响了西部少数民族牧区新型农村合作医疗制度的推行。

(四)民族地区农村最低生活保障制度相关研究

民族地区农村最低生活保障制度运行主要涉及四个方面：一是资金的筹集和发放；二是低保线的确定；三是农村最低生活保障对象的瞄准；四是农村最低生活保障制度的监督管理。黄真(2009)认为，民族地区农村最低生活保障制度在资金来源上，应多渠道筹措资金；在资金的发放上，应坚持社会化的原则；在低保对象的选取上，应坚持评审程序化、公开化的原则；在保障对象的范围上，应该逐步实现由指标式低保向应保尽保过渡；在低保的监督上，应坚持多元化、依靠群众的原则。

综上所述，上述研究是开拓性的，对民族地区农村社会保障制度建设具有重要的指导作用，但同时，还存在一些不足，值得进一步深入研究。已有研究大多采用定性的研究方法对民族地区农村社会保障制度进行分析，定量研究相对较少；已有研究大多从宏观层面来构建民族地区农村社会保障制度框架，从微观层面进行分析的较少。许多学者已经意识到民族地区农村社会保障制度建设存在的一些问题，如社会保障资金严重不足、社会保障体系结构性倾向突出、覆盖面窄等。但实践中民族地区农村社会保障行政管理效率究竟如何？在政府公共财政支出有限的情况下，如何才能使资金配置效率达到最优？民族地区农民对社会保障制度的需求及满意度如何？政府提供的社会保障制度供给能否满足农民的需求？各个农村社会保障项目的实施效果如何？这些问题还有待进一步研究和探讨。本研究试图弥补这些不足，着重从微观个体层面对民族地区农村社会保障制度建设中存在的难点问题进行定量研究，以期为完善民族地区农村社会保障制度建设提供参考依据。

第三节 民族地区农村社会保障难点问题的研究框架

一、研究目标与技术路线

本研究的研究目标是剖析民族地区农村社会保障运行的特殊环境，探明民族地区农村社会保障运行机制，分析民族地区农户新型农村社会养老保险需求与政府供给能力，考察民族地区新型农村合作医疗疾病风险分担度与满意度，探索民族地区农村最低生活保障制度目标瞄准技术，在此基础上提出完善民族地区农村社会保障制度建设的政策建议。

本研究技术路线如图1—2所示。

民族地区农村社会保障制度建设

民族地区农村社会保障运行环境 | 民族地区农村社会保障运行机制

政治环境 | 经济环境 | 社会文化环境 | 自然环境 | 行政环境 | 目标定位 | 供求机制 | 风险规避机制

难 点

民族地区新农保供求机制 | 民族地区新农合风险分担 | 民族地区农低保目标瞄准

运行现状 | 参保意愿及影响因素 | 需求行为与潜在需求 | 制度供给的保障能力 | 运行现状 | 就医行为 | 满意度 | 贫困程度及致贫因素 | 运行现状 | 目标瞄准效率

完善民族地区农村社会保障制度建设的政策建议

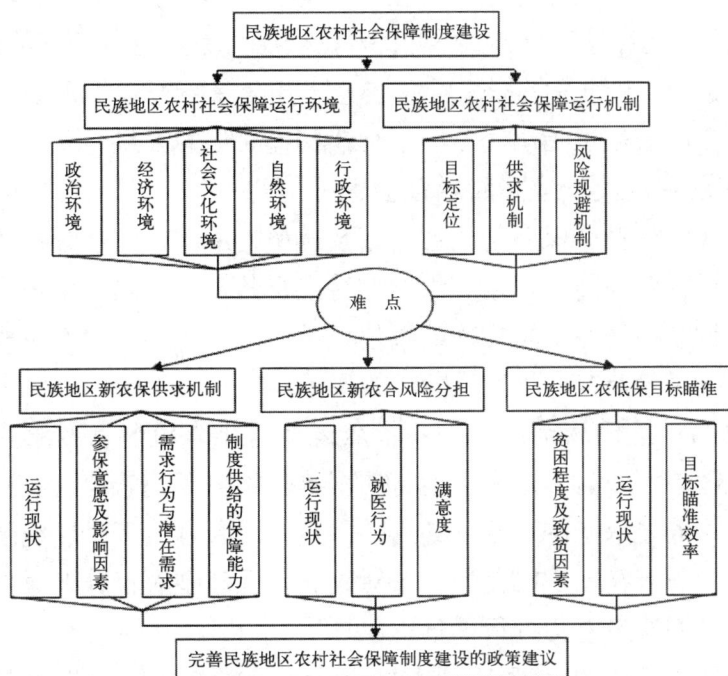

图 1—2 本研究技术路线图

二、研究内容与研究方法

(一) 研究内容

本研究主要内容分为三大部分，第一部分是对民族地区农村社会保障整体运行状况的研究，以理论分析为主，具体包括第一章、第二章和第三章的内容。第二部分是对民族地区三个具体社会保障项目的研究，以实证分析为主，具体包括第四章、第五章和第六章的内容。第三部分是研究结论和政策建议，具体包括第七章的内容。每章具体内容如下：

第一章是导论部分，主要阐述从事本研究的背景与意义，以及本研究的技术路线与研究方法、调查数据的采集，并对本研究的基本概念进行界定。

第二章是民族地区农村社会保障运行环境。本章首先描述了民族地区农村社会保障运行的政治环境、经济环境、社会文化环境和人口资源环境，然后针对民族地区农村社会保障行政管理的特点、构建投入、产出测量指标，对民族地区社会保障行政管理效率进行评价，在此基础上指出民族地区行政环境面临的难点问题。

第三章是民族地区农村社会保障运行机制。本章首先明确了民族地区农村社会保障的战略目标及遵循的原则，然后分析了民族地区农村社会保障的需求与供给的特点及其影响因素，论述了民族地区农村社会保障供求均衡的过程，最后阐明民族地区农村居民面临的各类风险及其在规避风险中的作用。

第四章是民族地区新型农村养老保险供求机制。本章描述了民族地区新型农村养老保险运行的现状，探讨了民族地区农户参加新型农村养老保险的意愿及其影响因素，深入分析了民族地区农户需求行为与潜在需求的差异，并对民族地区新型农村养老保险政府制度供给的保障能力进行了剖析。

第五章是民族地区新型农村合作医疗疾病风险分担机制。本章首先描述了民族地区新型农村合作医疗制度运行现状，然后对调查地区农户的新型农村合作医疗满意度进行了统计分析。

第六章是民族地区农村最低生活保障目标瞄准机制。本章首先分析了民族地区农村贫困的程度及其导致贫困的原因，然后描述了民族地区农村最低生活保障运行现状，最后提出了基于农户生计资产测量的农村低保目标瞄准技术，并利用调查数据进行检验。

第七章是结论与政策建议。本章首先梳理了前六章的研究结论，在此基础上有针对性地提出完善民族地区新型农村养老保险、民族地区新型农村合作医疗、民族地区农村最低生活保障的政策建议，最后指出本研究还有待进一步完善的地方。

（二）研究方法

本研究融合经济学、管理学和政治学等多学科知识，以民族地区农村社会保障制度为研究对象，采取定量研究与定性研究相结合以及理论研究与实证分析相结合的研究方法，利用逐步求精的思想，从民族地区农村社会保障制度运行实践中，总结和凝炼出民族地区农村社会保障面临的重点和难点问题，以问题为导向构建和完善民族地区农村社会保障制度的政策体系。

1. 定性研究和定量研究相结合

通过定性研究，正确认识民族地区农村社会保障制度运行的特殊环境，明确民族地区农村社会保障制度运行的客观规律，采取定量分析方法对政策框架中的各种可行方案进行分析和评估，探明可以有效解决民族地区农村社会保障制度运行过程中重点和难点问题的政策体系，为构建和完善民族地区农村社会保障制度提出可供参考的决策依据。

2. 理论研究和实证分析相结合

除了借鉴国内外社会保障理论的前沿成果外，更重视通过深入访谈和农户抽样调查等实证分析手段，从民族地区农村社会保障制度运行实践出发，构建能够有效解决目前民族地区农村社会保障所面临重点和难点问题的基本政策框架，确保研究成果的可操作性。

3. 逐步求精

在民族地区农村社会保障制度构建与完善过程中，通过文献研究、政府相关管理人员个别访谈和农民入户调查三个阶段，逐步探明影响目前民族地区农村社会保障制度有效运行的重点和难点问题。在构建与完善民族地区农村社会保障体系过程中，经过文献分析、定性分析和实证分析三个过程，逐步修正和完善推进民族地区农村社会保障制度建设的政策体系，使政策体系能够切实解决民族地区农村社会保障面临的重点和难点问题。

三、实地调研与数据采集

本研究利用2011年和2013年暑期分三批次赴广西、云南、湖北、安徽、贵州、湖南、重庆七省的民族地区进行实地调查。

（一）2011 年六省（区）民族地区调查内容与方法

2011 年暑期，本研究组织经过培训的本科生在广西、云南、贵州、湖南、湖北和安徽六省的少数民族地区对农户进行了问卷调查。此次调查具体抽样方法为，每个省选择 1—2 个县，每个县选择 2 个村，每个村随机抽取 30 个农村居民，共发放 400 份农户调查问卷，其中 369 份有效问卷，有效率 92.3%。调查问卷包括两方面的内容：一方面是农民个人及家庭基本信息；另一方面是农民参加新型农村养老保险制度情况等。

（二）2011 年湖南两个民族自治县调查内容与方法

2011 年 7 月，本研究对湖南省通道侗族自治县和芷江侗族自治县进行了实地调查。通道侗族自治县既是国家扶贫开发工作重点县（简称国定贫困县），又是革命老区县，总人口 23 万人，居住着侗、汉、苗、瑶等 13 个民族，少数民族人口占全县总人口的 87.3%。芷江侗族自治县既是湖南省扶贫开发工作重点县（简称省定贫困县），又是革命老区县，总人口 35.5 万人，居住着侗、汉、苗等 15 个民族，少数民族人口占全县总人口的 64%，侗族人口占总人口的 58.9%。

1. 访谈形式

以访谈的形式重点考察了两个贫困民族自治县的新型农村养老保险制度、新型农村合作医疗制度和农村最低生活保障制度三项制度的运行状况。第一，分别与县社保局、县卫生局、县民政局等相关的领导和工作人员进行座谈，了解新型农村养老保险制度、新型农村合作医疗制度、农村最低生活保障制度的整体运行状况。第二，与乡镇干部、村干部进行座谈交流，了解三项制度在基层实施的具体细节。第三，入户深度访谈，了解农村居民对三项制度的需求和评价。

2. 农户问卷调查

此次调查采取分层随机抽样的方法进行，每个县选择 2 个乡镇，每个乡镇选择 2 个村寨，每个村寨随机选择 35 户左右进行问卷调查，共回收有效问卷 260 份。

调查问卷内容主要围绕民族地区农村社会保障问题展开，具体包括四个方面的内容：第一部分是农村居民个人及家庭基本信息，如家庭人口数、教育程度、土地状况、外出打工情况、收入等；第二部分主要涉及农村居民参加新型农村养老保险的状况；第三部分主要涉及农村居民身体状况、就医状况、参加新型农村合作医疗保险状况；第四部分主要涉及农村居民贫困原因、是否是低保户及对农村最低生活保障制度的评价。

（三）2013 年重庆两个民族自治县（区）调查内容与方法

2013 年暑期，本研究对重庆市酉阳土家族苗族自治县和黔江区进行了实地调查。酉阳土家族苗族自治县位于渝、鄂、湘、黔四省市结合部，总人口 84 万人，居住着土家族、苗族、回族等 17 个少数民族，其中土家族占总人口的 60%，苗族占总人口的 24%。2011年全县生产总值 76.96 亿元，政府组织财政收入 15.45 亿元，农村居民人均纯收入 4539 元。[①]黔江区位于重庆和湖北两省市交界处，是重庆市主要的少数民族聚居地之一，生活着汉族、土家族、苗族、回族、壮族等 26 个民族。全区有 44.5 万常住人口，其中汉族占总人口的 26.7%，土家族占总人口的 57.6%，苗族占总人口的 15.6%。2012 年全区生产总值 147.95 亿元，财政总收入 54.49 亿元，农村居民人均纯收入 6215 元。[②]

此次问卷调查采取分层随机抽样的方法进行，每个县选择 2 个乡镇，每个乡镇选择 4 个村，每个村随机选择 20 个农户进行问卷调查，共回收有效问卷 295 份。

（四）调查问卷质量控制与录入

本研究负责组织的三次问卷调查，在每次调查之前仔细分析

---

① 酉阳土家族苗族自治县统计局：《酉阳土家族苗族自治县 2011 年国民经济和社会发展统计公报》，酉阳县政府门户网，http://www.youyang.gov.cn/zfxx/tjfx/20310.htm，2012-03-29。

② 黔江区统计局：《黔江区 2012 国民经济和社会发展统计公报》，黔江区政府门户网，http://www.qianjiang.gov.cn/qj_content/2013-03/06/content_2747241.htm，2013-03-06。

与调查内容相关的文献并进行梳理，根据以往调查以及所要研究的问题设计调查问卷。然后，由研究设计人员进行试访，对调查问卷中语义模糊的问题进行澄清，修正调查问卷。最后，对学生调查员进行培训，通过试访使学生调查员熟悉调查问卷、调查流程和注意事项。调查完成后对调查问卷进行复核检查，确保问卷填写正确。每一次的调查数据均采用集中方式进行录入。在调查活动结束后，问卷统一交由专门录入人员在规定时间内录入到统计软件 SPSS 16.0 中，并对数据进行核对，以便后期进行统计分析。

第二章
民族地区农村社会保障运行环境

社会保障制度是一项极其重要的社会政策，其构建和完善受到政治环境、经济环境、社会文化环境、人口资源环境和行政环境等多种外部宏观因素的制约，这些因素相互作用决定了社会保障制度的模式和内容。民族地区由于历史现实诸多因素，社会保障的发展面临着同其他地区不同的运行环境，决定了民族地区社会保障需要进行差异化的制度设计。因此，探明民族地区农村社会保障建设的重点和难点问题，构建完善有效的民族地区社会保障制度，必须对影响和制约社会保障模式和内容的相关环境进行分析。根据民族地区特殊的社会保障运行环境，对新型农村养老保险、新型农村合作医疗和农村最低生活保障等基本保障制度进行设计，才能构建具有中国特色的民族地区社会保障制度，逐步增进民族地区农村居民的物质和文化福利，从而促进民族地区社会稳定、社会公平和经济增长。

第一节　民族地区农村社会保障运行的政治环境

在多民族国家中，都存在着如何保持少数民族文化传统习俗和民族特性以及保障民族基本权利的问题。1954 年，毛泽东在《关于中华人民共和国宪法草案》说明中指出，少数民族问题有共同性，也有特殊性，共同的就适用共同的条文，特殊的就适用特殊的条文。①区域自治是解决民族问题的一个必要条件，必须结合实际情况。②民族区域自治是民族自治与区域自治的结合。我国少数民族的分布以大杂居、小聚居为主，人口资源分布和经济发展都不均衡。绝大多数边疆地区都是少数民族的聚居地，民族自治区域占全国总面积的一半以上。针对自治区域问题复杂和矛盾众多的现实情况，我国把民族自治作为解决民族问题的基本政治制度。民族区域自治的实施不但可以更好地坚持民主集中制，而且体现了尊重和保障民族地区管理本民族内部事务的权力，有利于维护国家统一和社会稳定。正是因为我国长期实行民族区域自治政策，才使得民族地区社会保障差异化制度设计具有一定的政治和文化制度基础，从而在现实中具备可行性。

一、民族区域自治的建立与发展

稳定的政治环境是多民族国家各民族关系和谐的基础，民族关系和谐才能有效地维护国家统一。塞缪尔·亨廷顿（1989）认为"实现一个国家的社会政治稳定，就必须构建公民政治参与机制、利益表达机制和社会多元力量同化机制等"。政治环境不但是发展的核心，也是民族自治非常重要的环境要素。对于我国这样一个典型的多民族国家来说，中国特色社会主义民主政治主要体现在各民族的政治民主之中，以民族区域自治为制度基础，以宪法和各项民族问题立法为基本准绳，以各级人民代表大会为操作平台，保证了各民族人民能够真正实现共同当家作主。在少数民族聚居区域实行民族区域自治，是我国解决民族问题的一项基本政治制度，其本身也是一个逐步完善的过程。民族区域自治制度使民族地区拥有自治权

---

① 毛泽东：《关于中华人民共和国宪法草案》，《毛泽东著作选读》（下册），人民出版社 1986 年版，第 709 页。

② 《斯大林全集》第 2 卷，人民出版社 1953 年版，第 354 页。

利，成为民族地区社会保障可以顺利实施的重要政治环境。依靠该项制度，国家出台了许多优惠政策扶持少数民族的发展，对少数民族参与政治权利的支持使少数民族人民可以很好地行使自己的民主政治权利，确保少数民族对各项社会要求能得以充分反映。目前，国家对农村社会保障制度建设的重要性已经形成共识，鉴于民族地区特殊的政治环境、经济环境、社会环境和人口资源环境，民族地区需要充分发挥民族区域自治的优越性，解决好当地农村居民社会保障制度构建和完善过程中面临的重点和难点问题。

（一）民族区域自治的内涵

我国是一个统一的多民族国家，人口资源分布特征、经济发展不平衡、各民族发展历史差异和各族人民共同利益等众多因素，为民族区域自治实施奠定了可行的环境基础。

我国 1954 年颁布的《中华人民共和国宪法》规定，中华人民共和国各民族一律平等。保障民族区域自治的基本前提是民族平等，其内涵体现在三个方面：一是各民族政治地位一律平等；二是各民族在经济、文化和社会生活等所有领域平等；三是各民族公民在法律面前一律平等，享有相同的权利、承担相同的义务并拥有相同的社会地位。[1]改革开放后，1984 年颁布的《中华人民共和国民族区域自治法》指出，"民族区域自治是在国家统一领导下，各少数民族聚居的地方实行区域自治，设立自治机关，行使自治权"[2]。民族区域自治是我国一项基本政治制度，是马克思列宁主义在解决中国民族问题中的具体实践。

（二）民族区域自治的发展历程

斯大林认为，"民族是人们在历史上形成的一个有共同语言、共同地域、共同经济生活以及表现于共同文化上的共同心理素质的

---

①　中华人民共和国国务院新闻办公室：《中国的民族政策与各民族共同繁荣发展》，外文出版社 2009 年版，第 8 页。
②　法律出版社法规中心编：《中华人民共和国常用法律大全》，法律出版社 2006 年版，第 80 页。

稳定的共同体"①。有民族存在的地方，就会有民族问题（宋才发，2008）。民族问题一直在我国发展历程中占据着非常重要的地位，解决这一问题的基本方法就是民族区域自治。

中国共产党成立后，民族区域自治思想一直处于不断完善之中。毛泽东在《论新阶段》中提出："允许蒙、藏、瑶、苗、彝、番等各族与汉族有平等权利，在共同对日原则之下，有自己管理自己事务之权，同时与汉族联合建立统一的国家。"②1941 年颁布的《陕甘宁边区施政纲领》指出："依据民族平等原则，实行蒙、回民族与汉族在政治经济文化上的平等权利，建立蒙、回民族的自治区，尊重蒙、回民族的宗教信仰与风俗习惯。"③1945 年 10 月 23 日，中央在关于内蒙工作方针中指出，"对内蒙的基本方针，在目前是实行民族区域自治"④，这是初次提出民族区域自治的思想。我国第一个少数民族自治区——内蒙古自治区于 1947 年 5 月成立，标志着民族区域自治制度的正式确立。

1949 年制定的《中国人民政治协商会议共同纲领》明确提出："各少数民族聚居的地区，实行民族区域自治，按照民族聚居的人口多少和区域大小，分别建立各种民族自治机关。"⑤至此，民族区域自治作为解决我国民族问题基本政策已具有法律效力。

1952 年颁布的《中华人民共和国民族区域自治实施纲要》，为民族区域自治制度的正确实行提供了保障。⑥各民族自治地方都是我国领土不可分割的一部分，由中央人民政府统一领导。《纲要》是遵循《共同纲领》而来，其中对于自治区具体情况、自治机关、自治权利、区域内部关系和上级领导等问题作出了一系列相关规定。

---

① 斯大林：《斯大林全集》第 2 卷，人民出版社 1953 年版，第 294 页。
② 中共中央统战部：《民族问题文献汇编》，中共中央党校出版社 1991 年版，第 595 页。
③ 毛泽东：《陕甘宁边区施政纲领》，《毛泽东文集》（第 2 卷），人民出版社 1993 年版，第 337 页。
④ 中共中央统战部：《民族问题文献汇编》，中共中央党校出版社 1991 年版，第 964 页。
⑤ 《中国人民政治协商会议共同纲领》，人民出版社 1952 年版，第 17 页。
⑥ 中共中央文献研究室编：《建国以来重要文献选编》第 3 册，中央文献出版社 1992 年版，第 79 页。

1954 年颁布的《中华人民共和国宪法》中明确规定,"民族自治地方分为自治区、自治州、自治县三级,进而扩大了民族自治机关的权限范围;保障各少数民族合法的权利和利益,维护和发展各民族的平等、团结、互助关系;根据各少数民族的特点和需要,帮助各民族地区加速经济和文化的发展"[①]。

1984 年颁布的《中华人民共和国民族区域自治法》对民族区域自治作出明确定义。民族区域自治的实施,坚持实行各民族平等、团结和共同繁荣的原则,体现了国家尊重和保障各少数民族管理本民族内部事务权利的精神。同时,法律中还规定了相关的民族自治权,保障了各民族人民的政治权益。

(三)民族区域自治的现状

随着我国民族区域自治政策的落实,民族自治区、自治州和自治县根据实际情况逐步成立和完善。我国自 1947 年第一个民族自治区成立以来,已成立 5 个民族自治区、30 个民族自治州和 120 个民族自治县(旗)。表 2—1 描述了我国各少数民族自治区和自治州基本情况。

表 2—1　我国民族自治区域地方的基本情况

民族区域自治地方名称		建立时间	首府驻地	面积(平方公里)
内蒙古自治区		1947.05.01	呼和浩特市	1197547
新疆维吾尔自治区		1955.10.01	乌鲁木齐市	1655826
广西壮族自治区		1958.03.15	南宁市	237693
宁夏回族自治区		1958.10.25	银川市	62818
西藏自治区		1965.09.01	拉萨市	1274910
贵州省	黔东南苗族侗族自治州	1956.07.23	凯里市	30337
	黔南布依族苗族自治州	1956.08.08	都匀市	26193
	黔西南布依族苗族自治州	1982.05.01	兴义市	16804

---

① 中华人民共和国国务院新闻办公室:《中国的民族政策与各民族共同繁荣发展》,外文出版社 2009 年版,第 19—20 页。

民族区域自治地方名称		建立时间	首府驻地	面积（平方公里）
云南省	西双版纳傣族自治州	1953.01.24	景洪县	19700
	德宏傣族景颇族自治州	1953.07.24	潞西县	11526
	怒江傈僳族自治州	1954.08.23	泸水县	14703
	大理白族自治州	1956.11.22	大理市	29459
	迪庆藏族自治州	1957.09.13	香格里拉县	23870
	红河哈尼族彝族自治州	1957.11.18	个旧市	32931
	文山壮族苗族自治州	1958.04.01	文山县	32239
	楚雄彝族自治州	1958.04.15	楚雄市	29258
青海省	玉树藏族自治州	1951.12.25	玉树县	188794
	海南藏族自治州	1953.12.06	共和县	45895
	黄南藏族自治州	1953.12.22	同仁县	17921
	海北藏族自治州	1953.12.31	海晏县	39354
	果洛藏族自治州	1954.01.01	玛沁县	76312
	海西蒙古族藏族自治州	1954.01.25	德令哈市	325785
吉林省	延边朝鲜族自治州	1952.09.03	延吉市	43474
湖北省	恩施土家族苗族自治州	1983.12.01	恩施市	23942
湖南省	湘西土家族苗族自治州	1957.09.20	吉首市	15461
四川省	甘孜藏族自治州	1950.11.24	康定县	152629
	凉山彝族自治州	1952.10.01	西昌市	60423
	阿坝藏族羌族自治州	1953.01.01	马尔康县	84242
甘肃省	甘南藏族自治州	1953.10.01	夏河县	40201
	临夏回族自治州	1956.11.19	临夏市	8417
新疆维吾尔自治区	昌吉回族自治州	1954.07.15	昌吉市	77582
	巴音郭楞蒙古族自治州	1954.06.23	库尔勒市	471526
	博尔塔拉蒙古族自治州	1954.07.13	博乐市	24900
	克孜勒苏柯尔克孜自治州	1954.07.14	阿图什市	69815
	伊犁哈萨克自治州	1954.11.27	伊宁市	269168

数据来源：国家民族事务委员会经济发展司：《中国民族统计年鉴 2012》，中国统计出版社 2013 年版。

二、民族地区的优惠政策

我国目前实行的少数民族优惠政策是在尊重民族文化差异和重视民族发展差距的前提下，以群体平等为基础，既符合我国基本国情，也符合现阶段各民族根本利益的需要。制定少数民族优惠政策，是根据其经济条件发展相对滞后以及国家法律所赋予的各项权利较难实现的现状，在政治、经济、社会、文化、教育等方面给予帮助和优惠。

（一）少数民族政治参与优惠政策

为充分保障少数民族的合法政治权益，我国在具体政治制度安排上对少数民族采取了特殊保障，在"人口较少的民族，也要有一名代表"的民族平等原则基础上建立的《中华人民共和国全国人民代表大会和地方各级人民代表大会选举法》，明确指出，"经由全国人民代表大会常务委员会决定，自治区、聚居少数民族多的省，人大代表名额可以另加百分之五；经由省、自治区、直辖市的人民代表大会常务委员会决定，聚居少数民族多的县、自治县、乡、民族乡，名额同样可以另加百分之五；在县、自治县的人民代表大会中，即使是人口较少的乡、民族乡、镇，都至少应保证有代表一人"[①]。这样确保了民族政治参与的公平性，维护各民族的政治合法权益。

《选举法》明确提出，"有少数民族聚居的地方，每一聚居少数民族都应有代表参加当地的人民代表大会；散居的少数民族应选当地人民代表大会的代表，每一代表所代表的人口数可以少于当地人民代表大会每一代表所代表的人口数；有少数民族聚居的不设区的市、市辖区、县、乡、民族乡、镇的人民代表大会代表的产生，按照当地的民族关系和居住状况，各少数民族选民可以单独选举或者联合选举"[②]。在历届全国人民代表大会中，少数民族代表人数在人民代表总数中都占据了一定比例，具体情况如表2—2所示。通过《选举法》，保证每个民族都有民族代表，保障各少数民族都能充分行使自己的政治权利和表达自身的政治意愿。

[①]　全国人大常委会办公厅：《中华人民共和国全国人民代表大会和地方各级人民代表大会选举法》，中国民主法制出版社2004年版，第8—9页。
[②]　全国人大常委会办公厅：《中华人民共和国全国人民代表大会和地方各级人民代表大会选举法》，中国民主法制出版社2004年版，第10—12页。

表 2—2　全国人民代表大会少数民族代表人数

届　次	时间（年）	代表总数（人）	少数民族代表数（人）	少数民族代表比例（%）
第一届	1954	1226	178	14.50
第二届	1959	1226	179	14.60
第三届	1964	3040	372	12.20
第四届	1975	2885	270	9.40
第五届	1978	3497	381	10.90
第六届	1983	2978	403	13.60
第七届	1988	2970	445	14.90
第八届	1993	2898	554	18.60
第九届	1998	2979	428	14.37
第十届	2003	2985	415	13.90
第十一届	2008	2987	411	13.76

数据来源：国家民族事务委员会经济发展司：《中国民族统计年鉴2011》，中国统计出版社 2012 年版。

（二）少数民族招生录取优惠政策

为了提高民族地区教育水平，国家采取了对于民族地区展开内地省市教育对口支援、开办少数民族班和预科班、少数民族高层次骨干人才计划等多种招生录取优惠政策。这些政策体现了党和国家关心和重视少数民族人才培养，目的是保障少数民族接受教育的平等权利。按照"定向招生、定向培养、定向就业"的要求，采取"统一考试、适当降分"等特殊政策措施招收新生。重点面向内蒙古、新疆、广西、宁夏、西藏、重庆、四川、贵州、云南、甘肃、青海等西部 11 个省、自治区、直辖市和新疆生产建设兵团，招生对象以少数民族考生为主。[①]"少数民族高层次骨干人才计划"从 2006 年起开始实施，经过五年时间为西部培养了一批少数民族高学历专业人才，培养学校

---

① 中华人民共和国教育部等五部委：《关于大力培养少数民族高层次骨干人才的意见》，http://www.moe.gov.cn/publicfiles/business/htmlfiles/moe/moe_155/201001/xxgk_77777.html，2004-07-08。

为"211"重点大学，生源地为西部省市区。

国家为了增加少数民族学生进入高等院校学习的机会，在本科和研究生的招生过程中，对少数民族考生采取降分录取以及同等条件下优先录取的原则。在高考招生中，对于少数民族考生报考民族院校的，录取时可加20分投档；报考其他院校的，录取时可加5分投档。教育部、发改委及相关部门均颁发了相关政策文件，提出对于西藏、新疆及四川省藏区等地少数民族考生以及报考理工科类和少数民族语言类考生可予以一定程度的倾斜，对于民族地区尽量多地投放高校招生指标。①例如教育部在《2013年普通高等学校招生工作规定》中指出，民族自治地区用本民族语文授课的高校或专业（类）招生，由省级招委会自行命题，并组织考试；如果是边疆、山区、牧区、少数民族聚居地区少数民族考生，可以由省级招委会决定，在高校投档分数线下适当降低分数要求投档，由高校审查决定是否录取，同一考生如符合多项降低分数要求投档条件的，只能取其中降低分数要求幅度最大的一项分值，且不得超过20分；还有，在与汉族考生同等条件下，优先录取散居在汉族地区的少数民族考生。②

（三）少数民族计划生育优惠政策

在实施计划生育政策时，国家对少数民族适当放宽。民族区域自治地方可以根据法律规定，结合本地的实际情况，制定计划生育管理办法。在《中华人民共和国人口生育法》中指出，少数民族也要实行计划生育，但是具体办法可由省、自治区、直辖市人民代表大会或者其常务委员会规定。③

在多个省市，对少数民族的生育情况都有一定的优惠政策。

---

① 教育部办公厅：《关于下达2014年少数民族高层次骨干人才研究生招生计划的通知》，教育部门户网，http://www.moe.gov.cn/publicfiles/business/htmlfiles/moe/s5972/201310/xxgk_158137.html，2013-10-09。

② 教育部：《关于做好2013年普通高校招生工作的通知》，教育部门户网，http://www.moe.gov.cn/publicfiles/business/htmlfiles/moe/moe_297/201305/xxgk_151607.html，2013-04-24。

③ 全国人大常委会办公厅：《中华人民共和国人口与计划生育法》，中国民主法制出版社2002年版，第5页。

例如在《广东省人口与计划生育条例》中指出，"聚居在民族自治县的少数民族夫妻，符合下列情形之一的，经审批可再生育一胎子女：一是少数民族夫妻是农村居民的；二是少数民族夫妻一方是农村居民，另一方是城镇居民，只生育一个子女且是女孩的；三是夫妻均为农村居民，一方是非少数民族，并在少数民族一方落户居住的；四是少数民族夫妻均为农村居民，依法生育二个子女，经地级以上市病残儿医学鉴定组织鉴定，其中一个或者二个子女为残疾儿，不能成长为正常劳动力"①。

（四）少数民族公务员录用优惠政策

中华人民共和国人事部《公务员录用规定（试行）》中规定，民族自治地方录用公务员时，依照法律和有关规定对少数民族报考者予以适当照顾，具体办法由省级以上公务员主管部门确定。②《中华人民共和国公务员法》规定，民族自治地方人民政府民族事务部门录用国家公务员时，对少数民族考生应当予以照顾。③

在公务员录用考试中，许多省市对少数民族考生执行了不同形式的加分优惠政策。例如，2013 年新疆公务员考试招生简章对笔试科目成绩计算方法指出，使用维吾尔文字答题的考生加试《汉语基础知识》，该成绩不计入笔试总成绩，由自治区统一划定分数线；笔试使用国家通用文字（汉语）答题的维吾尔族、哈萨克族、蒙古族等少数民族报考人员在笔试总成绩上加 10 分。

第二节　民族地区农村社会保障运行的经济环境

社会保障制度供给能力主要取决于国民经济发展水平、财政收入、国有固定资产、居民收入和储蓄以及社会保障基金保值增值能力

---

① 广东省人民政府：《广东省人口与计划生育条例》，广东省政府门户网，http://www.gd.gov.cn/gdgk/gdyw/200812/t20081222_82502.htm，2008-12-22。

② 中国法制出版社编：《公务员录用规定（试行）》，中国法制出版社 2007 年版，第 3 页。

③ 全国人大常委会办公厅：《中华人民共和国公务员法》，中国民主法制出版社 2005 年版，第 6—7 页。

等(杨胜利和高向东，2012)。民族地区因受自然环境和区位条件的限制，经济发展水平落后，特别是当地农村居民收入来源单一，在保障自身基本生活需求情况下已无力缴纳社会保障相关费用，从而导致地方财政供款能力弱。国家对大部分民族地区社会保障还没有建立专项基金进行扶持，社会保障体系还不健全，资金筹集相当困难。目前农村社会保障基金主要以州县为单位统一管理，且投资渠道单一，面临货币贬值和利率持续降低的现实，社会保障基金保值增值能力呈弱势状态，社会保障水平远远落后于国内其他地区，这种现象在民族地区农村尤为明显。由于民族地区经济发展水平低，居民生活质量差，因此更需要完善社会保障体系作为支撑，以提高居民整体生活水平。

一、民族地区经济状况

社会保障制度是一个收入再分配的过程，经济发展水平在很大程度上决定了社会保障水平高低、社会保障体系的建立、保障范围、保障程度以及整体发展水平。少数民族聚居区域除内蒙古和广西外，经济发展总体水平相对较低，经济环境较不稳定，社会保障无法弥补初次分配带来的贫富差距问题，进而导致民族地区的社会环境不稳定。这种不稳定性会造成恶性循环，不利于民族地区的整体发展。此外，由于少数民族聚居区域经济发展、社会文化、自然因素等各方面的特殊性，又决定了要因地制宜发展适合民族地区的社会保障体系。

(一)内蒙古自治区经济发展状况

内蒙古自治区 2011 年地区生产总值为 14359.88 亿元，其中第一产业增加值为 1306.3 亿元，第二产业增加值为 8037.69 亿元，第三产业增加值为 5015.89 亿元。全社会固定资产投资 10365.17 亿元，其中人均固定资产投资为 41761.36 元，仅次于天津市，排在全国第二位，超过全国人均水平(23118.35 元)近一倍。社会消费品零售总额为 3991.7 亿元，其中人均社会消费零售额为 16082.59

元。粮食总产量为 2387.51 万吨，人均粮食产量约为 961.9 公斤，仅次于黑龙江和吉林，排在全国第三位，超过全国人均粮食产量（423.95 公斤）一倍以上。农村家庭人均纯收入为 6641.6 元，略低于全国平均水平（6977.3 元），农村家庭人均消费支出为 5507.7 元，略高于全国平均水平（5221.1 元）。[①]

（二）新疆维吾尔自治区经济发展状况

新疆维吾尔自治区 2011 年地区生产总值达到 6610.05 亿元，第一产业增加值为 1139.03 亿元，第二产业增加值为 3225.9 亿元，第三产业增加值为 2245.12 亿元。全社会固定资产投资 4632.14 亿元，其中人均固定资产投资 20969.4 元；社会消费品零售总额为 1616.3 亿元，其中人均社会消费零售额约为 7316.89 元；粮食总产量为 1224.7 万吨，其中人均粮食产量为 554.41 公斤。农村家庭人均纯收入为 5442.2 元，农村家庭人均消费支出为 4397.8 元，人均净收入 1044.4 元。

（三）广西壮族自治区经济发展状况

广西壮族自治区 2011 年地区生产总值达到 11720.87 亿元，其中第一产业增加值为 2047.23 亿元，第二产业增加值为 5675.32 亿元，第三产业增加值为 3998.33 亿元。全社会固定资产投资为 7990.66 亿元，其中人均固定资产投资为 17202.71 元；社会消费品零售总额为 3908.2 亿元，其中人均社会消费零售额为 8413.78 元；粮食总产量为 1429.93 万吨，其中人均粮食产量为 307.84 公斤。农村家庭人均纯收入为 5231.3 元，农村家庭人均消费支出为 4210.9 元，人均净收入为 1020.4 元。

（四）宁夏回族自治区经济发展状况

宁夏回族自治区 2011 年地区生产总值为 2102.21 亿元，其中第一产业增加值为 184.14 亿元，第二产业增加值为 1056.15 亿元，

[①] 本节各省区相关数据如果没有特殊说明，均来自 2012 年的《中国统计年鉴》及各省区统计年鉴。

第三产业增加值为 861.92 亿元。全社会固定资产投资 1644.74 亿元，其中人均固定资产投资为 25739.28 元；社会消费品零售总额为 477.6 亿元，其中人均社会消费零售额为 7474.18 元；粮食总产量为 358.95 万吨，其中人均粮食产量为 561.74 公斤。农村家庭人均纯收入为 5410 元，农村家庭人均消费支出为 4726.6 元，农村家庭人均净收入为 683.4 元。

（五）西藏自治区经济发展状况

西藏自治区 2011 年地区生产总值仅为 605.83 亿元，其中第一产业增加值为 74.47 亿元，第二产业增加值为 208.79 亿元，第三产业增加值为 322.57 亿元。全社会固定资产投资 516.31 亿元，其中人均固定资产投资为 17039.93 元；社会消费品零售总额为 219 亿元，其中人均社会消费零售额为 7227.72 元；粮食总产量为 93.73 万吨，其中人均粮食产量为 309.34 公斤。农村家庭人均纯收入为 4904.3 元，农村家庭人均消费支出为 2741.6 元，农村家庭人均净收入为 2162.7 元。

（六）贵州省经济发展状况

贵州省 2011 年地区生产总值达到 5701.84 亿元，其中第一产业增加值为 726.22 亿元，第二产业增加值为 2194.33 亿元，第三产业增加值为 2781.29 亿元。全社会固定资产投资 4235.92 亿元，其中人均固定资产投资 12210.78 元；社会消费品零售总额为 1751.6 亿元，其中人均社会消费零售额为 5049.29 元；粮食总产量为 876.9 万吨，其中人均粮食产量为 252.78 公斤。农村家庭人均纯收入为 4145.4 元，农村家庭人均消费支出为 3455.8 元，农村家庭人均净收入为 689.6 元。

（七）云南省经济发展状况

云南省 2011 年地区生产总值达到 8893.12 亿元，其中第一产业增加值为 1411.01 亿元，第二产业增加值为 3780.32 亿元，第三产业增加值为 3701.79 亿元。全社会固定资产投资 6191 亿元，其中人均固定资产投资 13368.6 元；社会消费品零售总额为 3038.1 亿元，其中人均社会消费零售额为 6560.35 元；粮食总产量为 1673.6 万吨，其中人均粮食产量为 361.39 公斤。农村家庭人均纯收入为 4722 元，农村家庭人均消费支出为 3999.9 元。

（八）青海省经济发展状况

青海省 2011 年地区生产总值为 1670.44 亿元，其中第一产业增加值为 155.08 亿元，第二产业增加值为 975.18 亿元，第三产业增加值为 540.18 亿元。全社会固定资产投资 1435.58 亿元，其中人均固定资产投资为 25274.3 元；社会消费品零售总额为 410.5 亿元，其中人均社会消费零售额为 7227.11 元；粮食总产量为 103.36 万吨，其中人均粮食产量为 181.97 公斤。农村家庭人均纯收入为 4608.5 元，农村家庭人均消费支出为 4536.8 元，农村家庭人均净收入为 71.7 元。

二、民族地区财政状况

少数民族聚居区域大部分是贫困地区，贫困人口比较多，经济基础薄弱，居民的经济承载力有限，地方财政赤字又比较严重，而建立完善的社会保障体系需要大量、持续的财力支撑（孙合珍，2009）。民族地区在现有财力基础上很难再增加建设社会保障体系的费用支出，必须依靠国家财政的扶持和宏观调控。一方面通过补贴的形式对贫困人群进行补助，另一方面要加大力度改善民族地区财政状况，最大程度地发挥各级政府自我调节能力。只有在良好财政状况的基础上，才有助于社会保障制度的健全发展。

2011 年，内蒙古自治区一般预算收入为 1356.67 亿元，人均财政收入为 5466.04 元，财政支出达到 2989.21 亿元，净亏损 1632.54 亿元。新疆维吾尔自治区一般预算收入为 720.43 亿元，人均财政收入为 3261.34 元，财政支出达到 2284.49 亿元，净亏损为 1564.06 亿元。广西壮族自治区一般预算收入为 947.72 亿元，人均财政收入为 2040.30 元，财政支出达到 2545.28 亿元，净亏损为 1597.56 亿元。宁夏回族自治区一般预算收入为 219.98 亿元，人均财政收入约为 3442.57 元，财政支出为 705.91 亿元，净亏损为 485.93 亿元。西藏自治区一般预算收入为 54.76 亿元，人均财政收入约为 1807.26 元，财政支出为 758.11 亿元，净亏损为 703.35 亿元。贵州省一般预算收入为 773.08 亿元，人均财政收入为 2228.54 元，财政支出达到 2249.40 亿元，净亏损为 1476.32 亿元。云南省一般预算收入为 1111.16 亿元，人均财政收入为 2399.4 元，财政支出达到 2929.6 亿元，净亏损为 1818.44 亿元。青海省一般预算收入为 151.81 亿元，人均财政收入约为 2672.71 元，财政支出为 967.47 亿元，净亏损为 815.66 亿元。

第三节　民族地区农村社会保障运行的社会环境

民族文化作为行为标准及人文处世原则，是每个民族自我完善，并保持不断发展的一种特殊精神力量，无处不在且随时随地支配着人们的行为、决定着人们的生活方式。菲利克斯·格罗斯（2003）指出，"民族文化具有一定的凝聚力，这种凝聚力我们很难加以描述，但却根深蒂固地存在于民族的价值观和传统习俗中"。我国有 56 个民族，各民族分布在不同的区域，环境和气候都不尽相同，历史经历亦都不一样，从而形成了多样的民族社会文化。民族社会文化是民族成员重要的精神寄托，具有实用性、适用性、多样性和差异性等特征，各民族关系和谐发展必须尊重民族文化特点。针对民族多样性和差异性，不同的民族文化、不同的文化开发利用阶段、不同的民族地区，应该采取不同的鼓励或支持政策。多元文化主义主张保持民族地区差异性文化的存在与传承，实施差异化对待，以实现真正的平等以及文化多元国家的和谐发展。

社会保障作为一项极其重要的社会政策，必然受一定社会环境的影响和制约，探讨民族地区社会保障问题，必须阐明影响和制约社会保障的社会环境。在中国社会保障制度尚未完善的情况下，民族文化可以在社会保障实践中，充分发挥传统团结友爱和互帮互助的民族优良社会风气。这些朴素的价值观念对于规范民族成员的行为和社会人际关系有着重要意义，对于建立与完善我国社会保障制度有积极影响，是我国社会保障制度的有效补充。

一、民族地区婚姻家庭环境

经过漫长的历史发展过程，民族地区形成了最具特色的社会文化——丰富多彩的民族婚俗和家庭文化。婚姻家庭是人类社会发展到一定阶段才出现的两性和血缘关系的社会形式，其中婚姻是关于男女两性关系的社会组织形式，而家庭是依靠婚姻关系、血缘关系或收养关系而形成一定范围内亲属共同生活的社会单位（彭官章，1992）。婚姻与家庭是并存的，有了婚姻才会有家庭存在，家庭则必须建立在婚姻基础上。在新中国成立以后很长时间里，我国缺乏对于农村居民养老保障的专门制度安排，家庭保障是民族地区农村社会保障的重要形式，养老主要依靠家庭和个人保障。因此，婚姻家庭作为少数民族文化的重要组成部分，是构成民族地区社会保障体系不可分割的部分。

（一）民族地区婚姻习俗

在我国不同地区、不同民族以及同一民族的不同地区，婚俗的具体表现形式都存在着许多差异，正如唐仁郭（2007）所提出的，婚姻形态主要包括聘娶婚、入赘婚、姑舅表婚和自由婚姻四种。

1. 聘娶婚

聘娶婚是指婚姻受父母之命和媒妁之言，为父母包办婚姻。这种婚姻形态，男方通过下聘礼娶女方为妻，在我国藏族、满族、壮族、维吾尔族、瑶族、苗族、土家族、傈僳族、彝族等很多少数民族中存在。例如傈僳族在恋爱过程中可以享受自由，但是结婚对象的选择只能顺从父母意向。

2. 入赘婚

入赘婚也称招赘婚、赘婚等，是一种男子从妻居的婚制，在我国蒙古族、壮族、瑶族、傣族、侗族等少数民族中存在。在这些少数民族中，入赘婚俗有几种不同形式，主要有永久性和非永久性之分。永久性是男子上门后终身在女方家，子女全都跟随女方姓，并且男方姓氏改成女方姓氏。非永久性是婚后可留一个子女继承男方宗嗣；另外一种非永久性是针对女方父母年老需要赡养，而女方家当时没有可用劳动力，此时入赘只是为了帮助女方家庭度过劳动力缺乏时期，女方家庭具备成年劳动力之后，女方就在夫家居住。

3. 姑舅表婚

姑舅表婚是很原始的一种婚姻形态，它的显著特点是舅权在这种婚姻形态中比较突出，为近亲结婚。婚姻目的是巩固本族的权势和地位，其形式就是姑舅表兄妹之间优先成婚。在侗族的传统中，姑妈的女儿嫁给舅舅的儿子是天经地义的，是对舅舅家的回报。瑶族、苗族、土家族、侗族、毛南族、彝族等部分少数民族比较盛行这种婚姻形式。

4. 自由婚姻

自由婚姻是大部分民族遵循的婚姻形态。许多少数民族依旧保持了民族的特色，以各民族所特有的方式——歌媒、互赠礼物等，寻找自己的另一半，自由缔结婚姻。例如云南纳西族的"阿注婚"、傣族的"赶摆黄焖鸡"、瑶族的"耍歌堂"等，都是自由的婚姻形态。

（二）民族地区家庭模式

不同的居处法则，形成了不同的家庭类型。母系大家庭，主要表现形式为不落夫家和从妻居，存在于许多少数民族，例如我国南方壮族、苗族、瑶族、侗族等。这类家庭模式是女方不在男方家住。从妻居在婚后，男子迁往女方家居住，逐步发展为不落夫家。不落夫家，是过去流行于少数民族中的一种婚俗。在举行婚礼后，女方主要在娘家居住，直到生育时才回男方家居住。从妻居和不落夫家是历史上母系对偶婚制向父系一夫一妻制转变时期的婚俗残余。与母系家庭相对应的是父系大家庭，即从夫居，在过去多数民族家庭类型都是父系大家庭。

新中国成立后，我国大多数民族主要实行的是一夫一妻制家庭模式。土司制度时期，土家族地区已有父系大家庭和一夫多妻家庭，新中国成立之前，土家族就已经大部分是一夫一妻的小家庭制度，多数青年结婚以后，就与父母分家，另起炉灶，过独立小家庭生活（沈道权，2001）。纳西族实行一夫一妻制并且禁止同家族的人结亲，侗族同样也是遵循一夫一妻制父系的小家庭。家庭分工基本上"男耕女织"，子女成婚、生儿育女后，便与父母兄弟姐妹分居，另建立家庭，唯独子和幼子与父母共同生活，父母晚年则由儿子赡养。少数民族的家庭观念十分牢固，例如侗族家族里的每一房都由族长负责处理全族的日常事务，调解族内成员或者家庭之间发生的矛盾，评断曲直，以及处理本族成员与他族成员的纠纷事件（胡敏，1988）。

家庭养老和养儿防老，是在大多数民族地区沿袭的传统养老方式。由于物质生活水平的限制，地方社会不具备健全的社会养老保障机制，赡养老人也就成为了少数民族家庭神圣的职责。抚幼养老是每一个侗族家庭的重要功能，在侗族聚居的地方绝对不会出现老人外出乞讨、流落异乡无人赡养的现象，对于孤寡老人一般由村寨共同赡养。在土家族里，族长可以对忤逆父母、不赡养或虐待父母的逆子儿媳进行处置。

（三）民族八省区家庭基本情况

家庭基本情况中，人口寿命、家庭平均规模和抚养比例等因素影响着一个地区社会保障制度的构建，是社会保障运行环境的重要组成部分。2011 年民族八省区家庭基本情况如表 2—3 所示。

表 2—3　2011 年民族八省区家庭基本情况

地区	预期寿命（岁）			平均家庭户规模（人/户）	人口数（人）				抚养比（%）		
	1990年	2000年	2010年		总数	0—14岁	15—64岁	65岁及以上	总抚养比	少年儿童	老年人口
全国	68.55	71.40	74.83	3.02	1145209	188590	852078	104541	34.40	22.13	12.27
内蒙古	65.68	69.87	74.44	2.73	21203	2900	16842	1461	25.89	17.22	8.67
新疆	62.59	67.41	72.35	3.20	18871	3764	13860	1247	36.15	27.16	9.00
广西	68.72	71.29	75.11	3.15	39686	8716	27183	3786	45.99	32.07	13.93
宁夏	66.94	70.17	73.38	3.30	5463	1143	4021	299	35.87	28.43	7.44
西藏	59.64	64.37	68.17	4.21	2591	598	1868	125	38.70	32.00	6.71
贵州	64.29	65.96	71.10	3.11	29636	7161	19776	2698	49.85	36.21	13.64
云南	63.49	65.49	69.54	3.31	39564	7744	28780	3041	37.47	26.91	10.56
青海	60.57	66.03	69.96	3.49	4854	998	3568	288	36.04	27.98	8.06

数据来源：中华人民共和国统计局编：《中国统计年鉴 2012》，中国统计出版社 2012 年版。

表 2—3 数据显示，2010 年在少数民族八省区中，广西的预期寿命最长，为 75.11 岁，其余地区人口预期寿命都低于全国平均水平。

全国家庭规模平均水平是每户 3.02 人，少数民族八省区中，内蒙古家庭规模最小，低于全国平均水平，每户不足 3 人；西藏平均家庭规模是八省区中最大的，每户 4.21 人。全国 65 岁及以上老人占总人口数的 9.13%，其中内蒙古 65 岁及以上占全区总人口数 6.89%，广西占 9.54%，贵州占 9.10%，云南占 7.69%，西藏占 4.82%，青海占 5.93%，宁夏占 5.47%，新疆占 6.61%。

全国平均每 100 个劳动年龄人口需要负担非劳动年龄的老年人和儿童分别是 12.27 人和 22.13 人，老年人口和少年儿童抚养比分别是 12.27% 和 22.13%，总抚养比为 34.4%。少数民族八省区中广西和贵州的老年人口抚养比高于国家平均水平，分别是 13.93% 和 13.64%；内蒙古、云南、西藏、青海、宁夏和新疆的老年人口抚养比分别是 8.67%、10.56%、6.71%、8.06%、7.44% 和 9%。老年人创造劳动价值的条件较差，自我保障能力较弱，广西和贵州两省区赡养老人负担较重。

二、民族地区文化教育环境

文化教育是社会文化的重要组成部分，社会文化传播和发展必须依赖于教育，两者相互包容和影响，民族社会文化才得以流传和发展。由于我国地域、历史、文化等因素发展不平衡，多年教育财政投入的不足导致民族地区农村教育资源相对匮乏、配置不够合理，民族地区农村教育福利远远落后于内地发达地区，民族教育问题成为民族社会发展的一大障碍。同时，教育和经济两者之间紧密相关，教育的进步会推动经济发展，反之，教育落后则会对经济发展产生制约。增加民族地区农村居民的教育福利，提高教育福利水平，有助于民族地区的经济发展。经济发展是构建社会保障体系的有力支撑，因此文化教育建设对于社会保障体系构建具有重要的意义。

（一）民族地区入学率与升学率

2011 年全国学龄儿童净入学率为 99.8%，小学升学率为 98.3%，初中升学率为 88.9%，高中升学率为 86.5%。从 1990 年至 2011 年，全国各级升学率保持不断提升，尤其在 1990 年到 1995 年阶段，小学升学率、初中升学率和高中升学率都有明显提高，分别增加了 16.2%、9.7% 和 22.6%，全国高中升学率增幅最大，具体情况详见表 2—4。

表 2—4　1990—2011 年全国各级入学率（%）

年份／地区	学龄儿童净入学率	小学升学率	初中升学率	高中升学率
1990	97.8	74.6	40.6	27.3
1995	98.5	90.8	50.3	49.9
2000	99.1	94.9	51.2	73.2
2005	99.2	98.4	69.7	76.3
2010	99.7	98.7	87.5	83.3
2011	99.8	98.3	88.9	86.5

数据来源：中华人民共和国统计局编：《中国统计年鉴 2012》，中国统计出版社 2012 年版。

2011 年，与全国总的升学率相比较，民族八省区的学龄儿童净入学率和小学升学率基本持平，初中升学率普遍偏低。民族八省区的学龄儿童净入学率大部分都超过 99%，只有贵州的学龄儿童净入学率为 98.57%，稍低于 99%，内蒙古入学率 99.96% 高于全国平均水平，广西、云南、西藏、青海、宁夏和新疆的净入学率分别为 99.64%、99.61%、99.35%、99.68%、99.78% 和 99.73%，民族八省区学龄儿童净入学率基本与全国平均水平持平。[1]民族八省区的小学升学率与全国平均水平差异不大，内蒙古小学升学率 100.68% 和新疆 99.47% 高于全国平均水平，广西、贵州、云南、西藏、青海和宁夏的小学升学率分别为 98%、96.5%、94.3%、92.2%、95.5% 和 91.1%，稍稍低于全国平均水平。从学龄儿童净入学率和小学升学率的实际数据看，民族八省区基本普及了九年义务教育。民族八省区的初中升学率普遍不高。西藏和新疆初中升学率较低，均未超过 50%，分别为 48.6% 和 47.64%。在八省区中，内蒙古和青海的初中升学率较高，分别为 96.0% 和 89.5%，高于全国平均水平。广西初中升学

---

　　① 教育部：《小学净入学率分省情况》，教育部门户网，http://www.moe.gov.cn/publicfiles/business/htmlfiles/moe/s7382/201305/152484.html，2013-05-29。

率为83.4%，较接近全国平均水平。

（二）民族地区高等教育资源现状

1. 内蒙古自治区高等教育资源现状

内蒙古自治区2011年末共有普通高等学校47所，数量在全国排名第24位。普通高等教育在校生一共有384440人；每十万人口学校平均在校生数为1920人；招生数为114076人；毕业生95957人。教职工总数为37381人，普通高校师生比为1∶17.63，大致与全国平均水平师生比1∶17.42持平；正高级教师和副高级教师分别有2210人和7339人，占全国总资源的1.38%和1.86%。

2. 新疆维吾尔自治区高等教育资源现状

截至2011年，新疆维吾尔自治区共有普通高等学校38所；普通高等教育在校生一共有258719人；每十万人口学校平均在校生数为1521人；招生数为74023人；毕业生63798人。教职工总数为27629人，普通高校师生比为1∶16.65；正高级教师和副高级教师分别有1152人和5013人，占全国总资源的0.72%和1.27%。

3. 广西壮族自治区高等教育资源现状

广西壮族自治区2011年末共有普通高等学校74所；普通高等教育在校生一共有600094人；每十万人口学校平均在校生数为1688人；招生数为184639人；毕业生151052人。教职工总数为52830人，普通高校师生比为1∶17.45；正高级教师和副高级教师分别有3069人和8630人，占全国总资源的1.92%和2.19%。

4. 宁夏回族自治区高等教育资源现状

宁夏回族自治区2011年末共有普通高等学校16所，普通高等教育在校生一共有87870人；每十万人口学校平均在校生数为1912人；招生数为28203人；毕业生19524人。教职工总数为9637人，普通高校师生比为1∶18.19；正高级教师和副高级教师分别有856人和1743人，占全国总资源的0.54%和0.44%。

5. 西藏自治区高等教育资源现状

截至2011年，西藏自治区共有普通高等学校6所；普通高等教育在校生一共有 32374 人；每十万人口学校平均在校生数为 1446 人；招生数为 9401 人；毕业生 8159 人。教职工总数为 3460 人，普通高校师生比为 1∶15.51；正高级教师和副高级教师分别有 114 人和 575 人，占全国总资源的 0.07% 和 0.15%。

6. 贵州省高等教育资源现状

截至 2011 年，贵州省共有普通高等学校 48 所；普通高等教育在校生一共有 344100 人；每十万人口学校平均在校生数为 1254 人；招生数为 106810 人；毕业生 83016 人。教职工总数为 31121 人，普通高校师生比为 1∶17.47；正高级教师和副高级教师分别有 2022 人和 6465 人，占全国总资源的 1.27% 和 1.64%。

7. 云南省高等教育资源现状

2011 年末，云南省共有普通高等学校 64 所；普通高等教育在校生一共有 487552 人；每十万人口学校平均在校生数为 1520 人；招生数为 159349 人；毕业生 109531 人。教职工总数为 43195 人，普通高校师生比为 1∶18.49；正高级教师和副高级教师分别有 3057 人和 7991 人，占全国总资源的 1.91% 和 2.02%。

8. 青海省高等教育资源现状

2011 年，青海省共有普通高等学校 9 所；普通高等教育在校生一共有 45721 人；每十万人口学校平均在校生数为 1082 人；招生数为 13990 人；毕业生 12582 人。教职工总数为 6677 人，普通高校师生比为 1∶13.98；正高级教师和副高级教师分别有 647 人和 1310 人，占全国总资源的 0.41% 和 0.33%。

综上所述，民族地区高等教育水平远远落后于其他地区。教育水平的滞后使得民族地区经济发展缺乏创新推动力，导致经济发展缓慢，缓慢的经济发展又进一步制约了当地社会保障体系的构建和完善。因此，提高少数民族地区高等教育水平，对于转变当地经济增长模式、依靠本地区经济发展推进社会保障体系的构建和完善具有重要的意义。

三、民族地区医疗卫生环境

卫生事业的性质及其对人民生命和健康的特殊作用决定了卫生福利是社会福利的重要组成部分，卫生医疗环境是我国社会保障的重要支撑，是具有福利性质的社会公益事业。

（一）民族地区医疗机构数量

到 2011 年末，全国医疗卫生机构总数达 954389 个，其中，医院 21979 个，基层医疗卫生机构 918003 个，专业公共卫生机构 11926 个。从 2005 年到 2011 年，全国医疗卫生机构增加 655392 个，其中医院增加 3276 个。从 2000 年到 2011 年，全国医疗卫生机构增加 629618 个，其中医院增加 5247 个。这两个阶段中，前一阶段的医疗卫生机构发展远不如后一阶段发展得迅猛。全国和民族八省区医疗卫生机构数量变化情况见表 2—5 所示。

表 2—5　2000 年、2005 年及 2011 年全国和民族八省区医疗卫生机构数（单位：个）

地　区	医疗卫生机构			医　院			基层医疗卫生机构	专业公共卫生机构
	2000 年	2005 年	2011 年	2000 年	2005 年	2011 年	2011 年	2011 年
全　国	324771	298997	954389	16732	18703	21979	918003	11926
内蒙古	7852	7629	22908	473	474	488	21905	446
新　疆	6705	8087	17412	528	678	820	16120	464
广　西	13707	9416	34026	553	458	465	33132	389
宁　夏	1361	1463	4132	97	134	152	3886	84
西　藏	1237	1378	6602	105	97	103	6356	141
贵　州	8992	6571	25943	408	383	621	24957	333
云　南	13356	10110	23248	602	648	845	21800	515
青　海	1847	1478	5887	161	130	131	5608	144

数据来源：

(1)中华人民共和国统计局编：《中国统计年鉴2001》，中国统计出版社2001年版。

(2)中华人民共和国统计局编：《中国统计年鉴2006》，中国统计出版社2006年版。

(3)中华人民共和国统计局编：《中国统计年鉴2012》，中国统计出版社2012年版。

从 2000 年到 2011 年，民族八省区医疗卫生机构的总数逐步增长。在 2011 年，内蒙古有 22908 个医疗卫生机构，广西 34026 个，贵州 25943 个，云南 23248 个，新疆 17412 个，西藏 6602 个，青海 5887 个，宁夏 4132 个。民族八省区的医疗机构数在全国的排名均靠后，所拥有的资源远不如其他地区，其中西藏、青海和宁夏这三个省区最少。从 2000 年到 2011 年，西藏增加了 5365 个，青海增加了 4040 个，宁夏增加了 2771 个，而其他省区增幅相对较大，云南医疗机构总数增加了 9892 个，新疆增加了 10707 个，内蒙古增加了 15056 个，贵州增加了 16951 个，广西增加了 20319 个，其中广西增幅最大。

截至 2011 年，全国基层医疗卫生机构有 918003 个，专业公共卫生机构 11926 个；内蒙古基层医疗卫生机构有 21905 个，专业公共卫生机构 446 个。广西分别拥有 33132 个和 389 个，贵州分别拥有 24957 个和 333 个，云南分别拥有 21800 个和 515 个，西藏分别拥有 6356 个和 141 个，青海分别拥有 5608 个和 144 个，宁夏分别拥有 3886 个和 84 个，新疆分别拥有 16120 个和 464 个。

(二)民族地区医疗卫生人员

与全国整体医疗机构情况类似，全国医疗卫生人员总数呈增长趋势。2011 年末，我国卫生人员一共有 8616040 人，其中卫生技术人员有 6202858 人，约占全国卫生人员总数的 72%。从 2005 年到 2011 年，增加了 3189189 名卫生人员和 1742671 名卫生技术人员；从 2000 年到 2011 年，增加了 3025014 名卫生人员和 1712055 名卫生技术人员。相较于从 2000 年到 2005 年人员的增量，2005 年到 2011 年的人员增量更明显，幅度更大。全国和民族八省区医疗卫生人员情况如表 2—6 所示。

表 2—6　2000 年、2005 年及 2011 年全国和
民族八省区医疗机构卫生人员（单位：人）

地区	卫生人员总数			其中卫生技术人员			每千人口卫生技术人员	
	2000 年	2005 年	2011 年	2000 年	2005 年	2011 年	2005 年	2011 年
全　国	5591026	5426851	8616040	4490803	4460187	6202858	3.49	4.58
内蒙古	130881	121180	175226	107207	102587	131603	4.36	5.34
新　疆	121257	117165	167828	97286	96266	130604	4.91	5.93
广　西	158666	158370	283543	127036	129151	204011	2.64	3.80
宁　夏	27123	27560	41758	21343	22817	31983	3.88	4.91
西　藏	11027	10781	22234	8948	8913	10782	3.33	3.57
贵　州	101614	94854	169098	85397	81723	113801	2.11	2.68
云　南	151588	142175	215335	124055	118429	150982	2.77	3.31
青　海	25871	22923	38785	21502	19518	27520	3.87	4.94

数据来源：

(1) 中华人民共和国统计局编：《中国统计年鉴 2001》，中国统计出版社 2001 年版。

(2) 中华人民共和国统计局编：《中国统计年鉴 2006》，中国统计出版社 2006 年版。

(3) 中华人民共和国统计局编：《中国统计年鉴 2012》，中国统计出版社 2012 年版。

从 2000 年到 2011 年，民族八省区拥有的卫生人员总数呈增长状态。从 2005 年到 2011 年，内蒙古增加了 54046 位卫生人员，贵州增加了 74244 人，云南增加了 73160 人，西藏增加了 11453 人，青海增加了 15862 人，宁夏增加了 14198 人，新疆增加了 50663 人。在民族八省区中，广西卫生人员增加的最多，为 125173 人，但依然只占全国总体增量的 3.92%。从 2000 年到 2011 年，卫生技术人员西藏增幅最小，只增加了 1834 名卫生技术人员，内蒙古、贵州、云南和新疆都有 2—3 万人的增幅，广西一共增加了 76975 名卫生技术人员，增幅是其他省区的两倍多。

2011 年，民族八省区每千人口卫生技术人员都有不同程度的增加。广西、贵州、云南和西藏这四个省区每千人口拥有卫生技术

人员分别为 3.8 人、2.68 人、3.31 人和 3.57 人，均未达到全国平均水平 4.58 人，卫生技术人员缺乏；内蒙古、青海、宁夏和新疆分别拥有 5.34 人、4.94 人、4.91 人和 5.93 人，这四个省区超过了全国平均水平。

（三）民族地区医疗卫生机构床位

2011 年末，全国医疗机构床位数一共有 519889 张，其中医院拥有 3705118 张床位，占床位总数的 71.8%。社区卫生服务中心、街道卫生院和乡镇卫生院等基层医疗机构共有 1233721 张床位，占床位总数的 23.9%。妇幼保健院和专科疾病防治院等专业公共卫生机构共有 178132 张床位，占床位总数的 3.45%。从 2000 年到 2005 年以及从 2005 年到 2011 年，我国医疗机构整体床位总数呈明显递增趋势，且增加的幅度越来越大。从 2000 年到 2005 年全国整体床位数增加了 173810 张，从 2005 年到 2011 年的增加量远远超过前者，共增加了 1809079 张床位，全国医疗卫生床位数量有很大幅度增加。全国和民族八省区医疗卫生机构床位数详见表 2—7。

表 2—7　2000 年、2005 年以及 2011 年全国和
民族八省区卫生机构床位基本情况（单位：张）

地区	医疗卫生机构床位总数			医院	基层医疗机构	专业公共卫生机构	每千人口医疗卫生机构床位数			病床使用率（%）	
	2000 年	2005 年	2011 年	2011 年			2000 年	2005 年	2011 年	2005 年	2011 年
全国	3177000	3350810	5159889	3705118	1233721	178132	2.38	2.45	3.81	70.3	88.5
内蒙古	66910	69047	100633	72871	23992	3130	2.75	2.71	4.08	59.8	81.1
新疆	70542	79441	125391	97436	25315	2127	3.68	3.87	5.69	74.4	92.5
广西	85422	93532	152039	95752	46534	8762	1.76	1.78	2.83	70.2	93.3
宁夏	13825	17754	25805	22037	2781	887	2.39	2.86	3.96	75.9	91.1
西藏	6348	6767	9592	6314	2861	377	2.45	2.40	3.17	61.2	69.6
贵州	58580	61594	117534	78368	34259	4678	1.50	1.51	2.77	67.6	87.1
云南	97530	106334	173434	126318	40488	5409	2.19	2.31	3.80	73.4	88.7
青海	16521	15088	23117	18586	4325	206	3.29	2.93	4.15	62.6	77.3

数据来源：

(1) 中华人民共和国卫生部编：《中国卫生统计年鉴2001》，中国协和医科大学出版社2001年版。

(2) 中华人民共和国统计局编：《中国统计年鉴2006》，中国统计出版社2006年版。

(3) 中华人民共和国卫生部编：《中国卫生统计年鉴2006》，中国协和医科大学出版社2006年版。

(4) 中华人民共和国统计局编：《中国统计年鉴2012》，中国统计出版社2012年版。

在民族八省区中，西藏、青海和宁夏医疗卫生机构床位总数的增长较缓慢，从2005年到2011年分别增加了2825张、8029张、8051张。内蒙古、广西、贵州、云南和新疆，分别增加了31586张、58507张、55940张、67100张和45950张。2011年西藏、青海和宁夏的医疗床位数在全国排名分别为倒数第一、第二、第三，云南排名12，广西排名16，新疆排名18，内蒙古排名24，甘肃排名25，民族八省区医疗机构床位明显不足。

与2005年和2000年的数据相比，2011年全国和民族八省区的平均每千人口医疗卫生机构床位数有一定的增长。2011年全国每千人口医疗卫生机构床位数平均水平为3.81张，新疆平均每千人口医疗卫生机构床位数为5.69张，在全国排名第3；青海4.15张，排名第10；内蒙古4.08张，排名11；宁夏3.96张，排名13；云南3.80张，排名16；西藏3.17张，排名26；广西2.83张，全国倒数第二；贵州2.77张，全国倒数第一。西藏、贵州和广西的平均水平远低于全国平均水平。

相比于2005年，2011年民族八省区的病床使用率都有不同程度的提高，内蒙古、广西、贵州、云南、西藏、青海、宁夏和新疆分别增加了21.3%、23.1%、19.5%、15.3%、8.4%、14.7%、15.2%和18.1%。2011年，内蒙古、青海、贵州和西藏病床使用率分别为81.1%、77.3%、87.1%和69.6%；广西、云南、宁夏和新疆病床使用率较高，分别为93.3%、88.7%、91.1%和92.5%。与内地发达地区的病床使用率相比，民族八省区的资源利用率较充分，对资源的需求十分明显。

四、民族地区人口环境

农民对社会保障需求的数量和结构是决定社会保障经费开支的内在因素，而不同年龄、不同教育程度的农民对社会保障需求的数量和结构存在差异。一个国家或地区的人口规模、年龄结构和受教育程度直接影响着该地区的社会保障需求。因此，社会保障运行的人口环境包括人口数量、人口结构和人口质量三个方面。

由于地域条件和经济发展水平的限制，民族地区人口受教育程度较低，人们对于养老保险和医疗保险等社会保障的认识不够深入，投保意识缺乏。城乡人口比例失调，城镇化水平较低，当地居民主要从事第一产业，不合理的就业结构导致民族地区发展较为落后，这些状况都会导致社会负担急剧加重。

(一)内蒙古自治区人口概况

在人口数量方面，全国第六次人口普查数据显示，内蒙古自治区常住人口共有24706321人，汉族人口占总人口的79.54%，蒙古族人口占总人口的17.11%，其他少数民族人口占3.36%。[①]

在人口结构方面，全自治区常住人口中，0—14岁人口为3482599人，占总人口14.10%；15—64岁人口为19355565人，占78.34%；65岁及以上人口为1868157人，占7.56%。总人口性别比为108.05(以女性为100，男比女)。

在人口质量方面，全自治区常住人口中，具有大学(指大专以上)文化程度的人口为2521938人，具有高中(含中专)文化程度的人口为3736929人，具有初中文化程度的人口为9689387人，具有小学文化程度的人口为6279886人。文盲人口(15岁及以上不识字的人)为1005102人，文盲率为4.07%。

(二)新疆维吾尔自治区人口概况

在人口数量方面，全国第六次人口普查数据显示，新疆维吾

---

① 内蒙古自治区统计局：《内蒙古自治区2010年第六次全国人口普查主要数据公报》，国家统计局门户网，http://www.stats.gov.cn/tjsj/tjgb/rkpcgb/dfrkpcgb/201202/t20120228_30397.html，2012-02-28。

尔自治区常住人口为 21813334 人，汉族人口占总人口的 40.1%，各少数民族人口占 59.9%。[①]

在人口结构方面，全区常住人口中，0—14 岁人口为 4530645 人，占 20.77%；15—64 岁人口为 15932420 人，占 73.04%；65 岁及以上人口为 1350269 人，占 6.19%。总人口性别比为 105.34(以女性为 100，男比女)。

在人口质量方面，全区常住人口中，具有大专及以上文化程度的人口为 2319950 人，具有高中或中专文化程度的人口为 2526385 人，具有初中文化程度的人口为 7873675 人，具有小学文化程度的人口为 6560438 人。文盲人口(15 岁及以上不识字的人)为 515789 人，文盲率为 2.36%。

(三)广西壮族自治区人口概况

在人口数量方面，全国第六次人口普查数据显示，广西壮族自治区常住人口为 4602.66 万人，汉族人口占 62.82%，壮族人口占 31.39%，其他少数民族人口占 5.79%。[②]

在人口结构方面，全自治区常住人口中，0—14 岁人口占 21.71%；15—59 岁人口占 65.18%；60 岁及以上人口占 13.11%。其中，65 岁及以上人口占全区常住人口 9.24%。总人口性别比为 108.26(以女性为 100，男比女)。

在人口质量方面，全自治区常住人口中，275.14 万人口具有大专及以上文化程度，507.9 万人口具有高中或中专文化程度，1784.15 万人口具有初中文化程度，1458.05 万人口具有小学文化程度。文盲人口(15 岁及以上不识字的人)为 124.9 万人，文盲率为 2.71%。

[①] 新疆维吾尔自治区统计局：《新疆维吾尔自治区 2010 年第六次全国人口普查主要数据公报》，国家统计局门户网，http://www.stats.gov.cn/tjsj/tjgb/rkpcgb/dfrkpcgb/201202/t20120228_30407.htm，2012-02-28。

[②] 广西壮族自治区统计局：《广西 2010 年第六次全国人口普查主要数据公报》，国家统计局门户网，http://www.stats.gov.cn/tjsj/tjgb/rkpcgb/dfrkpcgb/201202/t20120228_30385.html，2012-02-28。

（四）宁夏回族自治区人口概况

在人口数量方面，全国第六次人口普查数据显示，宁夏回族自治区常住人口为6301350人，汉族人口占总人口的64.58%，各少数民族人口占35.42%。其中，回族人口占总人口的35.76%。

在人口结构方面，全区常住人口中，0—14岁人口为1353743人，占21.48%；15—64岁人口为4543690人，占72.11%；65岁及以上人口为403917人，占6.41%。总人口性别比为105.09（以女性为100，男比女），居住在城镇人口与乡村人口比例为0.92。

在人口质量方面，全区常住人口中，具有大专及以上文化程度的人口为576702人，具有高中或中专文化程度的人口为784596人，具有初中程度的人口为2120623人，具有小学程度的人口为1879440人。文盲人口（15岁及以上不识字的人）为391737人，文盲率为6.22%。[①]

（五）西藏自治区人口概况

在人口数量方面，全国第六次人口普查数据显示，西藏自治区常住人口为3002166人，以藏族为主体，藏族人口占常住人口的90.48%，汉族人口占8.17%，其他少数民族人口占1.35%。[②]

在人口结构方面，全区常住人口中，0—14岁人口为731683人，占24.37%；15—64岁人口为2117576人，占70.53%；65岁及以上人口为152907人，占5.09%。总人口性别比为105.69（以女性为100，男比女）。

在人口质量方面，全区常住人口中，具有大专及以上文化程度的人口为165332人，具有高中或中专文化程度的人口为131024人，具有初中文化程度的人口为385788人，具有小学文化程度的

[①] 宁夏回族自治区统计局：《宁夏回族自治区2010年第六次全国人口普查主要数据公报》，国家统计局门户网，http://www.stats.gov.cn/tjsj/tjgb/rkpcgb/dfrkpcgb/201202/t20120228_30398.html，2012-02-28。

[②] 西藏自治区统计局：《西藏自治区2010年第六次全国人口普查主要数据公报》，国家统计局门户网，http://www.stats.gov.cn/tjsj/tjgb/rkpcgb/dfrkpcgb/201202/t20120228_30406.html，2012-02-28。

人口为 1098474 人。

（六）贵州省人口概况

在人口数量方面，全国第六次人口普查数据显示，贵州省常住人口为 34746468 人，汉族人口占 63.89%，各少数民族人口占 36.11%。[①]

在人口结构方面，全省常住人口中，0—14 岁人口为 8764581 人，占 25.22%；15—64 岁人口为 23004671 人，占 66.21%；65 岁及以上的人口为 2977216 人，占 8.57%。总人口性别比为 106.89(以女性为 100，男比女)，居住在城镇的人口与乡村人口比例为 0.51，人口自然增长率为 7.41‰。

在人口质量方面，全省常住人口中，具有大专及以上大学文化程度的人口为 1838781 人，具有高中或中专文化程度的人口为 2530196 人，具有初中文化程度的人口为 10350718 人，具有小学文化程度的人口为 13680651 人。文盲人口(15 岁及以上不识字的人)为 3038527 人，文盲率为 8.74%。

（七）云南省人口概况

在人口数量方面，全国第六次人口普查数据显示，云南省总人口为 4596.6 万人，汉族占 66.63%，各少数民族人口占 33.37%。少数民族中彝族人数比较多，占总人口的 10.94%。[②]

在人口结构方面，全省常住人口中，0—14 岁的人口占总人口的 20.73%；15—59 岁的人口占总人口的 68.2%；60 岁及以上人口占总人口的 11.07%。其中，65 岁及以上的人口占总人口的 7.63%。总人口性别比为 107.84(以女性为 100，男比女)，居住在城镇的人口与乡村人口比例为 0.54。

在人口质量方面，全省常住人口中，265.6 万人口具有大专及

---

① 贵州省统计局：《贵州省 2010 年第六次人口普查主要数据公报》，国家统计局门户网，http://www.stats.gov.cn/tjsj/tjgb/rkpcgb/dfrkpcgb/201202/t20120228_30386.html，2012-02-28。

② 云南省统计局：《云南省 2010 年第六次全国人口普查主要数据公报》，国家统计局门户网 http://www.stats.gov.cn/tjsj/tjgb/rkpcgb/dfrkpcgb/201202/t20120228_30408.html，2012-02-28。

以上文化程度，385 万人口具有高中或中专文化程度，1263.1 万人口具有初中文化程度，1994.4 万人口具有小学文化程度。15 岁及以上人口中有 277 万文盲，文盲率为 6.03%。

（八）青海省人口概况

在人口数量方面，全国第六次人口普查数据显示，青海省常住人口为 5626722 人，汉族人口占 53.02%，各少数民族人口占 46.98%。各少数民族中，藏族、回族、土族、撒拉族和蒙古族人口较多。[①]

在人口结构方面，全省常住人口中，0—14 岁人口为 1177107人，占 20.92%；15—64 岁人口为 4094933 人，占 72.78%；65 岁及以上人口为 354682 人，占 6.3%。总人口性别比为 107.4（以女性为 100，男比女），居住在城镇人口与乡村人口比例为 0.81。

在人口质量方面，全省常住人口中，具有大专及以上文化程度的为 484794 人，具有高中或中专文化程度的为 586714 人，具有初中文化程度的为 1427738 人，具有小学文化程度的为 1984287人。文盲人口（15 岁及以上不识字的人）为 575773 人，文盲率为 10.23%。

第四节　民族地区农村社会保障运行的自然环境

我国少数民族聚居区域大多为国家重点扶持的贫困地区，底子薄，主要靠农业生产维持基本生活，收入来源单一，青壮年养老负担较重，对社会保障需求较大，但又无力承担社会保障的相关费用，这就造成了农民需求与供给能力的矛盾。民族地区自然资源丰富，但对资源和矿产粗放式的开发不仅阻碍了经济发展，而且破坏了自然环境，对当地生产和生活环境造成了影响。恶劣的自然条件

---

① 青海省统计局：《青海省 2010 年第六次人口普查主要数据公报》，国家统计局门户网，http://www.stats.gov.cn/tjsj/tjgb/rkpcgb/dfrkpcgb/201202/t20120228_30399.html，2012-02-28。

不利于农业发展，农民基本生活得不到保障，这些都给社会保障带来巨大压力。鉴于社会保障制度需建立在一定的人口资源环境基础之上，阐明民族地区人口资源环境状况，对于民族地区社会保障制度设计具有重要作用。

一、民族地区地理环境

民族地区大多位于我国的沿边地区，以高原、山地、沙漠、戈壁为主，地理环境较为复杂且生态环境脆弱，极易受到破坏。地表崎岖致使交通建设成本增加，公路等级比较低，交通不便利，相对于其他地区较为落后。气候条件恶劣，大部分地区高寒、干旱少雨，自然灾害频发，受外部环境的影响较大，不利于农作物的生长。耕地面积缺乏，农作物和其他经济作物种植面积小。这种特殊区位和恶劣的自然环境限制了民族地区经济发展，致使大部分地区处于贫困落后状态，决定了民族地区较其他地区而言要承担更多的风险，同时也意味着需要建立更为健全的社会保障制度，加大对相关地区的扶持力度。

(一) 内蒙古自治区地理环境

内蒙古自治区 2011 年土地总面积 118.3 万平方公里，实有耕地面积 714.9 万公顷，林业用地面积 4394.93 万公顷。[①]公路里程16.1 万公里，其中等级公路里程为 14.79 万公里，高速等级公路为0.29 万公里，一级公路 0.37 万公里，二级公路 1.37 万公里，等外公路里程为 1.3 万公里。内河航道里程 0.24 万公里，铁路营业里程0.92 万公里。

地貌方面，内蒙古自治区以高原为主，平均海拔在 1000 米左右。[②]长期地质作用形成了山地、丘陵、平原、沙漠、盆地和火山等多种地貌类型。气候方面，属于温带大陆性气候，雨热同季，降水主

[①] 本节各省区相关数据如果没有特殊说明，均来自 2012 年《中国统计年鉴》和 2012 年各省区统计年鉴。

[②] 中华人民共和国统计局：《中国西部统计年鉴 2001》，中国统计出版社 2002 年版。

要集中在农作物生长的夏季；海拔较高，阳光充足，日照时间长，太阳辐射强度大，受纬度和地形的影响，气温由西南向东北逐渐降低。水文方面，受降水和地形的影响，地表水的季节性和区域性明显，水量从北向南，由西向东逐渐增多，区内径流主要集中在大兴安岭以东的呼伦贝尔高原和阴山以南地区，水系发育良好，河网密集；鄂尔多斯高原中西部、乌兰察布高原以及锡林郭勒高原地区的河网稀疏，河流短且径流量小。土壤方面，盐渍化、钙化比较严重，风积物分布较广，大致以湿润度 0.3 线为界，线以东以沙地为主，以西则以沙漠为主，沙地的自然条件较好，适宜植物的生长；沙漠地区植被的生长环境恶劣，植被稀疏，品种较少，主要是灌木和半灌木。

（二）新疆维吾尔自治区地理环境

新疆维吾尔自治区地处中国最西北，为温带大陆性气候，降雨量较少，光热资源丰富，相对湿度低，气候常年干旱且风沙较大。土地总面积约为 166.49 万平方公里。2011 年新疆地区公路里程达到 15.52 万公里，其中等级公路里程 10.43 万公里，高速等级公路 0.15 万公里，一级公路 0.14 万公里，二级公路里程 1.11 万公里，等外公路里程 5.08 万公里。铁路营业里程 0.43 万公里。

地貌方面，以山地和盆地为主，沙丘、平原、沙漠以及绿洲在新疆分布也较为广泛，其中，台地、平原占全区总面积的 35.41%，流水地貌约占 27.07%，风成地貌约占总面积的一半以上（杨发相，2011）。气候方面，属于温带大陆性气候，多以干旱、半干旱为主（刘亚敏、张生和刘亚峰，2011）。2011 年全年平均气温为 10℃，年平均降水量为 167.1 毫米，其中，北疆的年平均降水量为 256.6 毫米，高出全区平均水平 89.5 毫米；全区年平均日照时长为 2797 小时，太阳辐射强度大，热量充足，气温年差较大，适宜农作物的生长，为当地蔬果产品的生长提供了有利的条件。水文方面，水资源补给主要来自雨水补给和冰川融水，其中冰川融水主要来自阿尔泰山和喀喇昆仑山，区内河流湖泊众多，主要有塔里木河、伊犁河、额尔齐斯河等（之聿，1981）。土壤方面，部分土壤呈荒漠化，加之长期的地质运动，导致河流中的含沙量和含盐量较多，造就了部分地区土壤盐渍化现象严重；土壤种类繁多，风沙土、棕漠土、棕钙土、石质土等分布广泛，其中风沙土有固定和流动风沙土两类，主要分布在沙漠地区（王德厚，1989）。

（三）广西壮族自治区地理环境

广西壮族自治区 2011 年末土地总面积 23.76 万平方公里，林业用地面积 1496.45 万公顷，草原总面积为 8698.34 千公顷，森林资源比较丰富。公路里程达到 10.49 万公里，其中等级公路里程达到 8.73 万公里，高速等级公路 0.28 万公里，一级公路 0.09 万公里，二级公路里程 0.91 万公里，等外公路里程 1.76 万公里。铁路营业里程为 0.32 万公里，内河航道为 0.54 万公里。

地貌方面，广西壮族自治区地势西北高、东南低，地形复杂，总体是山地丘陵性盆地地貌，喀斯特地貌分布广泛（黄燕，2012）。气候方面，地处东亚季风区域，纬度低，南面临海，受季风环流影响较大，冬季低温少雨，夏季高温多雨（唐炳莉、丘平珠和覃峥嵘，2008）。水文方面，地处低纬度的热带、亚热带，常年降水量在 1300—2000 毫米之间，河流纵横，径流量大，水库密布，但降水量分布不均使河流的径流量具有周期性和地带性特点，易导致干旱，不利于农林畜牧业的发展，影响居民的正常生活（余婷，2011）。土壤方面，种类繁多，根据广西第二次土壤普查数据显示，广西共有 327 个土种，其中以砖红壤、赤红壤、红壤、黄壤、水稻土居多，土壤特性多以酸性为主，其中赤红壤主要分布在南亚热带地区，酸度较高，有机物含量较少，土壤肥力不足（喻国忠，2007）。

（四）宁夏回族自治区地理环境

宁夏回族自治区地处亚欧大陆中部，位于由半湿润、半干旱区向干旱区过渡地带，生态环境脆弱。2011 年土地总面积约为 5.2 万平方公里，公路里程达到 2.45 万公里，其中等级公路里程达到 2.39 万公里，高速等级公路 0.13 万公里，一级公路 0.07 万公里，二级公路里程 0.26 万公里，等外公路里程 0.06 万公里。铁路营业里程 0.13 万公里，内河航道里程 0.01 万公里。

地貌方面，宁夏回族自治区位于地势第一阶梯和第二阶梯之间的过渡地带，地势北低南高，地貌南北差异明显；以青龙山—牛首山断裂为界，北部以台地、平原、山地为主，南部黄土丘陵、断陷平原、盆地分布广泛，其中，丘陵的分布最广，山地多为断块山（李陇堂和赵小勇，1999）。气候方面，属于温带大陆性气候，气候干旱且气温年差较大；受地理位置的影响，全年降雨较少，水资源缺乏，气候干燥，地势海拔较高，太阳辐射的强度大，热量和光能资源丰富（许朝斋、梁旭和尚永生，1991）。水文方面，降水南多北少，水面蒸发量较大，河流的补给方式主要为雨水补给，并受地质地貌和蒸发的影响；70%～80% 河流的汛期集中在 6—9 月，11 月至次年 3 月的径流量比较小，区内大多数河流含沙量比较大（陆存生、吕梅花和王秀琴，2006）。土壤方面，呈现出盐碱化现象，加之风力较大，土壤的风蚀现象严重（薛鹏举，2009）；全区土壤类型繁多，其中主要有灰漠土、草甸土、岩土（王吉智，1989）。

（五）西藏自治区地理环境

西藏自治区位于世界最高最大的青藏高原，处于我国地势的第一阶梯上。全区土地面积约为 120 万平方公里，地广人稀，原始生态保存良好；河流众多，水资源丰富；海拔较高，日照时间长，太阳辐射较强，空气中的含氧量较少，昼夜温差大。西藏自治区交通状况较差，2011 年铁路营业里程为 0.05 万公里。公路里程达到 6.31 万公路，其中等级公路里程为 3.89 万公里，二级等级公路 0.1 万公里，等外公路里程 2.42 万公里。

地貌方面，西藏自治区地形地貌复杂多样，北部为藏北高原，南部为藏南谷底，东部是高山峡谷区，冰缘地貌、岩溶地貌、风沙地貌和火山地貌分布广泛。[①]气候方面，气候类型较为丰富，有热

---

① 北京周报编辑部：《西藏的地形地貌》，《北京周报》2009-03-25。

带、亚热带山地季风气候和高原温带季风气候、高原亚寒带季风气候（曾晋鲁，2000）；平均海拔在 4000 米以上，形成了独特的高原气候，气温较低且年差较大；干湿两季明显，空气稀薄，昼夜温差比较大（钟祥浩等，2006）。水文方面，降水分布由东南部向西北部递减，致使藏东南地区河网密布，藏北地区河流稀疏；全区地势大体是西高东低，北高南低，河流在藏东为南北流向，藏南的河流先自西向东流，在下游由北向南流，藏北的河流以内陆湖为中心（关志华和陈传友，1980）。土壤方面，类型复杂多样，藏东部喜马拉雅山南侧为淋溶土和铁铝土；雅鲁藏布江中游地区为潮土和山地灌丛草原土；藏南高寒区为草原土和草甸土；藏东北高寒区以草甸土壤为主；藏西北为高山漠境土壤和高寒荒漠土壤（曾晋鲁，2000）。

（六）贵州省地理环境

贵州省平均海拔在 1100 米左右，处于我国地势的第二阶梯，位于四川盆地与广西盆地之间，是全国唯一没有平原支撑的省份。[①]耕地面积匮乏，森林资源丰富，喀斯特地貌分布广泛，是国家重点自然保护区。2011 年公路里程达到 15.78 万公里，其中等级公路里程达到 7.96 万公里，高速等级公路 0.2 万公里，一级公路 0.02 万公里，二级公路里程 0.38 万公里，等外公路里程 7.82 万公里。铁路营业里程为 0.21 万公里，内河航道里程为 0.34 万公里。

地貌方面，贵州省以高原山地为主，沉积岩中以碳酸盐岩发育最好，约占全省面积的 65%[②]，喀斯特地貌在可溶性碳酸盐岩基础上广泛发育，尤为典型（邓晓红和毕坤，2004）。气候方面，属于亚热带高原季风性湿润气候，降水量丰富，雨季明显，绝大部分地区降水量在 1100—1300 毫米之间，相对湿度达到 82%，紫外线辐射较弱（黄清凯，2012）。水文方面，河网密集，径流量大的河流多

---

① 中国建设年鉴编委会：《中国建设年鉴 1999》，改革出版社 2000 年版，第 562 页。
② 贵州省地质矿产局：《贵州省区域地质志》，北京地质出版社 1987 年版，第 405 页。

发源西部高原，受我国第二地势阶梯的影响，大部分地区河流上游河谷开阔，水流平缓，中游水流湍急，下游激流跌宕，水能资源比较丰富；河流主要靠雨水和地下水补给，夏秋季节河流径流量比较大，地区植被覆盖率高，含沙量小，无结冰期，喀斯特地貌分布地区河流为地下暗河及伏流（韩至钧和金占省，1996）。土壤方面，有黄壤、红壤、石灰土和紫色土等土壤类型，其中比较典型的是红壤，土地酸性较强，适宜种植茶叶等碱性作物；但是，由于降水量大以及人工梯田等原因，土壤侵蚀比较严重，局部地区已经出现沙漠化现象（熊亚兰、张科利和宁茂岐，2011）。

（七）云南省地理环境

云南省 2011 年公路里程 21.45 万公里，其中等级公路里程 16.58 万公里，高速等级公路 0.27 万公里，一级公路 0.08 万公里，二级公路 0.96 万公里，等外公路里程 4.87 万公里。内河航道里程 0.32 万公里，铁路营业里程 0.25 万公里。

地貌方面，主要包括高原、山地（包括丘陵）、盆地河谷、特殊地貌四大类。其中，中国四大高原之一的云贵高原，是在外力作用下形成云南山地以及云南河谷地貌。气候方面，具有季风气候、低纬度气候和高原气候的特点；地处于低纬度热带和亚热带的高原地区，四季如春；地势北高南低，气候南北差异较大；高原、河谷相间，落差大，气候的垂直变化较大（王霞斐，1979）。水文方面，受太平洋和印度洋海洋季风的影响，夏秋季节降雨丰富，河流湖泊径流量大，地势西北高，东南低且地形起伏大，水能资源丰富；同时，云南省是全国水土流失比较严重的省份之一，河流含沙量较大，水库、河床和湖泊泥沙淤积，洪涝灾害频发（孟广涛、方向京和丽萍，2006）。土壤方面，包括砖红壤、砖红壤性红壤、红壤与黄壤等类型，砖红壤分布于云南省南部的热带北部边缘，砖红壤性红壤分布于云南南部准热带，红壤与黄壤分布于准热带以北的山坡、坝区、低丘的亚热带（虞光复和陈永森，1998）。

（八）青海省地理环境

青海省位于青藏高原的东北部，东西跨度为 1200 千米，南北跨 800 千米，总面积 72 万平方千米。2011 年公路里程达到 6.43 万公里，其中等级公路里程达到 5 万公里，高速等级公路 0.11 万公里，一级公路 0.03 万公里，二级公路 0.53 万公里，等外公路里程为 1.43 万公里。内河航道里程 0.04 万公里，铁路营业里程 0.19 万公里。

地貌方面，青海省地形差异很大，以山地为主，分为祁连山地、柴达木盆地和青藏高原三个部分：东北部是阿尔金山、祁连山等山脉，高山与低谷相间；西北部是柴达木盆地，海拔 600—3000 米，面积 20 万平方公里；南部是以昆仑山为主体的青南高原，平均海拔在 4500 米以上。[①]气候方面，属于高原大陆性气候，冬季寒冷漫长，夏季凉爽短暂，降水量较少，年降水量在 400 毫米以下；气温低且昼夜温差较大，境内年平均气温在零下 8.5℃～零下 5.7℃之间（韩玉梅和孙建忠，2012）。水文方面，河网密布，属于长江、澜沧江、黄河以及内陆河四大流域；全年降水量分配不均，主要集中在夏秋两季；水面蒸发量较大，由东南向西北递减，地区差异较大，陆地蒸发量由东南向西北递减；内流河以雨水补给、冰雪融水和地下水补给为主，外流河随海拔降低，年径流深度变大（王富红，1999）。土壤方面，种类繁多，以栗钙土为主的耕种土壤所占比重最大，约为 49.8%；高山和山地草甸土分布广泛，约占全区土壤总面积的 36.52%；高山草原土占 23.94%。由于区内大部分地区耕地的坡度较大，加之资源的开采导致地表植被破坏严重，水土流失现象严重，土壤中的有机质含量较少，部分地区土壤盐渍化现象明显（袁春光，2006）。

---

① 卓玛措：《青海地理》，北京师范大学出版社 2010 年版，第 4 页。

二、民族地区自然灾害

民族地区由于其特殊的地理位置、自然环境和气候条件，环境较为脆弱，极易受到干旱、洪涝、山体滑坡、泥石流、冻灾、地震、冰雪和台风等自然灾害的影响。恶劣的自然环境不仅影响了农作物的生长，而且给当地居民造成了巨大经济损失，自然灾害带来的社会救助工作需求量比较大，而民族地区的经济环境和文化环境等相对较为落后，社会保障制度还不完善，对于自然灾害的预防和承受能力相对来说也较低，这就加剧了灾害的破坏程度。因此，对于民族地区更应该加大社会保障方面的扶持力度，尽可能地把自然灾害的损失降到最低。

内蒙古自治区主要自然灾害有旱灾、洪涝、山体滑坡、泥石流、台风、风雹、低温冷冻雪灾和森林火灾。2011 年内蒙古地区农作物受灾面积达到 2036.6 千公顷，其中旱灾受灾面积为 1131.2 千公顷，洪涝、山体滑坡、泥石流和台风受灾面积为 389.9 千公顷，风雹受灾面积为 346.4 千公顷，低温冷冻受灾面积为 169.1 千公顷，森林火灾发生了 57 次，受灾人口达到 692 万人次。

新疆维吾尔自治区主要自然灾害有旱灾、雪灾、冰雹、沙尘暴、冻灾、风灾、洪水、地震、山体滑坡和冰雪灾害。受温带大陆性气候的影响，新疆地区夏季降雨量大且集中，极易发生洪涝灾害，加之该地区处于我国大西北地区，生态环境较为脆弱，自然灾害频发（陈向军、刘新峰和杨兴华，2008）。2011 年新疆农作物受灾面积达到 420.6 千公顷，其中旱灾受灾面积为 89 千公顷，洪涝、山体滑坡、泥石流和台风受灾面积为 45 千公顷，森林火灾发生了 59 次。

广西壮族自治区主要自然灾害有水灾、泥石流、旱灾、台风、地震、塌方、山体滑坡、冰雪灾害和森林火灾等。2011 年广西地区农作物受灾面积达到 1437.9 千公顷，其中旱灾受灾面积为 406.6 千公顷，洪涝、山体滑坡、泥石流和台风受灾面积为 595.6 千公顷，森林火灾发生了 350 次。

宁夏回族自治区主要自然灾害有旱灾、洪涝、山体滑坡、泥石流、雪灾、沙尘暴、冻灾、地震灾害等。2011 年宁夏地区农作物受灾面积达到 434.7 千公顷，旱灾受灾面积为 366.7 千公顷，洪涝、山体滑坡、泥石流和台风受灾面积为 8.7 千公顷，森林火灾发生了 2 次。

西藏自治区主要自然灾害有洪涝、旱灾、低温冷冻和雪灾。2011 年西藏农作物受灾面积合计为 17.8 千公顷，洪涝、山体滑坡、泥石流和台风受灾面积为 5.3 千公顷，低温冷冻、雪灾受灾为 2.8 千公顷。西藏由于地处太平洋板块和印度洋板块之间，地质活动活跃，容易引发地震。

贵州省自然灾害严重，影响范围比较大，具有明显的季节性，气象灾害包括干旱洪涝、风雹低温冷冻等，地质灾害主要有地震、泥石流和山体滑坡，生物灾害和森林火灾频发（李宇均，2008）。2011 年贵州省农作物受灾面积达到 2570.2 千公顷，其中旱灾受灾面积为 1822.5 千公顷，洪涝、山体滑坡、泥石流和台风受灾面积为 111.1 千公顷。自然灾害受灾人口 3479.2 万人，因自然灾害造成的直接经济损失 249.2 亿元。

云南省是我国自然灾害多发区，主要灾害类型有泥石流、地震、干旱、洪涝、滑坡和冻灾等。2011 年云南农作物受灾面积为 1989.3 千公顷，其中旱灾受灾面积 1230.5 千公顷，山体滑坡面积 107.6 千公顷，风雹受灾面积 141.1 千公顷，低温冷冻受灾面积 510.1 千公顷。

青海省主要自然灾害有洪涝干旱、低温冷冻、山体滑坡和冰雹等。2011 年青海省农作物受灾面积达到 285.5 千公顷，旱灾受灾面积为 184.7 千公顷，低温冷冻受灾面积达到 7.3 千公顷，洪涝、山体滑坡面积达到 27.7 千公顷，受灾人口达到 235.6 万人次。

第五节　民族地区农村社会保障运行的行政环境

行政效率是国家行政管理机构的管理效率，也是相关行政管理的效果和效益同所消耗的人力、物力、财力和时间的比值(龙联芳，1996)。效率是系统运行状态的核心，行政效率是衡量国家行政管理机构活动质量的重要标准。因此，行政效率不但是行政管理学所研究的核心问题，也是政府相关管理部门关注和追寻的重要目标。由于我国改革开放还在不断的探索和发展过程之中，政府行政管理效率同发达国家相比还存在较大差距。民族地区由于多种原因，行政管理效率同国内发达地区亦存在明显的差距，这严重影响了民族地区行政管理体系的建设。社会保障制度的构建和完善能够降低社会不稳定风险和维持社会稳定，对经济文化落后地区的发展和稳定具有更为重要的意义。民族聚居区域经济和文化方面相对比较落后，在全面建设小康社会的背景下，充分发挥民族地区社会保障行政管理系统的效率，确保这些地区广大人民同享改革开放带来的成果，不但有利于促进民族地区发展，也能够维护相关地区和平稳定的良好局面。

一、民族地区农村社会保障行政管理的现状

我国是一个统一的多民族社会主义国家，民族区域自治制度是从我国国情和行政管理特征出发，具有中国特色解决民族问题的基本政策和重要政治制度。民族区域自治制度以及民族地区自然、人文和社会环境的特殊性，决定了民族自治地区和其他地区在行政管理方面存在较大的差异，影响了民族地区政府行政管理的执行效率(李娜，2009；李春林，1999)。我国少数民族主要聚居在自然环境较为恶劣的边疆、山区、寒冷和干旱地区，地广人稀的自然环境加大了行政管理成本，影响了行政效率的充分发挥。恶劣的自然环境也严重制约了民族地区经济发展，使得民族地区长期处于贫困和落后状态，城市化水平低以及农村牧区生产力水平落后成为民族地区的基本特征。经济不发达、交通闭塞、教育科技落后以及信息不畅，导致民族地区人口素质相对偏低及行政管理人员观念落后，这些社会特征制约了政府行政管理的运行效率(李春林，

1999)。截止到 2010 年，少数民族人口总数已达到 11379 万人。[①]
但是由于性别比例失衡、农牧区人口数量高、青壮年人口多及就业
压力过大等多方面的问题，使得民族地区政府在教育、医疗、就业
和社会保障等诸多方面承受着巨大行政管理压力（李俊清，2010）。
此外，民族地区的居住特征、风俗习惯、语言文字、历史、文化、心理
和宗教等多方面因素相互交织，导致这些地区矛盾交错，行政管
理面临错综复杂的社会环境（李春林，1999）。行政权力自治是民
族区域自治内涵下行政管理的核心，充分发挥民族区域自治制度
的优势，研究民族地区行政管理效率的制约因素，对于把握民族
地区行政管理的规律和特征，提高行政管理效率和促进各民族共
同繁荣昌盛具有重要作用。

要提高行政系统的运行效率，就必须对行政效率进行科学的
分析和评价。在此基础上，分析影响行政效率的主要因素，逐步对
行政系统进行改进，才能不断提高行政系统运行效率。数据包络分
析（DEA）方法是相对效率评价概念基础上发展起来的一种运筹学
方法，该方法能够对同类型决策单元相对有效性进行科学评价。行
政管理系统核心功能就是把行政管理人力投入和财力投入转化为行
政管理效果。根据 DEA 的相关理论，利用 C^2R 模型，可以评价行
政系统的相对有效性。通过分析各行政管理系统投入的输入剩余和
产出的输出不足，可以发现今后改进行政效率的方向，为机构改革
和体制改革提供决策参考。

二、农村社会保障行政效率评价指标及模型

(一)农村社会保障行政效率评价指标

根据张协奎等人（2012）对行政效率测算的指标选择，结合农
村社会保障行政管理系统投入和产出的基本特征，对农村社会保障
行政管理系统投入和产出指标进行选择。

---

① 中华人民共和国统计局：《中国统计年鉴 2012》，中国统计出版社 2012 年版。

在人力投入方面，使用公务员数量来测算政府行政管理的人员投入。由于任何政府相关活动都需要多个政府部门的相互协调和协作，本研究使用公务员的总体数量，而不是社会保障管理相关公务员的数量对人力投入进行测算。在财力投入方面，采用同民族地区农村社会保障紧密相关的两个财政支出指标进行测算，即医疗财政支出、社保和就业财政支出。在农村地区社会保障效率产出方面，采用新型农村合作医疗筹资总额、农村最低生活保障支出和新型农村社会养老保险试点基金收入三个指标来测算。

本研究将利用农村社会保障行政系统投入产出数据对 30 个省（市、区）①的行政效率进行比较分析。30 个省（市、区）农村社会保障行政系统投入产出数据如表 2—8 所示。

表 2—8　各省（市、区）社会保障行政系统投入产出指标

地区	社会保障行政系统产出指标			社会保障行政系统投入指标		
	新型农村合作医疗筹资总额（亿元）	农村最低生活保障支出水平（亿元）	新型农村养老保险试点基金收入（亿元）	国家机关工作人员数量（千人）	医疗卫生财政支出（亿元）	社保和就业财政支出（亿元）
北京	17.64	2.34	22.53	290.02	225.49	354.88
河北	116.52	22.93	52.53	655.23	302.75	426.23
山西	50.67	19.77	23.06	431.74	159.62	321.60
内蒙古	30.56	20.04	10.88	316.20	164.59	363.97
辽宁	46.43	12.50	19.35	425.07	182.07	657.36
吉林	30.09	12.12	10.19	262.39	143.87	298.99
黑龙江	32.71	12.75	14.38	361.89	170.78	392.05
上海	14.53	1.30	18.58	148.90	190.03	417.50
江苏	116.43	25.48	55.52	529.35	349.86	481.65
浙江	117.70	13.87	44.53	466.95	278.98	291.82
安徽	112.98	26.39	54.56	381.77	277.23	392.98

---

①　由于天津的新型农村合作医疗筹资总额数据缺失，因此在数据处理过程中删除了天津的相关数据，未标明来源的数据均来自各省（区）2012 年统计年鉴。

地区	社会保障行政系统产出指标			社会保障行政系统投入指标		
	新型农村合作医疗筹资总额（亿元）	农村最低生活保障支出水平（亿元）	新型农村养老保险试点基金收入（亿元）	国家机关工作人员数量（千人）	医疗卫生财政支出（亿元）	社保和就业财政支出（亿元）
福建	57.58	8.01	18.75	298.00	159.30	184.92
江西	75.36	17.92	31.11	404.72	196.32	272.75
山东	169.85	29.73	116.92	795.53	360.36	501.54
河南	180.57	39.95	59.55	776.64	361.48	547.96
湖北	91.51	25.91	42.57	457.93	247.30	449.29
湖南	107.59	23.92	43.67	566.17	256.76	484.44
广东	69.37	22.35	58.93	857.60	433.75	548.65
广西	91.18	29.14	25.21	325.36	232.88	250.64
海南	11.61	4.02	3.91	81.08	50.30	94.04
重庆	51.60	14.16	87.66	202.65	143.70	338.76
四川	146.77	41.50	66.56	670.66	372.96	645.79
贵州	69.29	48.30	30.38	296.71	173.26	194.78
云南	80.88	38.88	23.04	425.70	236.98	386.50
西藏	6.67	2.48	2.54	77.77	35.30	57.68
陕西	63.62	31.34	34.66	448.55	197.61	365.43
甘肃	44.68	30.73	42.53	275.04	143.18	279.22
青海	9.36	5.47	4.74	82.08	47.44	163.57
宁夏	8.78	4.06	5.34	67.81	41.09	71.95
新疆	25.03	17.61	14.54	309.30	132.43	201.64

注：

（1）国家机关工作人员数量来自国家统计局人口和就业统计司、人力资源和社会保障部规划财务司编：《中国劳动统计年鉴2010》，中国统计出版社2010年版。

（2）新型农村合作医疗历年筹资总额、新型农村社会养老保险试点基金收入、医疗财政支出以及社保和就业财政支出数据为2011年数据；国家机关工作人员数量为2009年数据。

（3）农村最低生活保障支出来源于民政部2012年四季度各省社会服务统计数据。

（二）农村社会保障行政效率评价模型

每一个行政系统都可以看作三投入和三输出的决策单元。其中，第 j 个决策单元公务员数量、医疗财政支出以及社保和就业财政支出分别用变量 χ'_{j1}、χ'_{j2} 和 χ'_{j3} 表示；第 j 个决策单元的新型农村合作医疗筹资总额、农村最低生活保障支出和新型农村社会养老保险试点基金收入分别用变量 γ'_{j1}、γ'_{j2} 和 γ'_{j3} 表示。其中，

$\chi_j = (\chi'_{j1}、\chi'_{j2} 和 \chi'_{j3})^T \geq 0$，$j=1,\dots 30$，为第 j 个行政决策单元的输入向量；

$\gamma_j = (\gamma'_{j1}、\gamma'_{j2} 和 \gamma'_{j3})^T \geq 0$，$j=1,\dots 30$，为第 j 个行政决策单元的输出向量；

$\chi_{j0} = (\chi'_{j01}, \chi'_{j02}, \chi'_{j03})^T \geq 0$，为第 j_0 个行政决策单元的输入向量；

$\gamma_{j0} = (\gamma'_{j01}, \gamma'_{j02}, \gamma'_{j03})^T \geq 0$，为第 j_0 个行政决策单元的输出向量。

评价第 $j_0 \in (1,\dots 30)$ 个地区社会保障行政管理系统相对其他地区社会保障行政管理系统相对有效性，具有非阿基米德无穷小 ε 的 C^2R 模型为：

$$\text{Min } [\theta - \varepsilon \, (e^t s^- + e^t s^+)]$$
$$\text{s.t.} \sum_{j=0}^{n} \lambda_j \chi_j + s^- = \theta x_{j0}$$
$$\sum_{j=0}^{n} \lambda_j \gamma_j - s^+ = \gamma_{j0} \qquad\qquad (式 2—1)$$
$$\lambda_j \geq 0, \ j=1,\dots 30$$
$$s^- \geq 0, \ s^+ \geq 0$$

该模型的最优值 θ 为第 $j_0 \in (1,\dots 30)$ 个地区行政管理系统的相对有效性，表示该地区社会保障行政管理系统相对于其他地区行政管理系统的效率，是该地区社会保障行政管理系统的效率。输入约束的输入剩余表示该地区行政管理系统没有得到有效利用资源的数量，数值越大，表示没有有效利用的资源越多，说明行政管理过程中投入资源没有发挥作用越明显，浪费比较严重。输出约束的输出不足表示该行政管理系统作用没有得到充分发挥的产出数量，数值越大表示该行政管理系统的效率越低。

三、民族地区农村社会保障行政效率评价

经过 C^2R 模型测算，各省（市、区）社会保障行政管理系统的行政效率和投入产出资源利用情况如表 2—9 所示。

2—9　各省（市、区）农村社会保障行政管理系统效率和资源利用状况

地区	技术效率	效率排名	输入剩余			输出不足		
			国家机关工作人员数量	医疗财政支出	社保和就业财政支出	新型农村合作医疗筹资总额	农村最低生活保障支出水平	新型农村养老保险试点基金收入
北京	0.25	30	0.00	1.73	0.00	0.00	12.38	0.00
河北	0.80	14	0.00	0.00	0.00	15.90	0.00	0.00
山西	0.70	18	0.00	0.00	0.00	81.91	0.00	77.97
内蒙古	0.46	26	0.00	0.00	2.23	13.35	0.00	79.56
辽宁	0.53	20	0.00	0.00	0.00	22.95	0.00	210.96
吉林	0.47	24	0.00	0.00	1.76	0.00	0.00	50.73
黑龙江	0.42	27	0.00	0.00	0.00	10.38	0.00	70.01
上海	0.37	29	0.00	2.48	0.00	0.00	30.51	72.39
江苏	0.80	15	0.00	0.00	0.00	0.00	0.00	0.00
浙江	1.00	6	0.00	0.00	0.00	0.00	0.00	0.00
安徽	1.00	1	0.00	0.00	0.00	0.00	0.00	0.00
福建	0.82	11	0.00	0.42	2.26	10.57	0.00	0.00
江西	0.81	13	0.00	0.00	0.00	1.50	0.00	0.00
山东	1.00	5	0.00	0.00	0.00	0.00	0.00	0.00
河南	1.00	4	0.00	0.00	0.00	0.00	0.00	0.00
湖北	0.82	12	0.00	0.00	0.00	0.00	0.00	61.52
湖南	0.85	10	0.00	0.00	0.00	12.23	0.00	89.47
广东	0.47	25	0.00	0.00	0.00	95.49	39.87	0.00
广西	1.00	2	0.00	0.00	0.00	0.00	0.00	0.00
海南	0.55	19	0.00	0.00	1.17	0.00	0.00	14.02
重庆	1.00	7	0.00	0.00	0.00	0.00	0.00	0.00
四川	0.88	9	0.00	0.00	0.00	0.00	0.00	81.06
贵州	1.00	3	0.00	0.00	0.00	0.00	0.00	0.00
云南	0.79	16	0.00	0.00	9.89	0.00	0.00	66.95
西藏	0.41	28	0.00	0.00	0.00	3.09	0.00	3.88
陕西	0.76	17	0.00	0.00	0.00	58.26	0.00	93.06
甘肃	0.96	8	8.62	0.00	0.00	41.48	0.00	61.44
青海	0.48	23	0.00	0.00	0.00	0.00	0.00	49.79
宁夏	0.52	21	0.00	0.00	0.00	0.00	0.00	6.78
新疆	0.51	22	1.61	0.00	0.00	43.82	0.00	19.00

内蒙古、西藏和新疆农村社会保障行政管理系统相对效率分别为 0.46、0.41 和 0.51，分别排在全国第 26 位、第 28 位和第 22 位。三个省（区）新型农村合作医疗筹资总额和新型农村社会养老保险输出不足分别为：13.35 和 79.56；3.09 和 3.88；43.82 和 19。三个地区农村最低生活保障支出水平输出不足都为 0，其中内蒙古社保和就业财政支出输入剩余为 2.23，其余输入剩余为 0；新疆国家机关工作人员输入剩余为 1.61，其余输入剩余都为 0；西藏全部输入剩余都为 0。上述数据表明，新型农村合作医疗筹资和新型农村社会养老保险收入是影响三个地区社会保障行政管理系统效率的主要原因，加大新农合和新农保的筹资力度是这三个地区今后社会保障工作应该关注的重点。内蒙古社保和就业财政支出没有充分发挥其应有的作用，也影响了该地区社会保障行政管理系统的效率，今后应该关注社保和就业财政支出的使用效率。新疆国家机关工作人员的工作效率相对不高，是国家机关工作人员工作效率不高影响社会保障行政管理系统效率的两个地区之一，关注国家机关工作人员的工作效率是新疆提高社会保障行政管理系统的工作重点。

云南、青海和宁夏三个省（区）新型农村社会养老保险输出不足分别为：66.95、61.44 和 49.79。影响三个地区社会保障行政管理系统效率的主要原因是新型农村社会养老保险收入不足，加强新农保的筹资力度是这三个地区社会保障应该关注的重点。除云南社保和就业财政支出输入剩余为 9.89 以外，三个地区其他社会保障行政管理系统输入剩余都为 0。为了提高社会保障行政管理系统的效率，云南还应加强社保和就业财政支出的使用效率。

广西和贵州的社会保障行政管理系统相对效率都达到了 1.00，表明两个省区的社会保障行政管理系统效率较高，投入到社会保障工作中的资源得到了充分利用。

民族八省区农村最低生活保障支出不存在输出不足，该项输出没有影响民族地区社会保障行政管理系统的效率，农村最低生活保障相关行政管理系统效率较高，没有影响到民族地区社会保障行政管理系统的整体效率。

综合以上分析，通过对我国民族地区农村社会保障行政管理系统效率进行测算，数据分析结果表明，民族地区行政管理效率普遍落后于国内其他地区。造成不同民族地区社会保障行政管理水平落后的原因虽然不尽相同，但概括起来主要有以下几个方面。首先，六个民族省区的新型农村社会养老保险试点基金收入不足，这是造成民族地区行政管理效率低下最主要的原因。其次，三个民族省（区）新型农村合作医疗筹资不足导致行政管理系统效率低下。再次，两个省（区）社保和就业财政支出使用效率不高，影响了社会保障行政管理系统的运营效率。最后，只有一个省（区）国家机关工作人员效率不高，影响了社会保障行政管理系统的效率。目前影响民族地区社会保障系统运行效率的主要原因为筹资能力，因此，增强社会保障系统筹资能力，特别是新型农村社会养老保险试点基金的筹集，是今后民族地区提高农村社会保障行政管理系统运营效率的工作重点。

第三章
民族地区农村社会保障运行机制

在经济发展相对落后的民族地区，农村社会保障是改善民生、保障民生的一个核心制度安排。建立与经济发展水平相适应的农村社会保障制度是任何国家和地区社会保障发展必须遵循的基本原则。根据社会保障制度发展的客观规律，结合民族地区不同时期的经济社会发展情况，从战略高度分阶段、有步骤、有策略的开展民族地区农村社会保障发展规划，具有极其重要的意义。

社会保障作为一项公共政策，在注重公平的同时也必须注重效率，即如何在有限的公共资源条件下，使公共资源的配置效率和政策实施效果达到最优。对于民族地区农村社会保障这项公共政策来说，在有限财政条件下，考察制度的需求、供给及平衡程度是评估民族地区农村社会保障制度实施效果的必然要求。

与此同时，社会保障也是一项社会政策。人们在生产生活过程中，每个个体都会面临各种风险。当大多数个体无法依靠自身的能力去化解某一风险时，这一风险就转变成社会风险。此时，就迫切要求政府制定有效的政策措施帮助人们规避和化解那些可能会对人们生产生活造成损失的各种潜在风险。

第一节　民族地区农村社会保障目标定位

　　党的十八大报告对党和国家现代化事业进行了总体规划，提出了到 2020 年实现全面建成小康社会的宏伟目标。我国社会主义现代化建设的根本目的是提高人民物质文化生活水平，从解决人民最关心、最直接、最现实的利益着手，谋民生之利，解民生之忧，努力让人民过上更好生活。民族地区农村社会保障制度建设关系着农村居民最直接和最现实的利益，构建和完善民族地区农村社会保障制度成为我国实现小康社会宏伟目标的必由之路。我国地区之间经济社会发展不平衡，全面建成小康社会不可能在各地区同步实现，各地区应分阶段、有步骤地进行，这是一个逐步完成的过程。民族地区农村社会保障制度的建设应该与全国小康社会建设及社会主义现代化事业的发展过程相适应。

一、民族地区农村社会保障建设的战略目标

　　我国社会管理体制长期实行城乡"二元结构"，农村社会保障制度在覆盖面、待遇水平、筹资方式和服务范围等方面与城镇社会保障制度存在较大差距。民族地区农村社会保障制度的发展不可能一蹴而就，必然要经历一个从无到有、从低到高、逐步完善的过程，最终才能实现城乡一体化的目标。从实际出发，充分考虑不同时期经济发展状况和农民承受能力，民族地区农村社会保障建设可分为近期目标、中期目标和远期目标。每一阶段的目标都有不同的发展理念和内容，并与其相对应的农村经济发展水平相适应。

（一）民族地区农村社会保障建设的近期目标

　　构建并巩固民族地区农村社会保障体系框架是这一阶段的任务目标。目前，民族地区农村社会保障体系框架已初步形成。已经开展实施的新型农村养老保险、新型农村合作医疗和农村最低生活保障构成了民族地区农村社会保障体系的三大基石。现阶段，民族

地区农村社会保障建设的任务是，逐步完善新型农村养老保险制度，扩大巩固新型农村合作医疗制度，大力推进农村最低生活保障制度，帮助农民减少可能发生的老年、疾病和生存等风险的概率。

(二)民族地区农村社会保障建设的中期目标

这一阶段主要目标是在现有制度框架基础上，对民族地区农村社会保障体系进行全方位的建设和提高。随着民族地区经济的不断发展和农民生活水平的进一步提高，民族地区应努力填补农村社会保障体系的空白点，不断加强农村社会保障体系的薄弱环节，如进一步发展残疾人和妇女儿童福利事业，逐步提高农村居民尤其是农村贫困群体和低收入群体的社会保障水平。逐步充实和丰富民族地区农村社会保障体系框架，达到公平公正与互助互济相统一、和谐发展状态，为下一阶段民族地区社会保障制度的城乡统筹发展奠定基础。

(三)民族地区农村社会保障建设的远期目标

在这一阶段，我国已经全面建成小康社会，民族地区农村居民的生活已经进入小康水平。与此同时，民族地区农村社会保障的发展水平逐步提高，与全国社会保障平均水平的差距大大缩小甚至消失，已经贯彻落实"全覆盖、保基本、多层次、可持续"的基本方针，已经实现覆盖城乡居民的社会保障体系，并向建成与经济社会发展相适应的多元化、多渠道、多层次的农村社会保障体系的远期目标迈进。"城乡统筹"并非"城乡统一"，当前阶段坚持"城乡统筹"的基本原则，分阶段、分层次、分类别地建立适合农村经济发展状况的社会保障制度，最终实现城乡社会保障制度的统一。

二、民族地区农村社会保障建设遵循的原则

(一)统一性与差异性相结合原则

实现社会保障全国统筹是我国社会保障事业发展的远期目标。在民族地区农村社会保障制度建设过程中，应妥善处理好全国统一性与民族地区差异性之间的矛盾。一方面，对于民族地区与其他地

区存在的共性问题，应该用统一的模式和办法来解决，不能为了维护民族地区农村居民的社会保障权利而影响到全国社会保障模式和制度的统一。另一方面，对于民族地区存在的特殊问题，无法纳入全国统一的社会保障制度时，应该采用差异化的制度设计，从而更好地适应民族地区农村的实际情况，不能为了单纯追求社会保障的全国统一，而牺牲了民族地区农村居民的利益。因此，针对民族地区经济发展水平的差异性，在全国统一的制度框架内，应该允许民族地区根据自己的实际情况因地制宜地开展农村社会保障事业，并适时进行调整与完善。

根据民族区域自治制度，我国实施了一系列面向民族地区和少数民族的优惠政策，促进了民族地区的经济发展、社会稳定和民族团结。就社会保障政策而言，第一，在制度设计方面，如果不考虑民族地区特有的经济、社会、文化、政治环境，简单地把全国统一的社会保障制度应用到民族地区中，不利于民族地区农村社会保障制度功能的发挥。第二，在资金筹集方面，民族地区社会保障制度必须从其特殊性出发，满足民族地区农村居民对社会保障的不同需求，否则可能导致居民参保积极性不高，甚至出现抵制心理，最终影响制度的实施效果及其可持续性。第三，在工作网络方面，民族地区农村社会保障制度在具体实施过程中，如果不能结合当地的实际特点，可能会降低少数民族群众参与社会保障的热情，导致民族地区农村居民的利益受损，不利于保障其应有的权益。因此，政府在建设民族地区农村社会保障体系过程中，应该对民族地区给予一定的优惠政策。

需要指出的是，我们应该正确看待现阶段民族地区农村社会保障制度建设的差异化设计。民族地区社会保障的差异化设计只是一个过渡性措施，是一个特定历史阶段的特殊产物。随着民族地区经济社会的不断发展，民族地区与全国其他地区的差距将逐步缩小甚至消失，民族地区农村社会保障的差异性将被全国统筹所取代。

(二) 与民族地区经济发展相适应原则

一个国家或地区的经济发展状况与社会保障制度的发展是相互影响、相互促进的。一方面，经济发展水平的高低直接制约着社会保障的发展水平。根据国外社会保障制度的发展历程与实践，可以归纳出一个国家或地区社会保障制度的发展轨迹。在生产力相对落后、工业化程度较低的阶段，由于经济发展水平较低，社会保障体系一般仅包括一些最基本的项目，大多以社会救助制度为主，覆盖少部分人群，给付金额也相对较低。在工业化程度比较高、经济发展较快的阶段，社会保障项目逐渐增加，以社会保险为主，待遇水平不断提高，覆盖范围进一步扩大。另一方面，只有与经济发展水平相适应的社会保障制度才能促进经济的发展，超前或滞后的社会保障制度对其自身的运行以及该地区经济社会的发展都会产生不利的影响。

民族地区农村社会保障的建设必须与当地现阶段的经济社会发展水平相适应。一方面，如果民族地区农村社会保障建设超越了当前经济发展水平，必然会给国家、地方政府以及人民群众带来经济负担。民族地区农村社会保障发展水平具有刚性特征，不能盲目追求保障水平的高标准，以免因保障项目过多、标准过高挫伤劳动者工作积极性，导致生产力下降，经济发展速度减缓，社会财富减少。另一方面，如果民族地区农村社会保障水平过低，就会影响社会保障功能的发挥，无法解决农民的后顾之忧，反而可能引起农民的不满情绪。因此，民族地区农村社会保障制度建设必须保持一个适度水平。

现阶段，我国民族地区经济基础比较薄弱，地方政府财力十分有限，绝大多数农民收入水平偏低，有的甚至连温饱问题都还没有解决。因此，民族地区农村社会保障建设不可能也没有必要提供过高的标准。政府必须实事求是，从实际出发，以能够保障农村居民基本生活为基准，在对贫困群体基本生活保障实现全覆盖的基础上，根据当地经济发展状况再逐步增加社会保障项目，提高保障水平。

（三）可持续发展原则

社会保障具有明显的刚性特征，主要体现在三个方面：一是社会保障覆盖范围可以扩大不宜缩小；二是社会保障待遇水平可以提高不宜降低；三是社会保障项目适宜增加而不宜减少。社会保障制度的建设和调整应立足于制度自身的可持续发展，以免陷入困境。民族地区农村社会保障的建设必须遵循可持续发展原则，依据民族地区的实际情况，综合考虑中央政府和地方政府的财力以及农村居民的实际承受能力，逐步缩小与全国平均水平的差距，直至最后实现统一。民族地区农村社会保障制度建设与改革应从可持续发展的视角出发，采取渐进式发展的方式，在促进公平的同时也要追求一定的效率，分步实施，逐步实现全国统一的最终目标。

从制度实施的步骤来看，第一步应先实现有差别的全覆盖。当务之急是首先建立起覆盖全体成员的社会保障体系，让每个社会成员都能享受到最基本的社会保障，但允许保障水平在城乡之间、不同地区之间、不同群体之间存在差距。第二步是实现各个制度之间的无缝链接。鉴于我国经济发展极不平衡的现实，短时间内社会保障制度不可能达到完全统一，未来一定时期内都将采取多元化的制度安排，逐步推进各项制度整合，确保各项制度之间的无缝链接，为实现全国统筹这一目标奠定基础。第三步是逐步提高保障水平。随着社会经济的不断发展，城乡之间、不同地区之间、不同群体之间的差距逐步缩小，社会保障水平的差距也会逐步缩小甚至消失，最终实现公平的普惠，确保每个社会成员都能平等地享受到相应的社会保障。

（四）社会保障与其他保障方式相结合原则

民族地区农村社会保障建设应该遵循现代社会保障与传统保障相结合的原则。各个少数民族都有其特色的民族文化，在长期的社会经济发展中形成了具有民族特色的传统保障方式。由于历史和自然的原因，大部分少数民族居住在自然环境比较恶劣的地区，他们长期面临严峻的生存环境，各民族普遍形成了尊老爱幼、互敬互助的传统，对各民族的经济发展尤其是社会稳定起着举足轻重的作用。尤其是在民族地区的广大农村，传统的保障方式在今后很长一段时间里仍将继续发挥重要作用。现代社会保障是一种正式制度，传统保障方式是一种非正式制度，两种保障方式相互补充、相互促进。在不断加快建设和完善民族地区现代社会保障制度的同时，也要继续发挥传统保障方式所具有的物质保障以及精神保障的双重功能。

（五）基本保障与补充保障相结合原则

由政府主导的基本保障主要满足农村居民基本的社会保障需求，而由社会供给的补充保障主要满足农村居民更高层次的需求。补充保障是民族地区农村社会保障体系的重要组成部分，基本保障与补充保障相结合是社会保障制度改革的一个发展趋势。但是，这两种保障方式属于不同性质的制度安排，补充保障发展主要遵循市场机制。因此，民族地区农村社会保障建设应正确处理两者之间的关系，主次有序。现阶段的主要任务是加快完善基本社会保障制度的建设，在此过程中尽可能地给予补充保障一定的政策支持，从而促进补充保障事业的开展。

第二节　民族地区农村社会保障供求机制

一、民族地区农村社会保障需求的特征

（一）民族地区农村社会保障需求的含义

根据公共产品的特征，社会保障在性质上属于公共产品，人们对社会保障的需求不同于对私人产品的需求。私人产品的需求是指在某一时期，某个价格水平下，消费者愿意并且能够购买的商品数量。每个私人产品的消费者只是既定价格的接受者，所能调整的只是消费品的数量。社会对私人产品的总需求就是在同一价格水平上每个消费者对私人产品需求量的横向加总。而人们对社会保障这一公共产品的需求则不同，每个消费者只能同时消费相同数量的这

种产品，但其愿意支付的价格不同。因此，社会对社会保障的总需求是每个个体需求的垂直加总。具体到民族地区农村社会保障需求的内涵，它是指民族地区农村居民在一定时期，愿意并且能够支付的社会保障种类、数量、质量及结构的总称。

（二）民族地区农村社会保障需求的特征

1. 民族地区农村社会保障需求的差异性

民族地区农民与其他地区农民对社会保障的需求存在较大差异。一方面，我国农村社会保障实行县级统筹，在中央制定的政策文件框架内，各地区可根据各自的实际情况制定适合本地区的相关制度。农村社会保障的地域性特征，在一定程度上造成了民族地区农村居民对农村社会保障的需求呈现出明显的差异性。另一方面，民族地区有其特殊的自然环境、社会环境、文化环境和政治环境，经济发展水平、财政收支规模和结构与其他地区相比还存在较大差距。由于收入水平、家庭资源禀赋、生活条件和生产结构等方面存在较大差别，民族地区不同农户之间对各种农村社会保障项目的需求程度以及对同一农村社会保障项目的需求倾向也有较大差别。

2. 民族地区农村社会保障需求的层次性

马斯洛的需求层次理论指出，人的需求按照从低到高的顺序逐级递升，依次为生理需求、安全需求、社交需求、尊重需求和自我实现需求。生理需求、安全需求和社交需求属于较低层次的需求，尊重需求和自我实现需求属于较高层次的需求，当某一低层次需求得到相对满足后就会产生更高层次的需求。一个国家或地区的经济发展水平直接影响着人们的需求，而大多数人的需求又构成了这个国家或地区需求的层次结构。在欠发达国家或地区，以生理需求和安全需求为主的人所占比例较大，以较高需求为主的人所占比例较小；在发达国家或地区情况则刚好相反。

马斯洛的需求层次理论为我们准确把握民族地区农村居民需求层次提供了理论依据。我国民族地区大多属于贫困地区，尤其是农村居民的贫困和返贫困发生率较高。民族地区农村居民需求大多还处于较低层次的生理需求和安全需求之上。因此，现阶段政府在为民族地区农村居民提供社会保障制度供给时，应重点关注其较低层次的需求，尤其是满足农村居民生存需求的最低生活保障制度。

3. 民族地区农村社会保障需求的动态性

民族地区农村居民对农村社会保障的需求并不是一成不变的。今后，随着民族地区经济社会的发展和物质文化水平的提高，民族地区农民对农村社会保障需求的种类、数量和结构都会随之发生变化。一般而言，随着经济、社会、文化水平的提高，民族地区农民对农村社会保障需求的数量会不断增加，需求质量会逐渐提高，需求层次会进一步提升，而且需求结构也将呈现出较强的流动性和动态协调性。农村社会保障发挥的功能也将随之呈梯级式发展，从保障农村居民生理需求和安全需求逐步向满足其更高层次的需求发展和演进。

二、民族地区农村社会保障供给的影响因素

（一）民族地区农村社会保障供给的含义

民族地区农村社会保障供给是指政府根据民族地区农村居民对农村社会保障的客观需求，通过一定的方式提供农村社会保障的行为和过程。具体而言，民族地区农村社会保障的供给包括三个方面的内容：一是激发民族地区农村居民对农村社会保障项目的偏好；二是按照一定的原则，分担相应的成本，为民族地区农村社会保障提供资金支持；三是承担民族地区农村社会保障项目的设计、实施、维护和监督的责任，为其顺利运行提供制度保障。

（二）民族地区农村社会保障供给的影响因素

1. 需求因素对民族地区农村社会保障供给的影响

民族地区农村居民对社会保障需求的种类、数量、结构直接影响政府的制度供给。民族地区农村居民对社会保障需求的差异性、层次性和动态性决定了政府对民族地区农村社会保障供给的多样性和复杂性。民族地区农村社会保障发展实践充分表明，随着农村经济发展和农民生活水平的提高，农村居民对社会保障需求的种类逐步增多，层次进一步提升，需求不断扩大的趋势必然会促使供给的增加。民族地区农村社会保障供给的种类、数量、结构及范围应随社会保障需求的变化而不断变化。对农民真实需求的了解是解决民族地区农村社会保障供给问题的关键，因此政府应建立以农民真实需求为导向的农村社会保障供给制度。

2. 政府财力对民族地区农村社会保障供给的影响

（1）政府是民族地区农村社会保障供给的主体。公共产品供给理论表明，政府是公共产品供给的主体。农村社会保障是一种公共产品，政府应保障资金来源的稳定性、畅通性和有效性，以确保其有效运行。经过 30 多年的改革开放，我国经济迅猛发展，2012 年全国公共财政收入达 117210 亿元，政府有能力为农民提供相应的社会保障项目。

（2）民族地区农村社会保障事业的发展离不开国家财政的支持。我国不同地区之间社会经济发展不平衡，导致地区间社会保障发展也不平衡。经济发展水平较高的地区，政府财力比较充足，资金筹集渠道多元化、筹资方式多样化，农村社会保障供给处于较高水平。民族地区较低的经济发展水平导致政府财力匮乏，且农村社会保障的资金来源渠道单一，民族地区农村社会保障供给处于较低水平。民族地区农村居民收入水平低、贫困发生率高，对农村社会保障的需求更为迫切；农村社会保障的供求差距在民族地区表现的更为明显。民族地区农村社会保障的覆盖范围和待遇水平离不开民族地区自身的经济增长以及国家财政转移支付的支持。

3. 传统保障形式对民族地区农村社会保障供给的影响

民族地区农村传统的保障形式主要是家庭保障和土地保障。当农村居民面临各类风险时，如果能够通过传统的保障形式得到化解，农民会认同原有的保障形式。在这种情况下，传统保障形式所提供的保障功能较大，政府提供现代化的农村社会保障制度供给的动机和时间可能会推延。民族地区传统保障形式功能的发挥与社会经济发展水平密切相关，随着家庭核心化和土地经济效益降低，传统保障形式的风险呈现出多样性和复杂性，所能提供的保障功效逐渐弱化。当传统保障形式提供的保障功效无法满足农民抵御风险的需求时，就迫切需要政府提供现代化的正式制度即农村社会保障来加以维护。

三、民族地区农村社会保障供求均衡状态

（一）民族地区农村社会保障供求均衡过程

民族地区农村社会保障供求均衡是指民族地区农村社会保障的供求主体在一定社会、经济、文化背景下，根据对农村社会保障在社会经济发展不同阶段地位和作用的认识，通过相互影响和相互作用形成相应的制度安排以及不同模式的供求衔接方式，确定出民族地区农村社会保障的种类、数量和价格，在个人利益与公共利益的对立统一中实现社会整体利益最大化。

民族地区农村社会保障需求与供给达到均衡的过程分为以下四个阶段。

第一个阶段，政府根据农民的需求以及其他因素做出决策，是否供给某一农村社会保障项目及其缴费金额。农民在生产生活过程中面临着各种风险，农民一般是风险厌恶者，对某一农村社会保障项目实际上存在一定的潜在需求，农民个体所面临的风险大小直接决定着这种潜在需求的迫切程度。当农民个人面临的风险转化成社会风险，仅依靠个人的能力无法抵御这种风险时，就会影响政府的决策，即政府是否要供给某种农村社会保障项目来帮助农民化解风险，如果要提供，采取何种方式提供以及如何进行制度设计才能更好地化解农民的风险。

第二个阶段，农民根据政府供给情况以及其他因素决定是否参保。政府供给某一农村社会保障项目之后，农民会综合考虑各种因素来决定自己的需求行为，即是否参保以及缴纳多少保险费。第一种情况，农民选择不参加政府供给的某项农村社会保障项目，表

明政府的供给是无效的。第二种情况，农民选择了某项农村社会保障项目，但并未从中获得化解风险的效用，表明政府的供给是不充分的。第三种情况，农民选择了政府提供的农村社会保障项目并从中获得了预期的保障效果，表明政府的供给是有效的。在前两种情况下，农村社会保障的供求都处于非均衡状态，只有在第三种情况下，农村社会保障的供给和需求才达到均衡。

第三个阶段，政府供给与农民需求不断调整，最终达到均衡状态。在农村社会保障供求处于非均衡状态时，一方面，政府通过调查听取农民的意见，了解农民的真实需求，不断完善制度设计，提高服务质量，逐步修正其供给行为。否则，如果农民对政策不满意，农村社会保障项目就会以失败而告终。另一方面，农民也会逐步调整自身的需求意愿和心理预期。经过政府和农民双方不断修正和调整，最终会使农村社会保障供给与需求达到均衡状态。

第四个阶段，农村社会保障原有的均衡可能被打破，但又会重新达到新的均衡。农村社会保障供求达到均衡之后，不会一成不变。从长期来看，随着外部环境的变化，影响农村社会保障供给和需求的因素也会随之变化，此时原有的均衡状态会被打破。农村社会保障供给和需求的主体之间会经过多轮博弈，通过动态调整机制最终趋于均衡。

（二）建立以需求为导向的民族地区农村社会保障供给机制

在实践中，民族地区农村社会保障的供求关系一般是先有政府的供给后有农民的需求。首先，是政府根据自身财力等多方面因素决定是否供给某一农村社会保障项目，如果决定提供，政府会进行制度设计并通过政策文件的形式确定下来。其次，才是农民根据农村社会保障项目的价格以及自身情况等多方面因素来决定是否参加该项目。

由于民族地区农村社会保障是由政府主导实施的一项制度，市场机制很难发挥太大作用。政府主要依靠经验和习惯来确定民族地区农村社会保障的价格，具有一定的主观性，很难一次性做出非常准确的判断。因此，政府在设计各种民族地区农村社会保障项目之前，应该听取农民的意见，对提供的社会保障项目进行跟踪调查并及时进行信息反馈。同时，还应建立通畅的需求表达机制，让农民的建议和想法能及时、准确地反馈给政府，为政府修正民族地区农村社会保障供给提供决策参考，提高政府对农村社会保障的供给效率。

第三节　民族地区农村社会保障风险规避机制

一、风险内涵及其类型

风险是人类一直面临的一种生存困境，是人类生存和发展的伴随物。根据《辞海》对风险的界定，风险是人们在生产建设和日常生活中遭遇可能导致人身伤害、财产损失及其他经济损失的自然灾害、意外事故和其他不测事件的可能性。人类生活不但依托自然界环境，也依托社会经济环境。随着自然环境恶化和社会经济风险增加，产生于人类自身活动的风险种类日渐增多，新的风险形式也不断显现。

按照作用范围划分，风险可以分为自然风险、经济风险、社会风险、政治风险和文化风险。自然风险是指由于自然界的力量产生的不规则变化导致危害人类经济活动、物质生产或生命安全的风险，如地震、虫灾、旱灾、水灾、风灾、雹灾、冻灾等自然现象。经济风险是指各经济实体在从事正常的经济活动时，因市场调节机制缺失或失灵而导致物质生产、金融流通、生存质量等领域遭受经济损失，它是市场经济发展过程中的必然现象。目前，经济风险已逐步成为主要的风险形式。社会风险是指由社会矛盾引发的社会冲突和社会不稳定的可能性。社会风险的源头在于社会矛盾，社会矛盾处理不好就会引发社会冲突，如果社会矛盾激化就可能转化为社会风险。政治风险是指因政治利益的矛盾与对立所引发的冲突与危机，主要表现为霸权主义、强权政治、权力斗争，严重的甚至会导致军事暴力、政府更迭或地区战争等。文化风险是由于信仰、理性道德法则的失范而出现的精神危机，是现代风险的深层根源，主要表现为价值虚无主义、艺术庸俗化、文化媚俗化、公共精神的缺失与个体精神的困顿。这五种风险中的任何一种风险都是多重因素综合作用的结果，而且各种风险之间又会相互影响、相互转化。

二、民族地区农村居民面临的风险

我国民族地区所处的环境极其复杂，不仅面临着与其他地区相同的风险，而且还面临着特殊的风险。经济风险是市场经济发展的产物，是民族地区与非民族地区农村居民共同面临的风险。就民族地区农村居民个体来说，所面临的最大经济风险主要是疾病风险和老年风险。而自然风险、社会风险、政治风险和文化风险是民族地区面临的特殊风险。

(一)民族地区农村居民面临的经济风险

1. 民族地区农村居民面临的疾病风险

与其他地区相比，民族地区受自然环境、生活条件、饮食习惯和医疗水平的影响，农村居民健康状况低于全国平均水平，疾病风险发生概率较高。民族地区所处环境较为恶劣，自然灾害屡见不鲜。频繁发生的自然灾害不仅严重影响民族地区农村居民的生产生活，而且由其产生的连锁反应即地方病、传染病的高发，也直接威胁着民族地区农村居民的生命健康。在生活条件比较恶劣的条件下，民族地区农村居民的身体素质较差，患病比例较高。

民族地区贫困具有贫困面大、贫困率高、贫困程度深的特点。国家民委发布的《2011 年少数民族地区农村贫困监测结果》显示，民族八省区农村扶贫对象占八省区农村户籍人口的 26.5%，高于全国水平 13.8 个百分点；民族八省区农村扶贫对象占全国农村扶贫对象的 32%，是其农村户籍人口占全国比重(15.3%)的一倍多。[1]民

---

① 国家民族事务委员会：《2011 年少数民族地区农村贫困监测结果》，国家民委门户网，http://www.seac.gov.cn/art/2012/11/28/art_32_171799.html，2012-11-28。

族地区仍是我国扶贫开发工作的重点和难点地区。民族地区农村居民收入水平、文化素质和劳动技能普遍偏低，能够应对疾病风险的策略比较单一，抵御疾病风险的能力较低，是导致民族地区农村居民因病致贫、因病返贫现象较为普遍的原因。

2. 民族地区农村居民面临的老年风险

人口老龄化是指总人口中因年轻人口数量减少、年长人口数量增加而导致的老年人口比例相应增长的动态。按照联合国的计算标准，一个国家或地区 60 岁以上老年人口占总人口的 10% 或者 65 岁以上老年人口占总人口的 7% 以上，就标志着这个国家或地区进入人口老龄化社会。按照这一标准，我国在 2000 年就已经进入老龄化社会。第六次全国人口普查数据显示，2010 年全国总人口为 137053 万人，其中 60 岁及以上人口为 17765 万人，占 13.26%，65 岁及以上人口为 11883 万人，占 8.87%。我国已经进入并长期处于老龄化社会，是我国 21 世纪面临的一个重要国情。城乡人口老龄化倒置，即农村人口老龄化程度高于城市是我国人口老龄化的典型特征。我国经济的快速发展促进了流动人口大量增加，其中大量农村青壮年劳动力的加速转移进一步加深了农村人口老龄化程度。随着城镇化进程的加快，我国农村老龄化问题将更加突出。

我国民族地区人口老龄化趋势在逐步加深。老年抚养比通常被用来衡量一定基数劳动人口要抚养的老年人口数，具体计算公式是 65 岁以上老年人口与 15—64 岁之间劳动人口的比重。从民族八省区的人口老龄化状况来看，1995—2010 年 15 年间，民族八省区 65 岁及以上老年人口所占比重整体上呈上升态势，老年人口抚养比逐年递增，人口老龄化趋势明显加深（见表 3—1）。

家庭养老是一种民族地区农村居民传统的养老方式，是与传统农村经济文化相适应，由家庭成员或亲属向老人提供经济帮助、服务照料和精神慰藉。民族地区农村家庭养老保障以血缘关系为基础，当老年人部分丧失或完全丧失生产生活能力后，在保障其享有稳定的经济来源、充分的生活照料以及精神慰藉等方面扮演着非常重要的角色，成为老年人晚年生活的主要载体。但随着工业化、城镇化进程的不断加速，民族地区农村经济和社会结构都发生了巨大变化，民族地区传统家庭养老赖以存在的基础正逐步改变，使得农村传统家庭养老功能正日益弱化。家庭养老压力不断增大与子女养老能力减弱、家庭养老意识削弱之间的冲突，使民族地区农村传统家庭养老保障方式面临巨大挑战，这就迫切需要政府为老人提供经济保障和服务保障。

表 3—1　民族八省区人口老龄化趋势（%）

年份	0—14 岁人口比重	15—64 岁人口比重	65 岁及以上人口比重	老年人口抚养比
2011	20.40	71.60	8.00	11.17
2010	20.80	71.73	7.47	10.41
2009	21.10	70.55	8.35	11.84
2008	21.80	70.04	8.16	11.65
2007	22.33	69.68	7.99	11.47
2006	22.71	69.42	7.85	11.31
2005	24.00	68.00	8.00	11.76
2004	22.14	70.30	7.55	10.74
2003	23.83	69.22	6.95	10.04
2002	23.88	68.91	7.21	10.46
2001	25.62	67.63	6.75	9.98
2000	27.00	68.00	5.00	7.35
1999	26.97	66.55	6.48	9.73
1998	27.34	66.49	6.17	9.28
1997	28.16	65.81	6.03	9.16
1996	28.29	65.89	5.82	8.83
1995	29.72	64.72	5.56	8.59

资料来源：根据国家统计局发布的 1996—2012 年《中国统计年鉴》数据整理而得。

（二）民族地区面临的自然风险

我国是世界上自然灾害最严重的国家之一。民政部发布的 2012 年社会服务发展统计公报显示，全年各类自然灾害造成 2.9 亿人次受灾，死亡或失踪 1530 人，1109.6 万人次需要紧急转移安置；农作物受灾面积 2496.2 万公顷，其中绝收面积 182.6 万公顷；倒塌房屋 90.6 万间，严重损坏 145.5 万间，一般损坏 282.4 万间；直接经济损失 4185.5 亿元。[①]

民族地区是我国自然灾害的多发区，具有自然灾害类型多、自然灾害发生频率高、自然灾害受灾规模大等特点。我国民族地区大多所处的自然环境十分复杂，自然环境的差异造成自然灾害分布上的地区差异。不同的气候、地形、地貌、水文、土壤、植被、生物等会产生不同类型的自然灾害。民族地区主要遭受水灾、旱灾、地震、山体滑坡、泥石流、沙尘暴、冰雪、霜冻和火灾等类型的自然灾害。与此同时，各类自然灾害衍生出的次生性灾害产生的危害也不容忽视。如地震会伴随洪水、泥石流等，冰雪造成农作物损失和道路交通设施破坏等，旱灾会导致蝗灾、瘟疫等。自然灾害产生的直接危害以及次生性危害最终导致危害效应叠加和放大，使受灾规模扩大，受灾程度加深。这种频繁和严重的自然灾害不仅威胁到民族地区人民群众的生命安全和财产安全，而且还对民族地区的经济发展和社会稳定产生重大影响。

民族地区面临的自然风险不仅仅来自于严重、频发的自然灾害，生态风险是民族地区面临的又一个难题。生态风险是指在一定区域内，某一不确定性的灾害或事故可能会对生态系统的结构和功能造成损伤，从而危及整个生态系统的安全和健康，它是生态系统及其构成所要承受的风险。生态风险在性质上属于吉登斯所说的"人造风险"，在本质上属于人与自然环境关系紧张的对峙。民族地区生态风险主要表现为，冰川退缩，雪线上升；冻土退化，季节融化加深；水资源利用过度，水质恶化；野生动植物数量和物种减少甚至绝灭；荒漠化进一步扩展。

---

① 民政部：《2012 年社会服务发展统计公报》，民政部门户网，http://cws.mca.gov.cn/article/tjbg/201306/20130600474746.shtml，2013-06-19。

总之，民族地区在自然灾害和生态恶化等自然风险的震慑力下变得更加脆弱，政府应积极采取有效措施加以预防和规避。否则，自然风险会不断增加，成为制约民族地区经济社会可持续发展的瓶颈。

（三）民族地区面临的社会风险

正如白维军（2013）所指出的，社会风险包括社会各阶层之间、不同公民个体之间以及各民族之间的社会系统与社会秩序的运行处于一种不确定状态，随时都有可能爆发冲突。民族地区大多是民族聚居区，具有不同文化、不同风俗、不同信仰、不同价值观念的民族之间较易产生摩擦和矛盾，对当地社会稳定造成较大威胁。民族地区居民个人对国家认同的状况，在很大程度上影响着其个人的基本偏好和外在行为，有助于个人融入社会生活，保证个人的本体性安全，确立生活和道德的方向感等（李友梅，2007）。

社会保障是工业社会的产物，是公民与国家从利益冲突走向合作协调、从社会对抗走向社会和谐的重要制度安排。当前，在全球化浪潮和国内社会转型的背景下，社会保障对于强化民族地区人民群众的国家认同感显得尤为重要。国家建立的社会保障制度不是政府对困难人群的恩赐，它是政府的责任和国民的权利。李瑞君和王莘莘（2011）指出，社会福利作为社会保障的一个重要项目，是以民族国家为单位和主体的，民族国家正是通过福利系统这样一个中介，推动了个人与国家之间关系的亲近感。在一个不确定的社会环境下，政府可以通过社会保障来化解民族地区的社会矛盾，维护少数民族的福利权益，在个体行动者及其日常生活环境之间建立稳定的联系，来加强少数民族农民的信任感、归属感和忠诚感，使国家的边界和形象在民族地区民众心目中变得清晰、可爱，从而可以在根本上解决民族地区国家认同感的实现和强化问题。

（四）民族地区面临的文化风险

乌尔里希·贝克在《风险社会》一书中指出，人类知识的局限产生了大量风险，也正是受知识局限的影响，许多存在的风险还没有被认识到。风险社会重塑了工业社会内在的社会结构及其基本的生活行为，即家庭模式、亲子关系、婚姻、职业和社会等级。现代化从本质上解体了"集体化"却催生了"个体化"，从而导致"生活形式和传统的消亡"。正是由于风险社会造成了民族地区"生活形式和传统的消亡"，才导致现代化进程中我国民族文化正面临着各类风险。

根据田艳和王禄(2011)的研究，民族地区的文化风险主要表现在四个方面。第一，"文化贬低"行为产生的风险。任何导致从实质上对非物质文化遗产及传统文化表现形式的歪曲、删节或篡改，对传统文化所有人的名声或荣誉、非物质文化遗产及传统文化表现形式的完整性造成损害的作为或不作为都属于"文化贬低"行为。"文化贬低"是民族传统文化面临的主要风险之一，它极大地限制了民族传统文化的自我更新与自我发展。因此，我们应尽量防止这些"文化贬低"现象影响到民族传统文化的长远发展，进而影响民族经济性权利的实现。第二，漠视民族文化尊严产生的风险。民族地区有其独特的民族节日、民族风情、民族建筑、佛寺、自然环境等文化资源和自然资源，在开发利用这些资源时，要尊重民族文化尊严等精神方面的权利，应该先征求当地少数民族的意见，在获得他们同意之后再设计恰当的方案并按照相应的程序进行。第三，传统文化流失产生的风险。我国各种民族传统文化，特别是非物质文化遗产，主要通过传承人世代口传心授的方式流传。传承人是继承各个民族古老文明的精英，也是传统文化的重要载体。目前，我国民族传统文化传承人的保护问题比较严峻，不仅传承人的数量、分布及传承潜力等情况不太明朗，而且不少传承中断、后继乏人。正是由于对传统文化保护的理解不够全面，对传统文化传承人的关心、帮助不够，没有保护好传承人的权益，才导致传统文化的传承面临众多困难。第四，国家文化安全方面的风险。一般而言，谁能掌握传统文化的使用权谁就能从中获得经济利益。目前日益升温的非物质文化遗产旅游热和民族文化旅游热显示出，各民族的文化权利意识不断提升，在市场经济环境下已经引发出不少冲突。不容乐观的是，很多优秀的少数民族传统文化正日益衰败。民族地区文化发展面临的各种风险最终会降低我国文化的多样性，进而威胁到国家的文化安全。

三、民族地区农村社会保障风险规避作用

民族地区各种风险的存在是客观的、必然的，也是难以避免的。因此，政府应通过风险识别、风险控制和风险预防等管理方式来规避风险以减少其带来的损失。社会保障是化解民族地区农村居民面临各种风险的有力工具。

（一）民族地区农村社会保障规避经济风险

1.民族地区农村社会保障制度的发展和完善能够减少经济风险

健全的农村社会保障制度通过风险管理的技术手段和机制设计，可以预防民族地区经济风险的产生，或者当经济风险发生时能减轻其带来的危害。民族地区农村社会保障可以通过发挥风险管理的功能，增强政府应对经济风险的能力。相应地，经济风险的减少也有利于民族地区经济的发展，从而为社会保障制度的进一步完善提供坚实的经济基础。

2.民族地区农村社会保障发展滞后会增加经济风险

当社会保障这种正式制度的风险管理机制还不健全时，民族地区农村居民主要依靠家庭保障和土地保障等传统的保障形式来抵御风险。而这类非正式制度的保障方式抵御风险的能力较低，民族地区农村居民很难完全摆脱困境和危机，无法全面化解风险。

3.民族地区农村社会保障应及时调整以适应经济风险的不断变化

随着技术进步、工业化进程的加快，风险的种类及表现形式层出不穷，这就要求风险管理的理念和技术要不断创新。民族地区农村社会保障作为规避风险的重要手段也要与时俱进并及时调整和完善，否则，风险就得不到有效化解。

（二）民族地区农村社会保障规避其他风险

目前，我国正处于经济转轨和社会转型的关键期，社会矛盾和社会冲突时有发生，社会风险普遍存在并不断变化，其对社会稳定的影响也具有长期性和动态性。民族地区的社会矛盾和社会风险如果没有得到合理有效化解，就会引发社会不满情绪，如果这种情绪被激化就会演化成社会不稳定的因素。民族地区大多经济基础比较薄弱，经济发展面临诸多障碍，农村居民人均收入水平和生活质量偏低，这种发展状况蕴藏着较大的社会风险。经济发展的不平衡引起的心理失衡也是影响民族地区社会稳定的重要因素之一。因此，政府应以预防民族地区的社会风险和政治风险为出发点，用长远的、全局的、战略的眼光积极制定和设计相关策略，有效化解各类风险。

民族地区特殊的自然风险、政治风险、社会风险和文化风险如果得不到及时的化解，将会影响民族地区的社会稳定。尤其是一些普通的社会治安事件、群体性事件或者利益摩擦都可能演化成严重的民族冲突。政治风险虽然有其特殊的发展背景和演变规律，但实质上是与一个地区的社会经济发展状况高度相关。社会经济发展水平相对较高地区，社会矛盾和社会冲突较少，社会经济发展水平相对较低地区，社会动荡和民族矛盾就会此起彼伏，潜伏着较大的政治风险。

民族地区的自然风险、政治风险、社会风险和文化风险是相互影响、相互转换的，相应地在对风险的管理上也会相互制约，因此，应构建综合性的政策体系来化解这些风险。就民族地区的自然风险而言，应提前做好自然风险的预防工作，当自然风险无法规避时，就要通过相应地社会救助政策向受灾人群提供适当补偿，以减轻民族地区农村居民的生产生活负担。与此同时，应对自然风险的这些社会保障政策在一定程度上也化解了可能出现的社会风险和政治风险。

（三）民族地区农村社会保障各个项目在规避风险中的作用

民族地区农村社会保障体系的各个项目在规避风险中发挥着不同的作用，如表 3—2 所示。

表 3—2　民族地区农村社会保障与风险规避

社会保障项目	主要规避的风险	保障对象	保障方式
灾害救助	自然风险	受灾农民	政府出资、社会捐赠
最低生活保障	生存问题	贫困农民	政府出资
新型农村养老保险	老年风险	老年人	政府、集体、个人三方筹资
新型农村合作医疗	疾病风险	全体成员	政府、集体、个人三方筹资
生育保险	生育风险	女性	政府主导
社会福利	政治风险、文化风险	弱势群体、全体成员	政府主导、社会参与

灾害救助主要应对自然灾害引起的自然风险，由政府出资和社会捐赠来减少农民受灾的损失。农村最低生活保障主要针对无固定收入来源、低收入和贫困群体，目的是规避威胁农民基本生存问题的风险，资金主要由政府出资。新型农村养老保险、新型农村合作医疗、生育保险等社会保险项目主要是针对有一定经济收入和缴费能力的人群。新型农村社会养老保险作为一种民族地区农村主要的养老保险制度，主要规避农民的老年风险，资金由政府、集体、个人三方筹资。新型农村合作医疗作为民族地区农村主要的医疗保险制度，主要规避农村居民面临的疾病风险，资金由政府、集体、个人三方筹资。生育保险主要规避女性的生育风险，资金由政府出资。社会福利是社会保障较高层次的项目，主要向民族地区农村居民提供较高水平的生活保障，提高其国家认同感，起到维护社会稳定的作用，从而达到规避社会风险、文化风险和政治风险的目的。

第四章
民族地区新型农村养老保险供求机制

新型农村养老保险制度作为一项基本的养老保险制度，与其他的社会保险项目相比，最大的区别是时间跨度大。这就使得农民缴费时间和领取养老金的等待时间比较长，有的甚至长达三四十年。与此同时，与城镇职工养老保险制度的"强制性"不同，新型农村养老保险制度采取的是"政府主导和农村居民自愿相结合"的实施方式。如何让农民保持长期缴费意愿是新型农村养老保险制度运行中面临的一大难题。

对于农村居民，尤其是中青年是否能维持长期缴费意愿存在很大的不确定性，即使暂时参保，中途又退保的现象时有发生。因此，深入了解农民真实的需求意愿及其行为，客观评估目前新型农村养老保险制度供给的保障能力，全面考察制度供给与农民需求之间的差距，才能有针对性地制定出有效政策措施，这对于新型农村养老保险制度的可持续发展具有重要意义。

第一节 民族地区新型农村养老保险运行现状

新型农村社会养老保险是一项重大的惠农政策。新型农村社会养老保险经过三四年的时间，从无到有，从启动试点到制度全覆盖，已成为广大农村地区一项基本养老保险制度。新型农村养老保险制度的实施填补了我国农村社会养老保险制度的空白，使亿万农村居民和城市居民一样可以享受到国家给予的基本社会保障。

一、新型农村养老保险的改革与创新

（一）新型农村养老保险的建立与推广

20 世纪 80 年代我国开始尝试建立农村社会养老保险制度（简称"老农保"），"老农保"在 30 多年的历史实践中几经波折，由于制度设计存在缺陷、资金筹集运营和管理不规范等原因，农村社会养老保险一度处于停滞状态。国务院 2009 年出台的《关于开展新型农村社会养老保险试点的指导意见》（简称《指导意见》）标志着我国农村社会养老保险制度发展进入新阶段。

《指导意见》明确要求，新型农村社会养老保险制度先在全国 10% 的县（市、区、旗）进行试点，然后逐步扩大实施范围，2020 年之前基本实现对农村适龄居民的全覆盖。[①] 新型农村养老保险制度开始试点以来，得到农村居民的积极拥护，2012 年年底已提前实现全覆盖的任务目标。具有普惠性、基本性、公平性的新型农村养老保险制度将与沿袭几千年的农村家庭养老方式，共同承担起抵御我国农村居民养老风险的重担。

人力资源与社会保障部农村保险司公布的数据显示，2009 年 12 月，27 个省、自治区的 320 个县和 4 个直辖市的第一批试点区县启动试点工作。2010 年新型农村养老保险试点工作重点向老少边穷地区倾斜，新增试点县 518 个，第二批试点区县扩大到全国 23% 左右的县。2011 年新型农村养老保险新增试点县达 1076 个，试点地区覆盖到全国 60% 的县。2012 年新型农村养老保险在全国所有县级行政区全面实施，提前完成全覆盖的目标任务。目前全国有 12 个省（自治区、直辖市）对新型农村社会养老保险和城镇居民养老

---

① 　国务院办公厅：《关于开展新型农村社会养老保险试点的指导意见》，中央政府门户网，http://www.gov.cn/zwgk/2009-09/04/content_1409216.htm，2009-09-04。

保险进行了整合，使两项制度的主要政策框架保持基本一致，实现了城乡居民养老保险的制度平等。截至 2013 年 3 月，全国城乡居民参保人数达到 4.86 亿人，其中领取养老金的老年居民达到 1.33 亿人。全国有 13 个省级和 1572 个县级行政区提高了基础养老金标准，全国月人均养老金水平达到 78.6 元，基金累计结余 2504 亿元，其中个人账户基金累计结余 2200 亿元。[①]

（二）新型农村养老保险的创新

与"老农保"方案相比，新型农村养老保险在制度设计上进行了重大改进和创新，主要表现在以下几个方面：

1. 创新制度模式

《指导意见》规定，新型农村养老保险制度实行基础养老金与个人账户相结合的模式。中央确定的基础养老金标准为每人每月 55 元。个人缴费、集体补助、其他组织资助和地方政府对参保人的缴费补贴全部记入个人账户。个人账户养老金的月计发标准为个人账户全部储存额除以 139。如果参保人死亡，其个人账户中除政府补贴外的资金余额，可以继承；政府补贴余额主要用于支付其他参保人的养老金。

2. 强化政府责任

《指导意见》指出，新型农村养老保险基金由个人缴费、集体补助和政府补贴三部分构成。第一，个人缴费方面，缴费标准设五个档次，即每人每年 100 元、200 元、300 元、400 元或 500 元，地方政府可增设缴费档次。第二，集体补助方面，村集体可以根据实际情况对参保人缴费提供补助，补助标准由村民委员会确定，并鼓励其他经济组织、社会公益组织或个人为参保人缴费给予资助。第三，政府补贴方面，一方面，中央财政全额支付中西部地区符合领取条件参保人的基础养老金，对东部地区给予 50% 的补助。另一方面，

---

① 人力资源与社会保障部：《巩固、完善、提高、推动城乡居民养老保险工作再上新台阶》，人力资源与社会保障部门户网，http://www.mohrss.gov.cn/ncshbxs/NCSHBXSgongzuodongtai/201305/t20130531_104217.htm，2013-05-13。

地方政府对参保人的补贴标准不低于每人每年 30 元；对缴费较高档次的参保人，给予适当鼓励；为农村缴费困难群体代缴部分或全部最低标准的养老保险费。

3. 加强基金监督与管理

《指导意见》强调，新型农村养老保险基金必须纳入社会保障基金财政专户，实行收支两条线管理，单独记账、核算。各级人力资源社会保障部门必须对基金的筹集、上缴和发放进行监控，定期公开基金筹集和支付信息，加强社会监督；财政、监察、审计部门分别按各自职责实施监督，严禁挤占挪用，确保基金安全；新型农村养老保险经办机构和村委会每年对参保人缴费和待遇领取资格进行公示，接受群众监督。与此同时，新型农村养老保险还建立了全国统一的信息管理系统，加强了经办管理服务；大力推行社会保障卡，为参保人查询基本信息、缴纳费用和领取待遇提供方便。[1]

4. 明确新老制度衔接

新型农村养老保险实施以前，已开展"老农保"的地区应妥善处理老农保基金债权问题，并做好与新型农村养老保险制度的衔接。《指导意见》明确提出，凡已参加了老农保、年满 60 周岁且已领取老农保养老金的参保人，可直接领取新农保的基础养老金；已参加老农保、未满 60 周岁且没有领取养老金的参保人，应将老农保个人账户资金纳入新农保个人账户，按新农保的缴费标准继续缴费，待符合规定条件时享受相应待遇。[2]

二、民族地区新型农村养老保险的实施状况

(一)内蒙古自治区新型农村养老保险实施状况

内蒙古自治区人民政府 2009 年制定的《内蒙古自治区新型农

---

① 国务院办公厅：《国务院关于开展新型农村社会养老保险试点的指导意见》，《人民日报》2009-09-08。

② 国务院办公厅：《国务院关于开展新型农村社会养老保险试点的指导意见》，《人民日报》2009-09-08。

村牧区社会养老保险试点办法》对参保人员的缴费补贴进行了详细规定：缴费金额为 100 元的，补贴标准为 30 元；缴费金额为 200 元的，补贴标准为 35 元；缴费金额为 300 元的，补贴标准为 40 元；缴费金额为 400 元的，补贴标准为 45 元；缴费金额为 500 元及其以上的，补贴标准为 50 元。在基础养老金方面，除了中央政府给予每人每月补助 55 元基础养老金外，内蒙古自治区对 60 周岁至 69 周岁的老人每人另外增加 5 元基础养老金，对年满 70 周岁至 79 周岁的老人每人另外增加 10 元基础养老金，对年满 80 周岁及以上老人每人另外增加 20 元基础养老金。参保人员缴费的补贴以及自治区提高的基础养老金，由自治区各级财政负担，其中，自治区财政负担 50%，盟市、旗县（市、区）负担 50%。对重度残疾人、农村牧区低保户，政府按 100 元的标准为其代缴养老保险费。[①]

截至 2011 年 4 月，内蒙古自治区新型农村牧区基本养老保险总参保人数达到 273.4 万人，应参保人数为 438.3 万人，参保率为 62.4%。其中根据国家新型农村养老保险政策而自主开发试行参保的有 189.9 万人，占参保总人数的 69.5%。[②]

（二）新疆维吾尔自治区新型农村养老保险实施状况

2009 年 11 月新疆维吾尔自治区制定了《自治区新型农村社会养老保险试点实施方案》，2010 年 6 月自治区又对原方案做了补充和完善，制定了《自治区扩大新型农村社会养老保险试点实施方案》。此次调整主要是对缴费档次、缴费补贴标准等进行了修订：由原来的每人每年 30 元调整为 50 元；缴费档次由原来的 100—500 元五个档次调整为 100—1000 元十个档次。对选择 100 元以上（不含 100 元）档次缴费的，由县（市）财政按每提高一个档次，增加不低于 5 元的标准予以鼓励；对累计缴费满 15 年（不含补缴费年限）

---

① 内蒙古自治区人民政府：《关于印发自治区新型农村牧区社会养老保险试点办法的通知》，《内蒙古政报》2009 年第 11 期。

② 张昊文、聂梅：《内蒙古：273 万人参加"新农保"参保率为 62.4%》，《内蒙古晨报》2011-04-22。

以上的农牧民，每增加一年缴费，增发不低于 2 元的基础养老金；对新型农村养老保险试点启动后继续担任（或新任）村干部但未满60 周岁的人员，由试点县（市）按年给予缴费补贴，卸任不补；试点县市对计划生育"双证"人员的参保缴费和养老金待遇给予适当补贴。

2011 年 9 月，新疆维吾尔自治区 92 个涉农县（市、区）均开展了新型农村社会养老保险试点，新疆新型农村养老保险实现全覆盖，惠及 590 万农牧民，其中，60 周岁及以上 92 万人。已有 87个新型农村养老保险试点县（市、区）发放了养老金，前两批 56 个试点县（市）参保率达到了 87%。① 截至 2013 年 3 月底，全区 92 个有农业户籍人口的县（市、区）新型农村养老保险应参保人数 504.5万人，已参保 495.9 万人，参保率达到 98%。②

（三）广西壮族自治区新型农村养老保险实施状况

广西壮族自治区分别于 2009 年、2010 年先后启动了两批共计 27 个县（市、区）新型农村养老保险试点工作，覆盖农业人口1007.68 万人，占广西农业人口总数的 24%；2011 年第三批 45 个试点县启动实施新型农村养老保险。③ 截至 2011 年 6 月底，广西壮族自治区共有 369.46 万人参保，有 106.86 万人按月领取到养老金。其中第一批试点县参保率已达 83%，养老金发放率达 97%。

到 2011 年年底，广西壮族自治区共有三个批次 72 个县（市、区）开展了新型农村养老保险试点工作，占全区 109 个县（市、区）的 66.06%，覆盖 2905.34 万农业人口，占全区农业人口的 68.6%。其余的 37 个县（市、区）及 4 个开发区在 2012 年实施了新型农村养老保险，到 2012 年年底广西壮族自治区实现了新型农村养老保险

---

① 张昕宇：《新疆新农保实现全覆盖》，《新疆日报》2011-09-30。
② 李敏：《新疆新农保惠及 495.9 万人，参保率达到 98%》，中国民族宗教网，http://www.mzb.com.cn/html/Home/report/402044-1.htm，2013-05-15。
③ 李斌：《广西新农保制度覆盖面将达到 68%，覆盖 2905 万人口》，新华网，http://www.gxhz.gov.cn/E_ReadNews.asp?NewsId=19237，2011-07-21。

制度全覆盖。[①]

(四)宁夏回族自治区新型农村养老保险实施状况

宁夏回族自治区 2011 年 7 月颁布《自治区城乡居民社会养老保险试点实施意见》，在全区 22 个县市区全面启动城乡居民养老保险试点工作。该《实施意见》的出台，打破了过去城镇居民养老保险和农村居民养老保险分割的格局，将新型农村社会养老保险与城镇居民社会养老保险制度合二为一。宁夏回族自治区在国家城镇居民养老保险试点缴费 100 元至 1000 元十个档次的基础上，增加了 1500 元、2000 元两个档次，符合养老保险制度多缴多得的基本精神，也符合农村富裕居民享受较高养老保险待遇的需求。2012 年，宁夏回族自治区为 60 周岁以上居民每月增加基础养老金 15 元，各地纷纷提高补助标准，最高的每月达 100 元。

2011 年 6 月，宁夏回族自治区应参加新型农村养老保险人数 226.03 万，已参保 164.2 万人，全区新型农村养老保险参保率达到 72.65%，其中 33.6 万名农村老人领到基础养老金。[②]2012 年 9 月，宁夏回族自治区城乡居民养老保险参保人数达 178 万人，参保率为 83%，60 周岁以上符合享受基础养老金待遇的老人有 34.7 万人。[③]

(五)西藏自治区新型农村养老保险实施状况

西藏自治区制定的《西藏自治区新型农村社会养老保险实施办法》规定，个人缴费标准实行不同档次的年度额缴费基数，缴费档次设定 100—1200 元共 12 个档次，以 100 元为一个缴费档次，参保人自由选择缴费档次，多缴多得。同时，政府对参保缴费人员给予缴费补贴：具体标准最低为 30 元，最高为 85 元，以 5 元为一个缴费补

---

① 田代强、何永宁：《我区新农保制度比国家提前半年实现全覆盖》，广西壮族自治区人力资源和社会保障厅门户网，http://www.gxhrss.gov.cn/12/2013_5_1/12_23064_1367403031436.html，2012-02-15。

② 马俊、任玮：《宁夏新农保参保率超过七成》，新华网，http://news.xinhuanet.com/society/2011-08/17/c_121873812.htm，2011-08-17。

③ 宁夏回族自治区人民政府：《宁夏城乡居民社会养老保险在全国率先全覆盖》，中央政府门户网，.http://www.gov.cn/gzdt/2013-01/04/content_2304362.htm，2013-01-04。

贴档次，根据参保人自主选择的缴费档次给予相应缴费补贴。

2009 年 11 月，西藏自治区在 7 个县（市、区）全面展开了新型农村社会养老保险试点工作。2010 年 11 月，西藏自治区在 73 个县（市、区）、682 个乡（镇）开展了新型农村养老保险，实现了全区全覆盖，覆盖农业总人口 221 万人，年满 60 周岁的农牧区居民有 20.88 万人已按月领到新型农村养老保险基础养老金。2011 年 11 月，西藏自治区农村居民参保人数达 102.72 万，参保率达到 73.4%，累计收缴养老保险费 8646 万元，累计发放新型农村养老保险基本养老金 20877 万元。[①]2012 年年底，西藏自治区参加新型农村养老保险农牧民人数突破 200 万人，参保率达到 91%。根据西藏社会保障规划，预计到 2015 年，西藏自治区新型农村养老保险参保率将达到 95% 以上。[②]

（六）贵州省新型农村养老保险实施状况

贵州省 2009 年在 11 个县（市、区）启动新型农村养老保险试点工作。2011 年 7 月，贵州省 73 个县进行了新型农村养老保险试点，覆盖率达到 77.5%，其中 50 个国家扶贫开发工作重点县已全部实施新型农村社会养老保险试点；新型农村养老保险参保人数为 330 万人，综合参保率为 70%，其中 60 岁以上参保并领取养老金人数达到 95 万人，参保率为 83%，发放养老金 6.57 亿元。[③]截至 2012 年 12 月底，贵州省新型农村社会养老保险参保人数达到 1226.8 万人，其中 390 余万 60 岁以上的老年农村居民领取了养老金。[④]

（七）云南省新型农村养老保险实施状况

云南省依据国务院新型农村养老保险《指导意见》制定了相关

---

① 索朗达杰：《西藏自治区将出台新农保实施办法》，中国广播网，http://news.163.com/11/1230/11/7MH5246R00014JB5.html，2011-12-30。

② 宋雅静：《西藏新农保参保人数占农牧民总人口九成》，西藏新闻网，http://district.ce.cn/newarea/roll/201301/08/t20130108_24009772.shtml，2013-01-08。

③ 周芙蓉：《贵州：国家扶贫开发工作重点县实现新农保试点全覆盖》，西部网，http://news.cnwest.com/content/2011-08/07/content_5009968.htm，2011-08-07。

④ 罗石香：《贵州省城乡居民社会养老保险参保人数超 1260 万人》，《贵州日报》2013-01-21。

配套政策，各州市、各试点县根据各自经济发展状况和财力承受情况，制定了激励性缴费补贴政策。在补"入口"方面，对选择较高档次缴费的农村参保居民，分别提高了5—40元不等的激励性缴费补贴；在补"出口"方面，部分试点县在国家补助55元的基础上，还提高了5—30元不等的基础养老金。部分试点县还增加了对五保户、优抚对象、计生户的补助。

2010年9月，云南省新型农村养老保险试点县参保人数达到287.3万人，有53.1万人领取了基础养老金，平均参保率为86%，远高于全国平均参保率。[①]2012年年末，云南省实现新型农村养老保险制度全覆盖。截至2013年6月底，云南省参加城乡居民养老保险的人数共2104.25万人，参保率达到90%，其中60周岁以上领取待遇的老人共420.2万人。[②]

2013年，云南省发布《关于新型农村养老保险与老农保制度衔接有关问题的通知》指出，凡符合参加新型农村养老保险条件的老农保参保人员全部过渡到新型农村养老保险。已领取老农保养老金的参保人，按老农保养老金标准继续享受待遇，年满60周岁时，同时可享受相应的新农保基础养老金。对于参加老农保且未领取养老金的参保人，其原有个人账户积累的资金全部纳入新农保个人账户，按每年最低100元的缴费档次标准折算缴费年限，折算年限达到或超过15年的，年满60周岁时，可享受新型农村养老保险基础养老金，缴费年限未达到15年、未满60周岁的，按新型农村养老保险规定继续缴费。[③]

(八)青海省新型农村养老保险实施状况

青海省2009年12月启动新型农村养老保险试点工作，到2010年实现全省新型农村养老保险制度全覆盖。截至2011年5月，

---

①　孟俊：《云南新增21个"新农保"试点县》，云南网，http://www.foods1.com/content/1019831/，2010-10-27。

②　陈莹莹：《云南城乡居保参保率达90%》，《中国证券报》2013-08-06。

③　朱虹：《云南老农保参保人60岁后享受新农保待遇》，云南网，http://yn.yunnan.cn/html/2013-03/13/content_2651401.htm，2013-03-13。

青海省 45 个新型农村养老保险试点县（国家试点县 39 个，省试点县 6 个），应参保人数 234.19 万人，实际参保 131.84 万人，全省平均参保率 56%。部分地区参保扩面已达到 85% 以上，其中，天峻县为 99%，甘德县为 89%，格尔木市为 88%，玛多县为 86%，门源县为 85%。全省 60 岁以上领取养老金的农牧民 31.76 万人，共发放养老金 1.12 亿元。青海省新型农村养老保险试点工作实现了全覆盖，比国家要求实现全覆盖的目标提前了 10 年。[①]

2012 年 1 月青海省自筹资金调整新型农村养老保险基础养老金标准，将基础养老金每人每月 55 元提高到 85 元。[②]截至 2012 年 5 月，青海省参加新型农村养老保险的人数为 183 万人，参保率达到 79%，其中 60 周岁以上享受养老金待遇的人数达到 33.67 万人。[③]

三、民族地区新型农村养老保险存在的难点问题

（一）科学设计农民参保激励机制

凡是以自愿性为参保原则的保险制度都必然面临如何维持农民长期缴费这一难题，新型农村养老保险"享受待遇延期性"的特点又加剧了这一问题的难度。一方面，民族地区农民受传统观念、文化水平和交往范围的限制，更注重短期利益。尤其是中青年人对参加缴费年限较长的新型农村养老保险不太感兴趣，即使暂时缴纳了保险费，未来退保的可能性也很大。另一方面，民族地区农民受"老农保"制度失败的影响，对新型农村养老保险的可持续性还保持观望态度。对新型农村养老保险基金保值增值的担心，以及经办机构行政管理效率不高等因素都直接影响民族地区农民参保的积极性。因此，如何科学地设计出新型农村养老保险制度模式和激励机

---

① 周俊义：《青海新农保试点实现全覆盖，比国家要求提前 10 年》，《青海日报》2011-05-09。

② 孟军：《老有所养，老有所医，老有所为》，《青海日报》2013-10-13。

③ 李志强：《青海省新农保和城居保养老金提高到 85 元》，新华网，http://news.xinhuanet.com/local/2012-06/19/c_123305096.htm，2012-06-19。

制，充分调动农民的参保积极性，激励农民多缴费、长期缴费是目前新型农村养老保险面临的重大难题。

(二) 合理制定资金筹资机制

新型农村养老保险的资金筹资采取个人缴费、集体补助和政府补贴相结合的办法，政府给予财政补助是区别于"老农保"的最大亮点。第一，从个人缴费方面看，目前，民族地区已经参保的农民中绝大多数缴纳了最低档次。按照这一缴费金额计算，农民60周岁后仅仅依靠每月领取的社会养老金很难维持基本生活。第二，从集体补助方面看，绝大多数民族地区的农村集体经济非常薄弱，几乎拿不出资金提供补助，集体补助成为一句空话。第三，从政府补贴方面看，政府补贴包括中央政府补贴和地方政府补贴，其中地方政府补贴又包括省、市、县三级政府补贴。按照目前新型农村养老保险制度设计的筹资标准测算，中央财政完全有能力提供相应的补贴。而民族地区地方财政收入普遍偏低，财政支出负担比较重。其中，省级财政和市级财政的压力相对小一些，县级财政筹资最为困难。因此，如何合理制定中央、省、市、县四级政府补贴金额及其比例，解决地方财政尤其是县级财政筹资困难是民族地区新型农村养老保险面临的又一个难题。

(三) 有效提高基层经办机构管理体制

任何一项好的制度能否实现其最初的目标有赖于具体实施者强有力的执行力，否则就会偏离原来的目标，使其效果大打折扣。新型农村养老保险制度的目标是帮助农民解决老有所养，其具体实施是由经办机构来完成。新型农村养老保险经办机构的业务水平、服务态度、工作效率直接影响农民的满意度和参保率，进而影响制度的实施效果。民族地区农村基层工作人员尤其是村一级组织对新型农村养老保险的了解程度及准确性直接影响政策宣传效果。而村级组织并非政府全职工作人员，他们大部分都有自己的职业。由于我国实施的很多民生工程，最终的落实都是由村一级组织来完成。民族地区的村干部几乎个个身兼数职，需要承担很多的任务，不仅要完成新型农村养老保险的宣传、征缴、发放等任务，还要完成新型农村合作医疗、农村最低生活保障等其他社会保障的相关工作。因此，如何调动基层工作人员的积极性，提高基层经办机构的业务水平，完善基层经办机构管理体制，是民族地区新型农村养老保险急需解决的难题。

第二节　民族地区新型农村养老保险参保行为及其影响因素

我国新型农村社会养老保险制度遵循政府主导和农村居民自愿相结合的原则。作为一项农村居民自愿参加的公共政策，农村居民的真实参保意愿以及对制度的认可度直接关系到新型农村养老保险制度覆盖面的扩大，也关系着新型农村养老保险制度的可持续发展。虽然 2012 年年底新型农村养老保险已实现全覆盖，但是依然还有部分地区的农村居民不愿参保，影响他们参保行为的因素有哪些？目前已经参保的农村居民是否是在对政策非常了解的前提下自愿缴费？这些问题的回答对于新型农村养老保险制度可持续这一目标的实现，以及进一步提高制度设计的合理性具有重要的理论和实践意义。

目前部分学者利用实地调查的资料从不同角度对农村居民参加新型农村养老保险的影响因素进行了分析，但是已有分析结论还存在较大分歧，主要表现在，第一，年龄因素对农村居民参加新型农村养老保险意愿的影响。有的研究表明年龄与农村居民参保意愿呈负相关关系，年龄越大越不愿参保（封铁英和戴超，2010；张娟等，2010；胡宏伟等，2009）；有的研究表明年龄与农村居民参保意愿呈正相关关系，年龄越大越愿意参保（高真真等，2010）；而有的研究表明农村居民年龄对其参保意愿没有显著影响（石绍宾等，2009；张红梅等，2009）。第二，家庭收入对农村居民参保意愿的影响。有的研究表明农村居民的收入越高越愿意参加新型农村养老保险（张娟等，2010；张红梅等，2009）；有的研究表明农村居民收入越高越不愿意参加新型农村养老保险（赵桂玲和周稳海，2009）；而有的研究则表明农村居民收入对其参保意愿没有显著影响（赵建国和韩军平等，2007；石绍宾，2009）。第三，政策了解程度对农村居民参保意愿的影响。有的研究表明对新型农村养老保险政策了解的越清楚越愿意参保（高真真等，2010）；有的研究表明对新型农村养老保险政策了解的越清楚越不愿意参保（张红梅等，2009；张娟等，2010）；而有的研究表明农村居民对新型农村养老保险政策了解程度对其参保意愿没有显著影响（石绍宾等，2009）。产生这些分歧的最主要原因是各位学者采用的调查对象不同。这就迫切需要进一步扩大调查范围，对调查样本特征进行深入的细分，并根据不同社会群体的特征来反映不同社会群体对新型农村养老保险制度的不同需求。而民族地区的农村居民作为一个特定群体，有其特殊的文化传统和习俗，目前已有研究却较少关注民族地区农村居民的参保意愿及其政策需求。

　　本研究试图通过对民族地区农村居民的调查，了解民族地区农村居民对新型农村养老保险的参保意愿和政策需求，深入分析影响民族地区农村居民参加新型农村养老保险的因素及其程度，以期为我国新型农村养老保险制度的进一步完善提供科学依据。

一、调查样本基本特征

　　本节数据来源于 2011 年暑期在广西、云南、贵州、湖南、湖北和安徽六省的少数民族地区对农户进行的问卷调查，有效问卷 369 份。此次调查样本中侗族、苗族、壮族、土家族、瑶族、彝族等少数民族占 82.1%，汉族占 17.9%；男性占 66.3%，女性占 33.7%；没有上过学的占 4.6%，具有小学文化水平的占 32.9%，具有初中文化水平的占 41.1%，具有高中、中专文化水平的占 17.4%，具有大专及以上文化水平的占 4%；年龄在 16—29 岁以下的占 14.9%，30—44 岁之间的占 40.4%，45—59 岁之间的占 30.4%，60 岁及以上的占 14.3%；家庭人口数在 3 人及以下的占 19%，4 人的占 31.6%，5 人的占 27.7%，6 人的占 14.8%，7 人及以上的占 6.9%，家庭平均人口规模约为 4.6 人；所处地理环境为山区的人占 79.6%，所处地理环境为丘陵的人占 11.7%，所处地理环境为平原的人占 8.7%。

调查样本中，对于"您自己年老时最希望采取哪种方式来养老？"这一问题的回答，有 49.7% 的人选择子女养老，有 35.6% 的人选择社会保险养老，有 12.2% 的人选择个人储蓄养老，有 2.5% 的人选择商业保险养老、集体养老等其他养老方式。目前 60 岁以上老人最主要的生活来源是依靠子女给钱的占 55.3%，依靠自己储蓄的占 26.4%，依靠国家提供养老金的占 13.6%，依靠其他来源的占 4.7%。

二、调查地区农村居民参保行为

调查样本中有 79.3% 的农村居民所在县（市、区）进行了新型农村养老保险试点，有 20.7% 的农村居民所在县（市、区）还没有开展新型农村养老保险试点。其中，新型农村养老保险试点县的农村居民中有 86.1% 的人参加了新型农村养老保险，13.9% 的人没有参加新型农村养老保险；非新型农村养老保险试点县的农村居民中，有 88.2% 的人表示如果将来实施新型农村养老保险制度愿意参保，有 11.8% 的人表示不愿意参保。

因变量设为民族地区农村居民是否愿意参加新型农村养老保险，对于新型农村养老保险试点县中参加了新型农村养老保险的农村居民和非试点县中愿意参加新型农村养老保险的农村居民赋值为 1，对于试点县中没有参保的农村居民和非试点县中不愿意参保的农村居民赋值为 0。这里用 γ_i 来表示因变量，γ_i 的取值范围为：

$$\begin{cases} \gamma_i = 1，参加保险 \\ \gamma_i = 0，没有参加保险 \end{cases}$$

由于因变量是一个二分变量，故本研究选择 Logistic 回归模型进行分析。具体计量模型为：

$$P_i = P(\gamma_i = 1 \mid \chi_i) = \frac{1}{1 + e^{-(a + b\chi_i)}}$$
（式4—1）

其中，χ_i 为影响农村居民参加新型农村养老保险的各个因素；β_i 为自变量的回归系数，即在控制其他自变量的条件下，某单个自变量一个单位的变化所引起的对数发生比的变化；$P_i = P(\gamma_i = 1 / \chi_i)$ 是在给定一系列自变量 $\chi_{1i}\ \chi_{2i}\cdots\cdots$，$\chi_{ki}$ 的值时农村居民参加新型农村养老保险的概率。

已有研究成果表明，影响农村居民参加新型农村养老保险意愿的因素有很多，这里着重从个人特征因素、家庭资源禀赋因素、社区环境因素和制度环境因素四个方面进行分析。个人特征因素包括民族、性别、年龄、教育程度四个变量；家庭资源禀赋因素包括家庭总人数、家庭人均纯收入、家中有无成员外出打工、家中有无党员四个变量；制度环境因素包括农村居民对新型农村养老保险政策的了解程度和预期养老方式两个变量；同时选取被调查者所在区域这一变量来反映社区环境因素。其中，家庭总人数、家庭人均纯收入两个变量属于连续变量，民族、性别、年龄、教育程度、家中有无成员外出打工、家中有无党员、所在区域、对新型农村养老保险政策的了解程度、预期养老方式九个变量属于虚拟变量。本研究将民族分为汉族和其他少数民族，汉族为参照组；年龄分为16—29岁、30—44岁、45—59岁和60岁及以上四类，16—29岁为参照组；教育程度分为小学及以下、初中、高中中专和大专及以上四类，小学及以下为参照组；所在区域分为中部地区和西部地区，此次调查的湖南、湖北、安徽三省属于中部地区，广西、贵州、云南三省属于西部地区，西部地区为参照组；对政策了解程度分为非常了解、比较了解和不太了解三类，不太了解为参照组；预期养老方式分为商业保险等其他方式、社会保险、子女养老和个人储蓄养老，个人储蓄养老为参照组。自变量基本特征描述见表4—1。

表4—1 自变量基本特征描述

自变量	赋 值	比例(%)	自变量	赋 值	比例(%)
1. 民族	0=汉族	17.9	7. 家中有无成员外出打工	0=有	75.1
	1=少数民族	82.1		1=没有	24.9
2. 性别	0=男性	66.3	8. 家中有无党员	0=有	34.9
	1=女性	33.7		1=没有	65.1
3. 年龄	1=60岁及以上	14.3	9. 所在区域	0=中部	75.1
	2=45—59岁	30.4		1=西部	24.9
	3=30—44岁	40.4	10. 政策了解程度	1=非常了解	11.0
	4=16—29岁	14.9		2=比较了解	35.9
4. 教育程度	1=大专及以上	4.0		3=不太了解	53.1
	2=高中中专	17.4	11. 预期养老方式	1=商业保险等	2.5
	3=初中	41.1		2=社会保险	35.6
	4=小学及以下	37.5		3=子女养老	49.7
5. 家庭总人数	均值	4.57		4=个人储蓄	12.2
6. 家庭人均纯收入	均值	2707.04			

三、民族地区农村居民参保行为影响因素

通过 Logistic 回归模型对因变量民族地区农村居民是否参保的影响因素进行估计，从模型回归分析结果看，模型 $x^2 = 55.756$，Logistic 回归模型结果统计性显著，表明所选的自变量对因变量联合解释效果很好。但就单个自变量解释效果来看，11 个自变量中只有年龄、教育程度、所在区域和预期养老方式 4 个变量统计上显著，其他 7 个自变量统计上不显著(见表4—2)。

表4—2　民族地区农村居民参保意愿的 Logistic 模型回归结果

自变量	回归系数	标准误	显著度	幂　值
1. 民族	0.117	0.597	0.845	1.124
2. 性别	0.741	0.474	0.118	2.097
3. 年龄段（16—29 岁为参照组）				
60 岁及以上	0.612	0.870	0.482	1.844
45—59 岁	1.575	0.632	0.007	4.828
30—44 岁	0.458	0.584	0.037	1.582
4. 教育程度（小学及以下为参照组）				
大专及以上	-0.020	1.248	0.990	0.985
高中中专	1.657	0.857	0.053	5.245
初中	0.545	0.483	0.259	1.725
5. 家庭总人数	0.062	0.161	0.701	1.064
6. 家庭人均纯收入	0.000	0.000	0.323	1.000
7. 家中有无成员外出打工	-0.480	0.53	0.366	0.619
8. 家中有无党员	-0.060	0.498	0.904	0.941
9. 所在区域	3.163	0.721	0.000	23.650
10. 政策了解程度（不太了解为参照组）				
非常了解	0.286	0.688	0.678	1.331
比较了解	0.832	0.526	0.113	2.298
11. 预期养老方式（个人储蓄为参照组）				
商业保险等	2.187	1.531	0.153	8.912
社会保险	1.553	0.648	0.017	4.724
子女养老	0.828	0.543	0.127	2.289
常数项	-4.112	1.332	0.003	0.018
-2Log likelihood=168.712, Chi-square=55.756, d.f.=18, sig=0.000				

（一）民族因素

从表4—2民族地区农村居民参保意愿的 Logistic 模型回归结果看，"民族"这一因素对于民族地区农村居民是否愿意参保没有显著影响。可能的原因是目前在我国大部分民族地区，少数民族与汉族以及各少数民族之间混杂居住，经过长期的交流和相互融合，住在同一地区的各民族农村居民之间思维方式、养老保障的方式与意愿逐渐趋同，各民族之间的差异逐渐弱化。

（二）性别因素

模型回归结果显示，性别对于民族地区农村居民是否愿意参保没有显著影响。这主要是由于目前我国新型农村养老保险制度试点地区绝大多数是以户为单位进行缴费的，即农村居民家中凡是符合参保条件的成员要么同时参保，要么都不参保。这种"捆绑式"参保制度设计使得农村居民进行参保决策时，会把所有家庭成员作为一个整体来考虑，而不会考虑家庭内部男性和女性的需求差异。

（三）年龄因素

模型回归结果显示，被调查者所处的年龄段对于民族地区农村居民是否愿意参保具有显著正影响。对于60岁之前的农村居民来说，年龄越大越愿意参保。从幂值来看，在其他条件相同的情况下，30—44岁的人愿意参保的概率是16—29岁的人愿意参保概率的1.582倍，45—59岁的人愿意参保的概率是16—29岁的人参保概率的4.828倍。这主要是因为对于45—59岁的人来说，很快就会面临养老问题，而且如果现在参保，60岁后就可以像"城里人"那样每月领取养老金，因此这个年龄段的农村居民参保积极性最高。对于部分45岁以下的农村居民来说，目前还没有考虑到自己的养老问题，而且制度规定，最低累计缴费15年后，60岁时就可以享受养老金待遇，这就使得16—45岁的农村居民认为自己还年轻，等到45岁以后再参保缴费也不迟。对于60岁及以上的农村居民来说，其参保意愿与16—29岁的人参保意愿没有显著差异，这与事实相符。因为新型农村养老保险制度实施时，已年满60周岁、未享受城镇职工基本养老保险待遇的，不用缴费，就可以按月领取基础养老金。

（四）教育程度因素

模型回归结果显示，教育程度对于农村居民是否愿意参保具有显著影响。从幂值来看，在其他条件相同的情况下，具有高中或中专文化水平的人愿意参保的概率是小学及以下文化水平的人愿意参保概率的 5.245 倍。初中文化水平的人与小学及以下文化水平的人参保意愿没有显著差异。值得注意的是，大专及以上文化水平的回归系数是负的，即相对于小学及以下文化水平的人，具有大专及以上文化水平的人更不愿意参加新型农村养老保险。这主要是由于部分大专及以上文化水平的人虽然户口在农村，但大多在城镇或城郊工作，与待遇较低的新型农村养老保险相比，他们更愿意参加待遇较高的城镇职工或城镇居民养老保险。

（五）社区层面

模型回归结果显示，被调查者"所在区域"这一变量在 $\alpha = 0.01$ 水平上统计显著。从幂值上看，在其他条件相同的情况下，处于中部民族地区农村居民参加新型农村养老保险的概率是处于西部民族地区农村居民参保概率的 23.65 倍。这主要是由于虽然都是民族地区和少数民族，但处于西部的民族地区整体经济发展水平不高，农村居民家庭人均纯收入较低，接受新鲜事物的能力相对较弱。调查样本中，中部民族地区农村居民的人均纯收入平均值为 3000.45 元，而西部民族地区农村居民的人均纯收入平均值为 2611.37 元。

（六）预期养老方式

模型回归结果显示，"农村居民预期养老方式"这一变量在 $\alpha = 0.05$ 水平上统计显著。希望年老时主要依靠社会保险养老的农村居民参保概率是希望依靠个人储蓄养老的农村居民参保概率的 4.724 倍。虽然目前传统的"养儿防老"观念在农村逐步减弱，仍有 49.7% 农村居民在将来年老时希望主要依靠子女养老。但随着我国社会经济的发展，人民生活水平的不断提高，已经有部分人尝试采取其他的养老方式。特别是新型农村养老保险相关政策的出台，使试点地区农村居民真正获得了实惠，部分农村居民对新型农村养老保险制度很有信心，并期望将来年老时能以社会保险的形式来养老，而不是完全依靠子女。

（七）家庭层面和制度层面

模型回归结果显示，家庭总人口数、家庭人均纯收入、家中有无成员外出打工、家中有无党员四个家庭层面的变量统计上不显著。同时，农村居民对制度了解程度对于其是否愿意参加新型农村养老保险没有显著影响。这主要是由于目前有 53.1% 的农村居民还没有真正了解新型农村养老保险制度，在不了解政策的情况下，部分农村居民决定是否参保主要是"随大流"，听别人说新型农村养老保险制度好或者看别人都参加了，于是自己就跟着参加了，因而没有受到家庭层面各个因素的影响。

四、促进民族地区农村居民参保行为的政策建议

根据六个省份民族地区农村居民问卷调查数据，利用 Logistic 回归模型对农村居民是否愿意参加新型农村养老保险的影响因素及其程度进行了估计。调查结果显示，愿意或已经参加新型农村养老保险的农村居民占 78.6%，没有参保的农村居民占 21.4%。模型回归结果显示，年龄、教育程度、所在区域和预期养老方式四个变量对农村居民参保意愿有显著影响。民族、性别、家庭总人数、家庭人均纯收入、家中有无成员外出打工、家中有无党员和对新型农村养老保险政策的了解程度七个变量对农村居民参保意愿没有显著影响。

综合以上分析，我国新型农村养老保险制度在以下三个方面还有待进一步完善。

第一，加强制度宣传，使农村居民真正了解新型农村养老保险缴费档次、计发办法、享受待遇和管理机构等相关政策，巩固现有参保率。

第二，完善制度设计，增强制度本身的吸引力，尤其是提高

中青年农村居民参保积极性。目前的新型农村养老保险制度主要是基于年度缴费的额度差异来决定参保人未来基础养老金的标准。在这方面可以借鉴城镇医疗保险的做法，随着参保人参保年限的递增，基础养老金的标准相应增加（如缴费满 10 年、15 年和 20 年以上可以领取不同标准的养老金额度等），以把尽可能多的农村居民吸纳到新型农村养老保险制度的保障体系中来，降低制度的"逆向选择"风险。

第三，加大政府财政支持，特别是对西部民族地区的扶持力度。西部民族地区普遍经济发展水平不高，地方政府财力有限，很难投入更多的配套资金为农村居民进行补贴，而与此同时，国家财政拨款的每人每月 55 元的基础养老金标准偏低，在性质上基本属于国家福利的范畴。因此，中央和省级政府应逐步提高农民基础养老金的补贴标准。

第三节　民族地区新型农村养老保险需求行为与潜在需求差异分析

我国新型农村养老保险制度采取"政府主导和农民自愿参保相结合"的原则，引导农村居民普遍参保。作为一项农村居民自愿参加的社会保险制度，首先必须了解民族地区农村居民的参保意愿及其真实需求，并以此为依据提供制度的供给，才能巩固并实现完成"全覆盖"这一目标，推进民族地区新型农村养老保险制度的可持续发展。

一、农村居民新型农村养老保险需求行为与潜在需求的界定

国外关于人们对养老需求的研究较少区分城市老年人和农村老年人的养老需求，主要围绕两个方面展开分析：一是老年人选择的居住方式（Kobrin，1976；DaVanzo 和 Chan，1994；John 和 Chayovan，1997）；二是子女对父母的养老态度（Sandra 和

Sporakowski，1972；Lam et al.，1998）。由于我国社会养老保险城乡二元分割比较明显，国内学者对我国农村居民的养老保险需求进行了有益探索。早期的相关研究主要从养老观念和主观期待的角度来分析农村居民对不同养老方式的选择（李建新等，2004；孔祥智和涂圣伟，2007），2009 年新型农村养老保险制度实施后，相关研究主要集中在对农村居民参保意愿或参保行为的影响因素分析上（石绍宾等，2009；封铁英和戴超，2010；吴玉锋，2011；穆怀中和闫琳琳，2012），而对于农村居民参保缴纳的费用却较少关注。部分学者已经注意到这一点，已将参保意愿和缴费承受能力作为一个整体进行研究。如胡宏伟等（2009）将农村居民"是否愿意参加养老保险"作为衡量农村居民参保意愿的指标，将"参加新型农村养老保险的最高意愿缴费额"作为衡量农村居民缴费承受能力的指标，并使用二元逻辑斯蒂回归模型和线性回归模型，分别对影响农村居民参保意愿和缴费承受能力的因素进行研究。该研究主要是从农村居民主观意愿的角度来分析其参保意愿和最高缴费额，并没有将农村居民的主观意愿和真实行为加以区分。实际上，农村居民的主观意愿与其最终采取的实际行为有时会出现偏差，如有的农村居民虽然主观意愿上不愿意参加新型农村养老保险，但由于新型农村养老保险的"家庭联动缴费"制度设计等因素迫使他不得不参保。而有的农村居民虽然主观意愿上愿意参加新型农村养老保险，但由于对制度可持续性信心不足等原因没有参保。

本研究认为，从纵向来看，农村居民对新型农村养老保险的需求应包括两个层次：第一个层次是农村居民是否参保；第二个层次是农村居民缴费情况。也就是说，考察农村居民对新型农村养老保险的需求，在第一个层次，不仅要考察农村居民是否参保这一行为，还要考察这一行为背后的原因，即农村居民是否是在信息对称下完全自愿的参保。在第二个层次，农村居民参保的情况下要考察其缴费情况，农村居民缴费后不仅要考察其目前缴费金额，还要考察其在能力范围内可以承受的最高金额。从横向来看，基于主观意愿和真实行为的区别，农村居民新型农村养老保险需求可划分为需求行为和潜在需求，农村居民是否参保以及参保后实际缴纳多少费用属于需求行为，农村居民是否愿意参保以及能够承受的最高金额属于潜在需求。同时考察农村居民需求的两个层次并且区分需求行为和潜在需求的差异才能全面反映农村居民对新型农村养老保险的需求。全面掌握农村居民的需求才有助于分析新型农村养老保险制度的供需缺口，从而为改善政府向农村居民提供新型农村养老保险制度的有效供给提供科学依据。

因此，本研究试图通过对两个贫困民族自治县的调查数据，探讨民族地区农村居民参保行为及其背后的原因，了解民族地区农村居民实际缴费金额与其最高缴费承受能力之间的差异，运用Heckman两阶段法，深入分析民族地区农村居民对新型农村养老保险制度需求行为与潜在需求的影响因素。试图回答以下问题，目前民族地区新型农村养老保险参保比例究竟有多大？如果没有参保，其原因是什么？已经参保的农村居民是否是在信息对称条件下完全自愿地参加？参保的农村居民目前缴纳了多少费用？如果制度设计合理，农村居民在其承受能力范围内能够缴纳的最高金额是多少？两者之间是否有差距？如何才能让民族地区农村居民对新型农村养老保险制度有信心，愿意参保并且能够让其在可承受范围之内尽可能多的缴费？

二、调查地区新型农村养老保险参保情况

2011年7月本研究对湖南省通道侗族自治县和芷江侗族自治县进行了田野调查。通道侗族自治县于2010年12月开始实行新型农村养老保险。截至2011年6月，16—59周岁总人口数为14.1万人，应参保人口数为11.8万人，其中9.6万人已经参保缴费，参保率为81.4%。60周岁以上领取养老金的人口数为2.7万人，已发放基础养老金1183万元，社会化发放率为100%。

芷江侗族自治县是全国第一批新型农村养老保险试点县，截至 2010 年 12 月底，16—59 周岁应参保人口数为 16.1 万人，已参保缴费的人口数为 13 万人，参保率为 80.8%。2010 年有 4.8 万人符合领取待遇条件，共计发放基础养老金 3263 万元。

调查样本中，汉族占 6.7%，侗族、瑶族和苗族等少数民族占 93.3%；男性占 60.7%，女性占 39.3%；小学及以下文化程度占 35.3%，初中文化程度占 47.4%，高中中专文化程度占 15.9%，大专及以上文化程度占 1.3%；家庭平均人口规模为 4.5 人；平均耕地面积为 3.2 亩。

三、民族地区新型农村养老保险需求行为与潜在需求的差异特征

两个民族自治县的新型农村养老保险试点实施办法基本相同。两个县新型农村养老保险个人缴费标准均设五个档次，即每人每年 100 元、200 元、300 元、400 元、500 元；除中央财政按每人每月 55 元给予全额补助外，省、市、县人民政府每年为每个参保人补贴 30 元，其中省人民政府补贴 20 元，市、县人民政府补贴 10 元；新型农村养老保险参保人员缴费累计超过 15 年的，每多缴费一年，每月的基础养老金就增加 0.5 元；县级政府为农村完全丧失劳动能力、没有收入来源的缴费困难群体（包括农村"五保户"、低保户中的重度残疾人）代缴全部（每人每年 100 元）的养老保险费，为其他缴费困难群体（包括农村低保户、残疾人）代缴部分养老保险费。在这样的制度背景下，调查地区农村居民参保行为与缴费行为呈现以下特征。

（一）农村居民参保行为与其意愿相背离

调查样本中，91.1% 的人已经参加了新型农村养老保险，8.9% 的人没有参加新型农村养老保险。已经参加了新型农村养老保险的被调查者中，由于"自己觉得挺划算"而参保的占 65.5%，由于"如果不参加，老人就拿不到养老金"这一原因参保的占 20.3%，由于"很多人都参加了，自己就跟着参加"的占 12.7%，由于其他原因参加的占 1.5%。没有参加新型农村养老保险的被调查者中，有 31.3% 的人是因为担心将来无法兑现，有 26.3% 的人是因为收入水平低没

钱交，有 23.7% 的人是因为对新型农村养老保险政策还不太了解，有 16.1% 的人是因为养老待遇太低，有 2.6% 的人是由于其他原因没有参保。

由此可见，并不是所有已经参加新型农村养老保险的人都是在信息对称的条件下完全自愿参保。还有 20.3% 的人是在不情愿的情况下被迫参保，有 12.7% 的人自己对新型农村养老保险政策并不太了解，只是看大家都参加了自己就跟着参加。芷江侗族自治县出现的农村居民参保后又退保的现象充分说明了这一点。2009 年芷江侗族自治县有 13.5 万人参保，参保率为 83.6%，而 2010 年有 13 万人参保，参保率为 80.6%，比 2009 年下降了三个百分点。芷江侗族自治县新型农村养老保险规定，与 60 周岁以上老人同村居住并符合参保条件的子女应该参保。为了使父母能领取基础养老金，部分子女只好先参保，等父母开始领取基础养老金后就停止缴费。

新型农村养老保险制度在各试点地区实际运行过程中，依然存在采取诱导性或半强制性手段推行的现象。如 2010 年湖南省人力资源与社会保障厅给各个试点县（区）下达任务，必须完成参保缴费率达到 75% 以上的指标。各县劳动和保障局又将任务层层下分，将参保扩面完成情况纳入各乡镇年度目标考核，并制定了对乡镇劳动保障站和村级联络员新型农村养老保险工作的具体考核办法。如通道侗族自治县《新型农村社会养老保险试点工作责任制目标考核细则》规定的具体考核内容包括参保缴费、基础工作、养老金发放与管理、注销申报及稽核四个方面。其中参保缴费指标占 20 分，具体评分标准为：2010 年度已参保缴费人员的巩固率达 100%（10 分）；2011 年度参保缴费人员占适龄人员的比例达 85% 以上（10 分）；每多完成 1% 奖 1 分，每少完成 1% 扣 1 分。虽然县里采取电视媒体播报、开通短信平台、开辟宣传栏、印制宣传资料等多种途径进行广泛宣传，但绝大多数农村居民还是主要依靠村干部的宣传来获得新型农村养老保险相关的信息。部分村干部为了完成任务，不可避免地会夸大新型农村养老保险的益处，从而诱导农村居民参保。

（二）农村居民缴费行为与其承受能力存在差异

调查样本中，已经参保缴费的农村居民中，缴纳最低档次100元的占94.9%，缴纳200元及以上的占5.1%。这与调查的两县总体缴费情况相吻合。通道侗族自治县2010年参保缴费人员中，缴纳最低档次100元的人员占98.7%，缴纳200元及以上的人员占1.3%。芷江侗族自治县2010年参保缴费人员中，缴纳最低档次100元的人员占98.6%，缴纳200元及以上的人员占1.2%。

由此可见，虽然两县参保缴费率比较高，都在80%以上，但是两县98%的参保农村居民缴纳的金额都是最低档100元。那么究竟是由于农村居民收入低交不起，还是由于新型农村养老保险制度激励机制设计缺乏吸引力？调查问卷中设计了这样一个问题，"如果个人缴费越多，政府补贴的养老金就越多，您最多能缴纳的金额是多少？"有56.1%的被调查者表示最高可缴费金额为100元，15.5%的人表示缴纳的最高金额为200元，2.4%的人表示缴纳的最高金额为300元，0.9%的人表示缴纳的最高金额为400元，13.7%的人表示缴纳的最高金额为500元，1.9%的人表示缴纳的最高金额为800元，9.5%的人表示缴纳的最高金额为1000元及以上。

这说明目前新型农村养老保险制度设计的激励机制吸引力不够，还没有充分激发出农村居民参保的积极性。主要体现在两个方面。一方面，调查地区没有对选择高档次的人员增加额外补贴。农村居民无论缴纳100元还是500元，政府给予的补贴都一样，均补贴30元，没有建立起多缴多补的激励机制。另一方面，虽然农村居民有五个档次可以选择，但是60岁后领取的养老金差别不大。以农村居民累计缴费15年、每缴费一年地方政府补贴30元为例，在年利率为3%的条件下，如果农村居民每年末缴纳100元，其60岁后每个月能领取的养老金为72.4元；如果每年末缴纳200元，其60岁后每个月能领取的养老金为85.8元；如果每年末缴纳300元，其60岁后每个月能领取的养老金为99.2元；如果每年末缴纳400

元，其 60 岁后每个月能领取的养老金为 112.5 元；如果每年末缴纳
500 元，其 60 岁后每个月能领取的养老金为 125.9 元。农村居民每
多缴 100 元，年满 60 周岁后每月领取的养老金仅增加十几元，每
月十几元的差别对农村居民的吸引力不大。如果新型农村养老保险
制度激励机制设计的比较合理，就会吸引 43.9% 的农村居民缴费超
过目前的 100 元，有的甚至可以缴到 1000 元以上。调查结果显示，
即使新型农村养老保险制度激励机制设计的有吸引力，依然还有
56.1% 的农村居民最高只能交 100 元。这主要源于两个方面的原因：
一是部分农村居民家庭收入确实比较低，实在拿不出太多的钱。二
是新型农村养老保险制度刚刚实施，对新型农村养老保险政策可持
续性还持观望态度，所以"先交 100 元以后再说"。

四、民族地区新型农村养老保险需求行为与潜在需求的影响因素

(一) 因变量与模型选取

本研究的因变量有两个：一是农村居民需求行为；二是农村居
民潜在需求。

1. 农村居民新型农村养老保险需求行为的影响因素分析

农村居民对新型农村养老保险的需求行为分为两个阶段：第一
个阶段是农村居民是否参加新型农村养老保险，第二个阶段是参加
了新型农村养老保险的农村居民实际缴纳的费用。这就会导致在分
析农村居民实际缴纳费用时，出现统计学上非随机样本选择中特殊
的"偶然断尾"(Incidental Truncation) 情况。目前国际上处理偶然断
尾问题时通常采用 Heckman 两阶段模型来纠正样本选择偏误。本
研究利用 Heckman 两阶段模型对农村居民新型农村养老保险需求
行为进行分析，具体方法为：

第一阶段，利用所有的调查样本，用 Probit 模型来估计农村居
民参加新型农村养老保险概率的影响因素，具体方程为：

$$P_i(\text{s}=1|z) = \Phi(\gamma z_i + \upsilon)$$

$$s = 1 \text{ 时，} z\gamma + \upsilon \geq 0 \qquad\qquad (\text{式 } 4—2)$$

$$s = 0 \text{ 时，} z\gamma + \upsilon < 0$$

其中，z_i 为影响农村居民参加新型农村养老保险的一系列解释变量，γ 为解释变量的系数，υ 为误差项，$P_i(\text{s}=1|z)$ 是在给定一系列自变量 z_1、z_2……，z_κ 的值时农村居民参加新型农村养老保险的概率，$\Phi(\cdot)$ 表示标准正态分布的累积分布函数。利用方程（4—2）可以得到估计值 $\hat{\gamma}$，然后对每个调查样本计算出逆米尔斯比（Inverse Mills Ratio）$\hat{\lambda_i} = \lambda(z_i, \hat{\gamma})$

第二阶段，利用参加新型农村养老保险的样本，用 OLS 模型估计农村居民实际缴费行为的影响因素，同时引入 $\hat{\lambda_i}$ 来纠正样本选择性偏误，具体方程为：

$$Y_i = \beta \chi_i + \theta \hat{\lambda_i} + \varepsilon \qquad\qquad (\text{式 } 4—3)$$

其中，Y_i 为农村居民缴纳新型农村养老保险的额度，χ_i 为影响农村居民缴纳费用的一系列解释因素，β, θ 为相应的解释变量系数，ε 为误差项。

2. 农村居民新型农村养老保险潜在需求的影响因素分析

农村居民对新型农村养老保险的潜在需求也分两个阶段，第一个阶段是农村居民是否愿意参加新型农村养老保险，第二个阶段是参加了新型农村养老保险的农村居民在能力范围内能够承受的最高缴费金额。因此，采取上述相同的方法对农村居民潜在需求的影响因素进行分析。

（二）自变量选取

为了与第二节的研究内容相连贯，本节依然从个人特征因素、家庭资源禀赋因素、社区环境因素和制度因素四个方面进行分析。个人特征因素包括民族、性别、年龄、受教育程度四个变量；家庭资源禀赋因素包括家庭总人数、家庭人均纯收入、家中有无成员外出打工、家中有无党员四个变量；同时选取被调查者所在地区这一变量来反映社区环境因素；选取农村居民对新型农村养老保险政策的了解程度这一变量来反映制度因素。

表4—3描述的是自变量基本特征。家庭总人数、家庭人均纯收入两个变量属于连续变量，民族、性别、年龄、教育程度、家中有无成员外出打工、家中有无党员、所在区域和对新型农村养老保险政策的了解程度等八个变量属于虚拟变量。本研究将民族分为汉族和少数民族，少数民族为参照组；年龄分为16—44岁、45—59岁和60岁及以上三类，16—44岁为参照组；受教育程度分为小学及以下、初中、高中中专和大专及以上四类，小学及以下为参照组；所在地区分为通道侗族自治县和芷江侗族自治县，以芷江自治县为参照组；对政策了解程度分为非常了解、比较了解和不太了解三类，以不太了解为参照组。

表4—3　自变量基本特征描述

自变量	赋 值	比例 (%)	自变量	赋 值	比例 (%)
1.民族	1= 汉族	6.7	5. 家庭总人数	均值	4.5
	0= 少数民族	93.3	6. 家庭人均纯收入	均值	2490.5
2.性别	1= 男性	60.7	7. 家中有无成员外出打工	1= 有	73.8
	0= 女性	39.3		0= 没有	26.2
3.年龄	1=60 岁及以上	15.9	8. 家中有无党员	1= 有	38.1
	2=45—59 岁	30.6		0= 没有	61.9
	3=16—44 岁	53.5	9. 所在地区	1= 通道侗族自治县	50.8
4. 受教育程度	1= 大专及以上	1.3		0= 芷江侗族自治县	49.2
	2= 高中中专	15.9	10. 政策了解程度	1= 非常了解	13.2
	3= 初中	47.4		2= 比较了解	39.2
	4= 小学及以下	35.3		3= 不太了解	47.6

（三）实证结果分析

利用统计软件 Stata10.0，采用 Heckman 两阶段模型分别对农村居民的新型农村养老保险需求行为和潜在需求的影响因素进行分析，具体模型分析结果见表4—4。

表4—4　农村居民新型农村养老保险需求行为和潜在需求的
Heckman 两阶段模型分析结果

自变量	需求行为				潜在需求			
	是否参保		实际缴费额		是否愿意参保		能承受最高缴费额	
	Probit 模型		OLS 模型		Probit 模型		OLS 模型	
	模型（1）		模型（2）		模型（3）		模型（4）	
	系数	Z 值	系数	Z 值	系数	Z 值	系数	Z 值
汉族	-0.3688	-0.79	-3.4627	-0.18	-0.0473	-0.07	435.0950	3.40***
性别	-0.1382	-0.47			0.3957	0.96		
年龄（对照组 =16—44 岁）								
60 岁以上	-0.4942	-1.23	-18.4166	-0.96	-0.8131	-1.56	-41.1068	-0.34
45—59 岁	0.4781	1.46	-14.9659	-1.14	0.2927	0.65	-123.9210	-1.63
受教育程度（对照组 = 小学及以下）								
大专及以上	-0.2718	-0.30	171.1200	4.03***	0.05759	0.19	613.3703	2.34**
高中中专	0.6139	1.39	-16.5942	-0.87	0.8504	1.28	-19.3254	-0.19
初中	0.5055	1.78*	-28.4155	-1.76*	-0.0379	-0.10	143.8663	1.86*
家庭总人数	0.0477	0.55	-2.3098	-0.63	0.4127	2.82***	-42.5540	-1.57
家庭人均纯收入	7.86E-05	1.46	-0.0019	-1.08	0.0003	2.29***	-0.0057	-0.45
家中有成员外出打工	0.2193	0.80	20.3446	1.91*	0.2219	0.60	135.7020	1.90*
家中有党员	0.3410	1.17	9.5017	0.85	-0.4725	-1.31	125.2039	1.72*
通道侗族自治县	-0.3891	-1.48	3.5183	0.29	0.4768	1.37	41.8742	0.60
政策了解程度（对照组 = 不太了解）								
非常了解	0.2024	0.52	10.3936	0.69	1.3977	1.83*	88.5740	0.8
比较了解	0.4222	1.45	-5.015	-0.41	0.5707	1.50	40.19651	0.49
常数项	0.1897	0.38	135.171	3.29	-1.5567	-1.95	471.5085	2.39
	Wald chi2= 58.66;　Mill lambda= 62.5612				Wald chi2= 64.23;　Mill lambda= 250.5631			

注：*、**、***分别代表在10%、5%和1%的置信水平上显著。

表4—4中模型(1)描述的是影响农村居民参保行为的分析结果，模型(2)描述的是影响参保农村居民实际缴费额的分析结果，模型(3)描述的是影响农村居民参保意愿的分析结果，模型(4)描述的是影响农村居民能承受最高缴费额的分析结果。农村居民新型农村养老保险需求行为和潜在需求的Heckman两阶段模型的Wald chi-square Tests都在$\alpha = 0.01$水平上显著，说明模型拟合效果较好；同时，需求行为和潜在需求的Heckman两阶段模型逆米尔斯比都在统计上不显著，说明模型都不存在选择偏差。

第一，民族对农村居民新型农村养老保险需求的影响。从表4—4模型分析结果看，民族对农村居民的新型农村养老保险需求行为没有显著影响。其主要原因是，由于受老农保的影响以及新型农村养老保险制度实施时间不长，无论汉族农村居民还是少数民族农村居民对新型农村养老保险制度本身的可持续性还持观望态度，所以两者的新型农村养老保险需求行为没有显著差别。而民族对农村居民新型农村养老保险潜在需求的影响在$\alpha = 0.01$水平上统计显著，汉族农村居民能承受的最高缴费额比少数民族农村居民平均高435.1元。这主要源于两个方面的原因：一是因为少数民族农村居民受传统文化的影响更大些，他们普遍认为养老主要还得靠子女；二是因为汉族农村居民的收入整体上比少数民族农村居民收入高。调查样本中，汉族农村居民的人均纯收入平均值为2548.27元，少数民族农村居民的人均纯收入平均值为2486.62元。如果新型农村养老保险激励机制建立起来，那么汉族农村居民更愿意缴纳较高档次的费用。

第二，性别和年龄对农村居民新型农村养老保险需求的影响。从表4—4模型分析结果看，性别和年龄对农村居民的新型农村养老保险需求没有显著影响。

第三，受教育程度对农村居民新型农村养老保险需求的影响。从表4—4模型分析结果看，受教育程度对农村居民新型农村养老保险的需求行为和潜在需求都有显著影响。总体来看，受教育程度越高，参保的概率越高，缴纳和能够承受的最高额度也越高。这主要是由于受教育程度高的人接受新事物和新理念的能力普遍较强，而且他们的收入也普遍较高。

第四，家庭总人数和家庭人均纯收入对农村居民新型农村养老保险需求的影响。从表4—4模型分析结果看，家庭总人数和家庭人均纯收入两个因素都对农村居民的参保意愿在 $\alpha = 0.01$ 水平上统计显著。家庭总人数每增加1人，愿意参保的概率平均提高41.27%；家庭人均纯收入每提高100元，愿意参保的概率提高3%。而家庭总人数和家庭人均纯收入两个因素都对农村居民需求行为没有显著影响。这进一步表明，新型农村养老保险制度设计本身缺乏激励机制，还没有调动起农村居民参保的积极性。如果能设计出合理的激励机制，一定能吸引更多的农村居民参保。

第五，家中有无成员外出打工对农村居民新型农村养老保险需求的影响。从表4—4模型分析结果看，家中有无成员外出打工对农村居民实际缴费金额和能承受的最高缴费额在 $\alpha = 0.01$ 水平上统计显著。家中有成员外出打工的农村居民实际缴费金额比没有成员外出打工的农村居民高20.34元；家中有成员外出打工的农村居民能承受的最高缴费金额比没有成员外出打工的农村居民高135.7元。而家中有无成员外出打工对农村居民参保行为和参保意愿没有显著影响。

第六，所在地区对农村居民新型农村养老保险需求的影响。从表4—4模型分析结果看，所在区域对农村居民新型农村养老保险需求没有显著影响。可能的解释是此次调查的两个县都属于湖南省，两县新型农村养老保险的相关政策差别不大。

第七，政策了解程度对农村居民新型农村养老保险需求的影响。从表4—4模型分析结果看，政策了解程度对农村居民参保意愿有显著影响，即农村居民对新型农村养老保险政策了解得越清楚，其参保的意愿越强烈。但政策了解程度对农村居民参保行为没有显著影响，这从另一侧面说明基层政府在推行新型农村养老保险政策时，可能存在半强制或半诱惑的行为。

五、民族地区新型农村养老保险需求行为与潜在需求差异的原因

本研究通过对湖南省两个贫困民族自治县的调查，采用Heckman 两阶段模型分别对农村居民的新型农村养老保险需求行为和潜在需求的影响因素进行分析，结果表明，第一，农村居民参保行为与其意愿相背离。模型结果显示，虽然农村居民的家庭资源禀赋（如家庭总人数和家庭人均纯收入）越高越愿意参加新型农村养老保险，但不同家庭资源禀赋农村居民的参保行为并没有显著差异。虽然农村居民越了解新型农村养老保险政策，会越愿意参加新型农村养老保险，但对政策了解程度不同的农村居民参保行为并没有显著差异。部分试点地区在实际操作过程中，还存在诱导性或半强制性手段推行的现象。第二，农村居民缴费行为与其承受能力存在差异。模型结果显示，虽然个人特征和家庭资源禀赋不同的农村居民能承受最高缴费额不同，但其实际缴费额并没有显著差异。

目前新型农村养老保险政策具体实施过程中出现农村居民参保行为与其意愿相背离、缴费行为与其承受能力有差异的现象，主要源于两个方面的原因：第一，农村居民对新型农村养老保险制度的可持续性还持观望态度。一方面，由于新型农村养老保险刚刚实施，再加之受老农保的影响，农村居民对新型农村养老保险还心存疑虑；另一方面，农村居民普遍认为，新型农村养老保险政策虽好，但只能起到辅助作用，真正年老时还得靠子女养老。第二，新型农村养老保险制度没有建立起缴费激励机制。一方面，虽然调查地区规定新型农村养老保险参保人员缴费累计超过15年的，每多缴费一年，每月的基础养老金就增加0.5元。但这每月增加的0.5元太低，根本达不到激励的作用。很多中青年农村居民认为等到45岁时再参保也不迟。另一方面，无论农村居民缴纳哪个档次，政府的补贴都一样，所以农村居民缴纳较高档次的积极性也不高。

因此，地方政府应进一步加大宣传力度，注重宣传形式的多样性以及内容的准确性，逐步消除农村居民对新型农村养老保险制度的顾虑，同时还应不断完善制度设计，建立起激励机制，这样才能吸引农村居民特别是中青年多缴费、持续缴费。

第四节　民族地区新型农村养老保险制度供给的保障水平

建立新型农村养老保险制度是完善我国社会保障体系的一项重要内容，也是推动我国农村养老模式由家庭承担向家庭与社会共同承担转变的重大举措。在新型农村养老保险已实现全覆盖的情况下，如何提高新型农村养老保险制度的可存续性和保障能力已成为民族地区新型农村养老保险制度下一步管理的重点和难点。依据制度经济学的基本理论，影响制度运行的因素主要包括制度模式、财务机制和工作网络等三大方面。三大因素共同决定了民族地区新型农村养老保险制度保障能力的高低与制度的最终走向。

本研究依托 2011 年 7 月对湖南省通道侗族自治县和芷江侗族自治县的实地调研，拟从制度模式、财务机制、工作网络建设三个方面探讨民族地区新型农村养老保险制度的保障水平。

一、民族地区新型农村养老保险制度模式的保障水平

民族地区新型农村养老保险制度模式保障能力的高低取决于制度能否引导农民持续参保、长期参保，其可持续发展的核心是通过制度本身的吸引力，把尽可能多的农民吸纳到新型农村养老保险制度的保障体系中来，实现应保尽保。

调研结果显示，民族地区新型农村养老保险制度在制度的可存续方面存在明显缺陷。

（一）农户存在参保后又退保行为

新型农村养老保险是一项惠民政策，农民能真正得到实惠，

因此，自试点以来，各地农民参保积极性总体上来看比较高，参保率也持续增高。但是本研究调研发现，芷江侗族自治县出现了退保现象，2010年已缴费人数比2009年下降了三个百分点。

调查县区农民参保缴费率下降主要有三个原因：一是部分原来参加新型农村养老保险的人后来参加了城镇职工养老保险。有些农民虽然户口在农村，但是人在县城或市里就业，第一年参加新型农村养老保险后，发现待遇远不如城镇职工养老保险，觉得新型农村养老保险不划算，于是第二年就转为参加城镇职工养老保险。二是部分子女参保后又退保。由于国家实行"家庭联动缴费"制度，60周岁以上的老人其子女应该参保缴费。有些子女为了使父母能领取基础养老金，第一年只好先参保缴费，父母领取基础养老金后的第二年就停止缴费。三是外出打工人员，其返乡的时间时断时续，部分人回来时已经错过当年规定的缴费时间。即使个人缴费了，政府财政配套的补贴也无法进入个人账户，部分农民就选择了直接退保。

（二）部分年轻农民对参保存在等待、观望心态

本研究将农民按年龄进行细分后发现，45岁以上农民参保率普遍较高，而45岁以下青年农民参保积极性相对较低。例如，通道侗族自治县16—30岁应参保人员为34981人，只有25352人参保，参保率为72.47%；31—45岁应参保人员为46104人，只有37744人参保，参保率为81.87%；46—59岁应参保人数为36482人，有33127人参保缴费，参保率为90.8%。

本研究认为，由于国家政策规定，最低累计缴费15年后，60岁时就可以享受养老金待遇。这一制度设计使得16—45岁的农民觉得自己还年轻，等到45岁以后再参保缴费也不迟。虽然各地区大都制定了鼓励中青年农民长期参保缴费的政策，如调查两个民族自治县新型农村养老保险制度规定累计缴费超过15年的，每增加一年缴费，其基础养老金每月增加0.5元。

这种对长期缴费的人员在制度"出口"上实行加发的制度设计，

具有一定的导向作用。但由于增加额度太低，显然对农民的吸引力不够。

（三）新型农村养老保险制度的缴费档次过低，存在缴费档次下调现象

很多试点地区虽然参保率较高，但缴费档次普遍偏低。目前民族地区基本都规定新型农村养老保险缴费标准设每人每年 100 元、200 元、300 元、400 元、500 元五个档次。通道侗族自治县 2010 年参保缴费人员中，缴纳 100 元、200 元、300 元、400 元和 500 元五个档次的人员分别占 98.65%、0.62%、0.15%、0.04%、0.54%。芷江侗族自治县 2009 年参保缴费人员中，缴纳 100 元、200 元、300 元、400 元和 500 元五个档次的人员分别占 98.33%、0.58%、0.21%、0.06%、0.82%；2010 年参保缴费人员中，缴纳 100 元、200 元、300 元、400 元和 500 元五个档次的人员分别占 98.62%、0.51%、0.16%、0.05%、0.66%。

调研中发现，98% 以上的农民选择最低档次 100 元的原因主要有四个方面：

一是确实有一部分人家庭生活比较困难，只能拿出 100 元 / 人缴纳保费，甚至部分贫困家庭连 100 元都交不起，只能由当地政府按最低缴费档次 100 元代其缴纳部分或全部养老保险费。

二是由于新型农村养老保险制度刚刚实施，不少农民对政策不够了解，对新型农村养老保险政策可持续性还持观望态度，所以"先交 100 元以后再说"。

三是农民缴费金额的算法与政府缴费金额的算法不一样。由于新型农村养老保险的缴费是以户为单位的，有些家庭一年缴 500 元可能没有问题。但是对一个四口之家来说，一年总共需要缴纳 2000 元，有些家庭甚至是五六口人一起生活，况且要到十几年甚至几十年后才能受益，对于这类家庭就不愿意多缴纳。

四是制度设计激励机制不够。虽然国家规定了多缴多得、缴费年限越长补贴越多的奖励政策，但有些县市由于财政紧张，并没有对选择高档次的人员增加补贴。有些县市即使有补贴，补贴奖励的额度不大，对农民的吸引力不够。因此，对于家庭收入相对较高的农民来说，选择高档次的积极性不大。如调查中芷江侗族自治县2009年缴纳500元／人／年的有1098人，第二年人数就减少到850人，即22.59%的人选择了降低缴费档次。

二、民族地区新型农村养老保险财务机制的保障水平

新型农村养老保险财务机制的保障能力主要涉及新型农村养老保险制度的筹资能力和资金的运行监管能力，避免未来可能出现的资金支付危机。从目前的政策设计来看，新型农村养老保险制度的筹资机制采用了"个人缴费、集体补助、财政补贴"相结合的模式。但由于民族地区农村集体经济弱化，根本没有能力为新型农村养老保险制度提供资助。因此，民族地区新型农村养老保险制度的筹集资金主要来源于政府（中央政府和地方政府）补贴和个人缴费两大渠道。

（一）中央财政补贴在本质上属于社会福利的范畴

中央政府财政给予补贴是"新农保"与"老农保"的本质区别。目前，中央政府财政补贴的重点是"补出口"，即符合领取养老金条件参保人员的基础养老金由中央财政全额补助，标准为每人每月55元。

按照2008年全国各地区的农村人口数和60岁及以上的农村人口数可以计算出中央财政一年补贴新型农村养老保险的数额约为535.0838亿元，占中央财政收入（32680.56亿元）的1.64%。因此，中央财政对新型农村养老保险的资金供给并不存在太多风险。但客观而言，目前的55元／月的基础养老金保障水平过低，在本质上应该属于国家福利的范畴，在筹资水平和保障能力上还没有达到养老保险的本质要求。

（二）县级政府财政的长期资金供给能力存在风险

新型农村养老保险制度的地方财政补贴由省、市、县三级财政分担。就财政支付能力和补偿比例来看，省、市两级财政对新型农村养老保险的长期财政补贴支付风险较小。但在我国民族地区，县级财政为新型农村养老保险配套补助资金的可持续性显然存在巨大压力。

在地方政府的财政负担方面，通道侗族自治县规定除基础养老金由中央财政全额补助外，省级财政对参保人员缴费给予每人每年18元补贴，县级财政给予每人每年12元补助。对农村"五保户"、低保户中的重度残疾人，由县政府按每人每年100元档次代其缴纳养老保险费。其他农村困难群体按最低缴费档次100元由县级政府代其缴纳部分养老保险费。其中，一类低保户、非低保户中的重度残疾人按每人每年50元代其缴纳养老保险费；二类低保户按每人每年40元代其缴纳养老保险费；三类低保户按每人30元／年代其缴纳养老保险费；轻度残疾人按每人20元／年代其缴纳养老保险费。

按照上述规定，通道侗族自治县60周岁以上领取养老金的人数为27470人。由中央财政出资应发放基础养老金1813.02万元；省级财政为16—59岁参保缴费的人员进行补贴，共计1731366元；县级财政为16—59岁参保缴费的人员进行补贴1154244元，由县级财政代缴的费用为186600元，合计1340844元。中央财政、省级财政、县级财政为新型农村养老保险补贴的比例为8.6∶0.9∶0.7。

但以通道侗族自治县为例，如果16—59周岁应参保而未参保的人员也全部缴费，县财政需为新型农村养老保险增加配套经费257136元／年。那么，县级财政为新型农村养老保险参保人员发放的补贴和代缴费用将达到1597980元，仅这部分费用就占全县财政总收入的1.17%。显然，无论未来新型农村养老保险制度的保障标准是否逐年调高，民族地区县级财政的可持续支付能力必然制约新型农村养老保险筹资机制的可持续发展。

更值得注意的是农民长寿后带来的资金支付风险。目前国家规定新型农村养老保险养老金待遇由基础养老金与个人账户养老金两部分组成，中西部地区农村老人的基础养老金由中央政府全额补贴。个人账户基础养老金月计发标准为个人账户全部储存额除以

139。年满 60 周岁的次月起按月领取养老金，支付终身。这就意味着农民在 71.6 岁后个人账户上的储蓄额就用完了，71.6 岁后每月领取的养老金全部是由地方政府出资补贴。

例如，某新型农村养老保险参保人按 100 元 / 年标准缴费，共缴费 15 年，每缴费一年地方政府补贴 30 元，个人账户按 2.5% 计息。年满 60 周岁时，其个人账户储存额为 2389.44 元，个人账户养老金为每月 17.19 元，基础养老金为每月 55 元，总的养老金为 72.19 元，年养老金标准为 866.24 元。那么在其 71.6 岁后，每月领取的基础养老金 55 元还是由中央政府补贴，但是每月的 72.19 元由哪一级政府财政补贴呢？虽然 72 岁前若参保人死亡，个人账户中的政府补贴余额用于继续支付其他参保人的养老金。但这部分钱不足以补足 72 岁以上老人的养老金。不足的部分如果全部由县级财政出资，对县级财政来说将是一种沉重的压力。由于目前新型农村养老保险制度刚开始试点，未来的长寿风险补偿问题还没有引起各级政府的重视，为了确保新型农村养老保险制度的可持续发展，中央政府应进一步明确责任的主体及支付的方式。

(三) 农民个人缴费能力

1. 新型农村养老保险制度设计中农户的预期受益水平

根据新型农村养老保险制度缴费方式和支付方式的规定，不同缴费档次下 60 岁后农户领取的养老金水平差别较大。[①]

表 4—5 描述的是每年缴费 100 元不同缴费年限在利率为 2.5% 的条件下应领取的养老金。若缴纳 15 年，60 周岁开始领取养老金，2 年内 (即 62 岁时) 的收益已经等于农户前 15 年自己缴纳的费用的总和。62 岁后每月领取的 72.19 元养老金纯属额外收益。若缴纳 25 年，60 周岁开始领取，2.5 年内 (即 62.5 岁时) 的收益已经等于农户前 25 年自己缴纳的费用的总和。62.5 岁后每月领取的 92.75

---

① 注：(1) 月养老金 = 基础养老金 + 个人账户养老金；(2) 个人账户养老金 = 个人账户储存额 139；基础养老金 =55 元 / 月；(3) 累计缴费超过 15 年的，每增加一年缴费，其基础养老金每月增加 0.5 元。

元养老金纯属额外收益。

表4—5　每年缴费100元不同缴费年限应领取的养老金

缴费年限	每年缴费金额	加上政府补贴后总金额	一年利率	利息	个人账户储存额	个人账户养老金	月养老金	年养老金
1 年	100	130	2.5%	3.25	133.25	0.96	55.96	671.5
5 年	500	650	2.5%	17.08	700.41	5.04	60.04	720.47
10 年	1000	1300	2.5%	36.41	1492.85	10.74	65.74	788.88
15 年	1500	1950	2.5%	58.28	2389.44	17.19	72.19	866.28
20 年	2000	2600	2.5%	83.02	3403.85	24.49	81.99	983.86
25 年	2500	3250	2.5%	111.01	4551.56	32.75	92.75	1112.94

表4—6描述的是每年缴费500元不同缴费年限在利率为2.5%的条件下应领取的养老金。若缴纳15年，60周岁开始领取养老金，5年内（即65岁时）的收益已经等于农户前15年自己缴纳的费用的总和。65岁后每月领取的125.08元养老金纯属额外收益。若缴纳25年，60周岁开始领取，5.5年内（即65.5岁时）的收益已经等于农户前25年自己缴纳的费用的总和。65.5岁后每月领取的193.5元养老金纯属额外收益。

表4—6　每年缴费500元不同缴费年限应领取的养老金

缴费年限	每年缴费金额	加上政府补贴后总金额	一年利率	利息	个人账户储存额	个人账户养老金	月养老金	年养老金
1 年	500	530	2.5%	13.25	543.25	3.91	58.91	706.90
5 年	2500	2650	2.5%	69.65	2855.50	20.54	75.54	906.52
10 年	5000	5300	2.5%	148.44	6086.23	43.79	98.79	1185.43
15 年	7500	7950	2.5%	237.60	9741.52	70.08	125.08	1500.99
20 年	10000	10600	2.5%	338.47	13877.14	99.84	157.34	1888.03
25 年	12500	13250	2.5%	452.59	18556.21	133.50	193.50	2321.97

2. 农户实际的缴费能力和缴费档次选择

从调研中可以发现，民族地区农户对于不同缴费档次的受益水平基本了解，但对新型农村养老保险制度的可持续性持怀疑态度。农民收入状况直接决定了民族地区农民是否参加新型农村养老保险以及缴费的档次。

我国民族地区农村居民贫困发生率普遍较高。本次调研结果也显示，虽然近年来调查的两个贫困民族自治县的农村居民收入稳定增长，但两县农民的人均纯收入和人均生活消费支出并不高（见表4—7）。

表4—7　两贫困县农村居民人均纯收入和人均生活消费支出（元／年）

调查地区	人均纯收入					人均生活消费支出			
	2006年	2007年	2008年	2009年	2010年	2007年	2008年	2009年	2010年
通道县	1482	1578	1756	2028	2501	1162	1168	1504.7	1979
芷江县	1810	2186	2363	2528	3513	—	—	—	2771

通道侗族自治县2010年农村居民人均纯收入仅为2501元，其中1979元用于维持基本生活需要，仅剩522元可以作为他用。对于一个参加新型农村养老保险的四口之家而言，一个家庭每年最低要缴纳新型农村养老保险费400元，占其家庭纯收入的16%左右；如果每人每年缴纳200元，四个人一年要缴纳保险费800元，占其家庭纯收入的32%左右。因此，新型农村养老保险制度中100元／人／年以上的缴费档次是调查地区中很多贫困和低收入农村家庭无法承受的。

三、民族地区新型农村养老保险工作网络的保障水平

健全的网络服务和工作平台是持续有序推进新型农村养老保险制度的基础。在新型农村养老保险制度进入常态化管理以后，参保人员的信息变更、生存状况调查、基金运行和管理工作十分繁重。

但在调研中发现，目前民族地区新型农村养老保险经办机构服务供给明显滞后，政府对农民提供的服务供给远远满足不了农民对新型农村养老保险的服务需求。这一供需矛盾延缓了民族地区新型农村养老保险制度推进的速度，成为效率提高的瓶颈。

新型农村养老保险制度的工作网络包括硬件和软件两大方面。硬件主要是指各级经办机构的办公场地、办公设备、新型农村养老保险专用系统软件使用情况等；软件主要是指人员的配备、业务培训、经办人员的工作能力等。

（一）新型农村养老保险工作网络硬件建设的保障水平

从目前民族地区新型农村养老保险服务体系的硬件来看，基本能保证新型农村养老保险缴费人员基本信息、缴费金额和缴费时间等信息的采集和审核。

例如，通道侗族自治县专门成立了新型农村养老保险经办机构——农村社会养老保险管理服务中心（简称新型农村养老保险中心）。该中心是县人力资源和社会保障局二级事业机构，为全额拨款事业单位。该机构成立之初，参照其他二级机构，为副科级架构，目前正按程序报市编办批复。中心内部机构设置"六岗一室"，六岗是指负责人、基金征缴、个人账户管理、参保管理、待遇核发、财务管理，一室是指办公室。

（二）新型农村养老保险工作网络软件建设的保障水平

从软件建设方面看，民族地区新型农村养老保险服务体系中人员配备还远达不到新型农村养老保险工作的需要，大大增加了保费征缴、生存认证和实地稽核的难度。

例如，通道侗族自治县的县新型农村养老保险中心编制工作人员有 8 人，服务人次比达到 1:14696，而乡镇一级和村一级从事新型农村养老保险工作的人员均为兼职人员。芷江侗族自治县2009 年县新型农村养老保险中心编制 10 人，实到 8 人，2010 年编制 11 人，实到 11 人，服务人次比达到 1:14636。乡镇劳动保障站联络员 28 人，其中只有 1 个乡镇的联络员是专职人员，其余都是乡镇干部兼职。村联络员 303 人，都是由村文书兼职。

由于两个县都是民族自治县，属于少数民族聚居地，地处偏远，且村与村之间、组与组之间距离较远，保费收缴难度较大。目前，由于农村居住地理环境和农民生产生活实际等原因，对新型农村养老保险保费的收缴，主要采取由乡镇和村协办员批量代收的方式，而且这种方式还将在较长的时间继续使用。这无形中增加了乡镇和村一级协办员的工作量，作为兼职人员的乡镇和村协办员远不能满足实际工作的需要。对领取养老金待遇人员的生存认证工作跟不上，死亡的申报、迟报、漏报现象时有发生，这也对基金稽核退款造成很大不便。

因此，民族地区基层人员的配备，尤其是乡镇和村级人员配备已成为制约新型农村养老保险试点工作健康、稳定和有序开展的瓶颈，强化社会保障平台建设刻不容缓。

四、提高民族地区新型农村养老保险保障水平的政策建议

从各地的政策实践效果来看，目前全国开展实施的新型农村养老保险制度，逐步改变了农村传统的生育和养儿防老观念，解决了广大农民尤其是中青年农民的后顾之忧，促进了部分地方征地拆迁项目的顺利实施。但客观而言，现阶段新型农村养老保险制度在制度模式、财务机制、工作网络等多个方面都存在缺陷，显著影响了该制度的保障能力及其对参保人的吸引力。后续的新型农村养老保险制度应该在以下方面进行改革和完善。

（一）提高新型农村养老保险制度的吸引力

虽然各试点地区大都制定了鼓励中青年农民长期参保缴费的政策，如通道侗族自治县新型农村养老保险制度规定累计缴费超过 15 年的，每增加一年缴费，其基础养老金每月增加 0.5 元。但由于增加额度太低，对农民的吸引力显然不够。结果就出现了 16—45 岁的农民觉得自己还年轻，等到 45 岁以后再参保缴费也不迟的"逆向选择"现象，以及选择高档次缴费额度后又降低额度的行为。

在这方面，本研究认为，新型农村养老保险制度可以借鉴城镇居民医疗保险中个人账户的运行机理。[①]例如，可以规定新型农村养老保险参保人员连续缴费每满5年的，其退休后的基础养老金比例可在原有基础上提高2%，但提高比例最多不超过10%。甚至在时机成熟时，可以规定，缴费档次越高，基础养老金的基数越高，连续缴费后的提升比例也相应提高（如3%）等，进而引导、鼓励农户连续参保、高档次高额度参保。

（二）延迟农户缴费周期，建立子女缴费参保与父母享受待遇的联动机制

首先，针对外出打工人员，可以考虑适当延长其缴费参保的频率和周期。例如，一年可以两次缴费，或一年半内可以一次缴费等，以解决农民工返乡时间的时断时续，部分人回来时已经错过当年规定缴费时间的问题。

其次，针对部分子女参保后又退保的现象，制度设计可以考虑延长"家庭联动缴费"的周期。例如，可以规定，子女连续缴费满10年的，其父母无论是否缴费都可以领取基础养老金。但如果子女中间断缴的，其父母领取的基础养老金应减半或取消，以进一步降低参保人的"逆向选择"行为。

（三）中央和省级政府加强对民族地区县级政府新型农村养老保险保障水平的帮扶

新型农村养老保险是以县为单位进行资金统筹和管理的，县级政府是否具有更强的服务意识，将是能否提高农民受益水平的关键。现实中，县政府在新型农村养老保险制度中承担了大量的公共事务。首先，取消农业税等税种使县级政府收入大幅度减少，新型农村养老保险制度又要求省、市、县必须配套资金的情况下，还要负责新型农村养老保险办公经费的筹措。其次，县级政府的服务意识

---

① 城镇居民基本医疗保险规定，参保人员连续缴费满5年的，其住院报销比例每年可提高2%，但提高比例最多不超过10%。

和重视程度决定了县、乡、镇、村一体化的新型农村养老保险工作网络的建设水平，包括各级定点新型农村养老保险服务体系的建立与监督，人员编制、人员配备与信息平台建设水平等。

因此，一方面应逐步提高中央财政在中央、省级和县级财政中为新型农村养老保险的补贴比例，尤其是对于新型农村养老保险制度中的长寿风险（即72岁以上老人的个人账户养老金）应由中央财政和省级财政给予适当的支持。另一方面，应加快基层劳动保障平台建设。基层业务经办是新型农村养老保险试点工作的重点和难点之一，而业务经办的重点又在于基础工作是否扎实有效。由于新型农村养老保险工作涉及到具体的农户，其参保缴费、生存认证和基金稽核等工作都在村、组，线长面广，需要一支相对稳定的专门人员来落实。这就需要构建新型农村养老保险工作长效机制，搭建县农保中心—乡镇劳动保障所—村级协管员三级劳动保障平台。此外，如何使基层新型农村养老保险工作人员系统而全面地了解开展新型农村养老保险试点工作的全过程，准确把握政策，较快熟悉经办规程和业务流程，对参保缴费人员和待遇领取人员提供更方便、快捷、动态的业务经办服务，是民族地区新型农村养老保险经办管理者的一个重要课题。

第五章
民族地区新型农村合作医疗疾病风险分担机制

  2002 年 10 月中共中央、国务院发布的《关于进一步加强农村卫生工作的决定》明确指出："各级政府要积极组织引导农民建立以大病统筹为主的新型农村合作医疗制度，重点解决农民因患传染病、地方病等大病而出现的因病致贫、因病返贫问题。"《决定》同时指出，"农村合作医疗制度在实施过程中，应与当地经济社会发展水平、农民经济承受能力相适应，坚持自愿原则，实行农民个人缴费、集体扶持和政府资助相结合的筹资机制"[①]。新型农村合作医疗的实施，对于提高农民健康水平、促进农村经济发展、维护社会稳定具有重要的作用。民族地区经济发展落后、医疗服务水平低、自然灾害频发、地方病和传染病严重等诸多问题影响了新型农村合作医疗制度的构建和完善。因此，发现民族地区新型农村合作医疗存在的问题，探明民族地区新型农村合作医疗制度目标的实现路径，分析影响民族地区新型农村合作医疗满意度的因素，构建以需求为导向的民族地区新型农村合作医疗制度，对于提高民族地区农村居民健康水平，促进民族地区经济发展和维持民族地区社会稳定具有重要的意义。

  [①] 国务院办公厅：《中共中央、国务院关于进一步加强农村卫生工作的决定》，中央政府门户网，http://www.gov.cn/gongbao/content/2002/content_61818.htm，2002-10-19。

第一节　民族地区新型农村合作医疗运行现状

我国 2003 年实施新型农村合作医疗制度以来，虽然在解决民族地区农村居民"看病难"和"看病贵"问题上取得了一定的成效，但在其运行过程中还存在诸多问题，无法完全满足民族地区农村居民医疗保险的需求。要解决民族地区新型农村合作医疗制度中存在的问题，需要摸清新型农村合作医疗运行状况，并采取针对性措施改进和完善民族地区新型农村合作医疗制度，推进新型农村合作医疗可持续发展。

一、新型农村合作医疗的改革与创新

改革开放以前，我国政府实行了集体互助的农村合作医疗制度，这一制度在维持和提高农村居民医疗健康水平中起到了积极作用。随着改革开放，社会主义市场经济体制逐步建立，以集体互助为主体的农村合作医疗制度无法适应新的经济环境，长期处于低迷状态。农村地区经济发展相对落后，"看病难"和"看病贵"的问题一直困扰着广大农村居民，因病致贫和因贫返病不但影响了农村居民身体健康，也制约了经济的可持续发展。为了提高农村居民健康的保障水平，2002 年中共中央、国务院发布了《关于进一步加强农村卫生工作的决定》，标志着以大病统筹为主的新型农村合作医疗制度的建立。次年，卫生部、财政部和农业部联合发布的《关于建立新型农村合作医疗制度的意见》明确指出，"2003 年开始在部分地区进行试点，到 2010 年新型农村合作医疗制度要基本覆盖农村居民，减轻农民因疾病带来的经济负担，提高健康水平"[①]。与传统农村合作医疗制度相比，新型农村合作医疗制度进行了重大改进和创

[①]　卫生部、财政部、农业部：《关于建立新型农村合作医疗制度的意见》，中央政府门户网，http://www.gov.cn/zwgk/2005-08/12/content_21850.htm，2003-01-10。

新，主要表现在以下几个方面。

（一）制度模式创新

新型农村合作医疗制度是由政府组织、引导、支持，农民自愿参加，个人、集体和政府多方筹资，以大病统筹为主的农民医疗互助共济制度。农民以家庭为单位自愿参加新型农村合作医疗；乡（镇）、村集体要给予资金扶持；中央和地方各级财政每年要安排一定专项资金予以支持。新型农村合作医疗制度坚持以收定支，收支平衡的原则，既保证这项制度持续有效运行，又使农民能够享有最基本的医疗服务。[①]新型农村合作医疗制度克服了"老农保"小范围互助合作与集体保障性质的低水平合作，适合社会主义市场经济环境，是具有较高社会化程度的多方筹资医疗社会保障制度。

（二）筹资机制创新

新型农村合作医疗筹资机制包括筹集资金数量，资金来源，国家、集体和个人各自所占比例以及筹资方式等方面，其创新之处主要包括以下四点（张琴，2008）。第一，新型农村合作医疗首次明确了政府的筹资责任，从传统合作医疗转变为国家社会保险，使国家财政从幕后走向了台前。第二，规定了筹资最低标准。随着经济发展水平的不断提高，筹资标准也在不断变化。2012年，卫生部、财政部和民政部在《关于做好2012年新型农村合作医疗工作的通知》中指出："2012年起，各级财政对新型农村合作医疗的补助标准从每人每年200元提高到每人每年240元。其中，原有200元部分，中央财政继续按照原有补助标准给予补助。新增40元部分，中央财政对西部地区补助80%，对中部地区补助60%，对东部地区按一定比例补助。农民个人缴费原则上提高到每人每年60元，有困

---

① 卫生部、财政部、农业部：《关于建立新型农村合作医疗制度的意见》，中央政府门户网，http://www.gov.cn/zwgk/2005-08/12/content_21850.htm，2003-01-10。

难的地区，个人缴费部分可分两年到位。"[①]第三，坚持农民自愿原则。不同收入水平的农村居民对于医疗服务的需求存在差异，自愿原则体现了新型农村合作医疗对农民自主权的尊重，也符合我国农村经济发展水平和农村居民的实际情况。第四，提升了筹资层次。新型农村合作医疗采取以县为单位的社会筹统方式，改变了传统农村合作医疗村办村管、村办乡管、乡办乡管的低层次统筹方式，增强了新型农村合作医疗基金抗风险的能力。

（三）基金管理与监督改革

国家对新型农村合作医疗基金的管理与监督进行了规范，主要包括四个方面。一是新型农村合作医疗基金的预算和决算工作。有计划地进行基金收支管理，加强基金预算约束力，收支透明化，做到公平、公正、公开。二是各级财政补助资金的落实工作。按规定向财政部申请补助金并将补助资金足额、及时发放给农民。三是新型农村合作医疗基金管理工作。控制基金累计结余，防范基金风险和保持基金收支平衡。根据医疗改革的新情况创新基金监管制度，确保安全合理地使用新型农村合作医疗基金。四是新型农村合作医疗基金监管工作。在国家机关加强监管的同时，鼓励会计师事务所等社会机构对基金进行审计，同时完善相关的法律制度，对骗取基金的违法行为予以严惩，重大案件及时上报中央。

（四）政府角色转变

在新型农村合作医疗制度中，以政府为主导，以市场为手段，政府突破了在"老农合"中作为单一的组织者的角色，转变为集组织、出资、筹资、监督为一体的全方位管理者。农业部、财政部和卫生部联合发布的《关于建立新型农村合作医疗制度意见》指出，中央和地方政府部门将对新型农村合作医疗的开展进行更大范围资助，

---

① 卫生部、财政部、民政部：《关于做好 2012 年新型农村合作医疗工作的通知》，财政部门户网，http://www.mof.gov.cn/zhengwuxinxi/bulinggonggao/tongzhitonggao/201205/t20120528_654516.html，2012-05-17。

这增强了农民参加新型农村合作医疗的信心，充分体现了农民自愿参加的原则；通过中央和地方政府资助中西部地区农民参加新型农村合作医疗，解决了原来以农民个人出资为主体的老农合资金难以到位问题。[①]

二、民族地区新型农村合作医疗的实施状况

新型农村合作医疗制度是我国市场经济时期的初级医疗保险制度，它结合我国农村发展的实际需求，借鉴城镇职工医疗保险制度实施的成功经验，成为具有中国特色的农村医疗保险制度。2012年中国卫生和计划生育事业发展统计公报数据显示，截至2012年年底，全国开展新型农村合作医疗的县（市、区）共有2566个，参合人口为8.05亿人，参合率达到98.3%；全国新型农村合作医疗筹资总额为2484.7亿元，人均筹资标准为308.5元，较2011年增加62.3元，基金支出2408.0亿元，结余率为3.1%，收支基本平衡；补偿支出受益17.45亿人次，其中普通门诊补偿15.41亿人次，住院补偿0.85亿人次。[②]

（一）内蒙古自治区新型农村合作医疗实施状况

内蒙古自治区2011年参加新型农村合作医疗的县（市、区）共有96个，新型农村合作医疗参合人口为1240.2万人，人均筹资246.4元，全年筹资总额为30.56亿元，补偿受益人数为835万人次。内蒙古自治区卫生厅发布的《2013年新型农村牧区合作医疗补偿方案指导意见》指出，2013年地方各级政府将新型农村合作医疗补助资金的标准提高到280元，较2012年增加40元，中央财政对新增部分补助80%。其中，中央财政补助188元，地方财政补助

[①] 卫生部、财政部、农业部：《关于建立新型农村合作医疗制度的意见》，中央政府门户网，http://www.gov.cn/zwgk/2005-08/12/content_21850.htm，2003-01-10。

[②] 国家卫生和计划生育委员会：《中国卫生和计划事业发展统计公报》，http://www.nhfpc.gov.cn/mohwsbwstjxxzx/s7967/201306/fe0b764da4f74b858eb55264572eab92.html，2013-06-19。

92 元，按照原有比例分配到自治区、盟市和旗县（市、区），分别为 46 元、23 元和 23 元；自治区财政对人口在 6 万以下的农牧业旗县每人每年增加 20 元补助，农牧区居民个人筹资不得低于 60 元，人均筹资标准将达到 340 元。[①]

（二）新疆维吾尔自治区新型农村合作医疗实施状况

2011 年新疆维吾尔自治区参加新型农村合作医疗的县（市、区）共有 89 个，新型农村合作医疗参合人口为 0.11 亿人，人均筹资 238.17 元，全年筹资总额为 25.03 亿元，补偿受益人数为 0.11 亿人次。2012 年新疆维吾尔自治区新型农村合作医疗财政补助标准提高到每人每年 250 元，较 2011 年增长了 25%，新型农村合作医疗参合率已达到 99.7%。[②]新疆维吾尔自治区人民政府办公厅发布的《自治区 2013 年深化医药卫生体制改革主要工作安排》中指出，2013 年新型农村合作医疗政府补助标准将提高到每人每年 290 元，对于政策范围内的住院费用，中央和地方财政补贴 75% 左右。[③]

（三）广西壮族自治区新型农村合作医疗实施状况

广西壮族自治区 2011 年参加新型农村合作医疗的县（市、区）共有 106 个，新型农村合作医疗参合人口为 0.4 亿人，人均筹资 230.64 元，全年筹资总额为 91.18 亿元，补偿受益人数为 0.32 亿人次。广西壮族自治区人力资源和社会保障厅、发展和改革委员会印发的《广西壮族自治区统筹城乡就业和社会保障事业发展"十二五"规划》指出，广西壮族自治区新型农村合作医疗制度已实现全区覆盖，比 2005 年增加了 3327.14 万人，参合率从 57.76%

---

①　内蒙古自治区卫生厅：《内蒙古自治区2013年新型农村牧区合作医疗补偿方案指导意见》，http://www.nmwst.gov.cn/html/ywlm/nongmuweisheng/zhengcexinxi/201301/21-56090.html，2013-01-21。

②　努尔·白克力：《2012 年政府工作报告》，新疆维吾尔自治区政府门户网，http://egov.xinjiang.gov.cn/xxgk/gzbg/zfgzbg/2013/213737.htm，2013-01-26。

③　新疆维吾尔自治区人民政府办公厅：《自治区 2013 年深化医药卫生体制改革主要工作安排》，新疆维吾尔自治区政府门户网，http://egov.xinjiang.gov.cn/xxgk/gwgb/zfwj/2013/226399.htm，2013-9-12。

提高到 93.11%，计划到 2015 年，新型农村合作医疗参合率达到 95% 以上。[①]

（四）宁夏回族自治区新型农村合作医疗实施状况

宁夏回族自治区 2011 年参加新型农村合作医疗的县（市、区）共有 21 个，新型农村合作医疗参合人口为 0.04 亿人，人均筹资 237.02 元，全年筹资总额为 8.78 亿元，补偿受益人数为 0.07 亿人次。宁夏回族自治区人民政府印发的《关于宁夏回族自治区卫生事业发展"十二五"规划的通知》中指出，截至 2010 年末，宁夏新型农村合作医疗已经基本实现全区覆盖；到 2015 年，新型农村合作医疗报销个人自付比例下降到 35% 左右。[②]

（五）西藏自治区新型农村合作医疗实施状况

西藏自治区 2011 年参加新型农村合作医疗的县（市、区）共有 73 个，新型农村合作医疗参合人口为 0.02 亿人，人均筹资 282.83 元，全年筹资总额为 6.67 亿元，补偿受益人数为 0.04 亿人次。2012 年 11 月西藏自治区政府颁布的《西藏自治区农牧区医疗管理办法》指出，新型农村合作医疗基金调整为大病统筹基金、医疗风险基金和门诊家庭账户基金三大类，其中，大病统筹基金占 60%~70%，医疗风险基金按国家标准仍占 2%，家庭账户基金比例为 28%~38%。[③]西藏自治区对所有农牧民实行免费医疗的特殊政策，同时鼓励农民参与筹资，如缴纳个人筹资的参合者在乡（镇）定点医疗机构的住院费用可报销 90%，县（市、区）医疗机构可报销 85%，地（市）及以上的大病统筹基金中可报销 70%；而未缴纳个人筹资的参合者在乡镇定点医疗机构中只能报销 70%，县市区

---

① 广西壮族自治区人力资源和社会保障厅、发展和改革委员会：《广西壮族自治区统筹城乡就业和社会保障事业发展"十二五"规划》，http://www.gx.lss.gov.cn/26/2012_10_24/26_14397_1351061709984.htm，2011-12-02。

② 宁夏回族自治区人民政府：《宁夏回族自治区卫生事业发展"十二五"规划的通知》，http://govinfo.nlc.gov.cn/nxfz/zfgb/201220/201210/t20121025_2938539.html?classid=443;434.htm，2012-09-05。

③ 西藏自治区人民政府：《西藏自治区农牧区医疗管理办法》，国务院法制办公室门户网，http://www.chinalaw.gov.cn/article/fgkd/xfg/dfzfgz/201303/20130300384572.shtml，2013-03-04。

医疗机构中可报销 65%，地（市）及以上的大病统筹基金中只能报销 50%。[①]

（六）贵州省新型农村合作医疗实施状况

2011 年贵州省参加新型农村合作医疗的县（市、区）共有 88 个，新型农村合作医疗参合人口为 0.31 亿人，人均筹资 225.35 元，全年筹资总额为 69.29 亿元，补偿受益人数为 0.44 亿人次。贵州省人力资源和保障厅印发的《贵州省"十二五"完善社会保障专项规划》中指出，贵州省新型农村合作医疗参合率达到 96.28%，中央资助 939.87 万城乡困难群众参加城镇居民医疗保险和新型农村合作医疗，预期到 2015 年参合率保持在 98% 以上，将住院费用报销比例由 2010 年的 47% 提高到 60% 以上。[②]

（七）云南省新型农村合作医疗实施状况

2011 年云南省参加新型农村合作医疗的县（市、区）共有 127 个，新型农村合作医疗参合人口为 0.35 亿人，人均筹资 234.02 元，全年筹资总额为 80.88 亿元，补偿受益人数为 0.79 亿人次。2013 年云南省公布的《云南省深化医药卫生体制改革工作报告》中指出，云南省从 2009 年到 2012 年，用于医改的投入资金达到 679.12 亿元，新型农村合作医疗政府补助标准提高到每人每年 280 元，对于政策范围内的住院费用，中央和地方财政部补助 75%，率先实行异地持卡就医购药体系。[③]

（八）青海省新型农村合作医疗实施状况

2011 年青海省参加新型农村合作医疗的县（市、区）共有 39 个，新型农村合作医疗参合人口为 0.03 亿人，人均筹资 269.13 元，全

①　西藏自治区人民政府：《西藏自治区农牧区医疗管理办法》，中国政府法律信息网，http://www.chinalaw.gov.cn/article/fgkd/xfg/dfzfgz/201303/20130300384572.shtml，2013-03-04。

②　贵州省发展改革委员会：《贵州省"十二五"完善社会保障专项规划》，http://www.gzgov.gov.cn/xxgk/ghjh/zxgh/74973.htm，2013-02-02。

③　云南省人大常委会办公厅：《云南省深化医药卫生体制改革工作报告》，云南省人大常委会门户网，http://www.srd.yn.gov.cn/ynrdcwh/10131087055530478592/20130828/249433.html，2013-08-28。

年筹资总额为 9.36 亿元，补偿受益人数为 0.02 亿人次。2012 年全省参加新型农村合作医疗的农牧民达到 352.65 万人，参合率为98.3%，农牧民个人缴费标准为 40 元；2012 年新型农村合作医疗人均筹资标准为 400 元，其中中央财政资助从每人每年 124 元提高到每人每年 156 元，省级财政资助由每人每年 120 元提高到每人每年 174.4 元，州（地、市）、县（市、区）财政补助资金由每人每年8 元提高到每人每年 14.8 元；政策范围内省、州（县）、乡定点医疗机构的住院费用报销比例分别为 70%、80%、90%，最高支付限额为10 万元。[①]

三、民族地区新型农村合作医疗存在的难点问题

本研究在调查中发现，目前民族地区在实施新型农村合作医疗制度过程中还存在一些难点问题，如提高农民参保积极性、设计筹资模式、完善农村基层医疗服务网络等。这些问题的解决，对于促进民族地区新型农村合作医疗政策发展具有重要的现实意义。

（一）提高农民参保积极性

由于历史和现实诸多原因，民族地区教育水平落后，农村居民文化素质相对偏低，这使得农村居民对新型农村合作医疗政策的相关内容难以理解。新型农村合作医疗采取自愿参保原则，农村居民对政策不了解加之部分基层工作人员为了完成参合率误读新型农村合作医疗政策，影响了农村居民对新型农村合作医疗政策的满意度，使得一部分农村居民不愿参加或者退出新型农村合作医疗。调查过程中发现，由于健康教育和新型农村合作医疗政策宣传不到位，很多农村居民在对待疾病上还存在侥幸心理，有病抗一抗和认为自己不会生病的人还占有相当多的比例，降低了新型农村合作医疗的吸引力，影响了参合率。如何提高新型农村合作医疗政策和相

---

① 青海省卫生和计划生育委员会：《青海省 2012 年农村卫生工作总结及 2013 年工作要点》，青海省卫生和计划生育委员会门户网，http://www.qhwst.gov.cn/zwgk/xxgkml/ncws/2013/07/05/1373005233509.html，2013-07-05。

关健康教育的宣传工作效果，使政策的优越性为广大民族地区农村居民所熟知，成为民族地区实施新型农村合作医疗政策需要解决的难点之一。

(二) 设计新型农村合作医疗资金筹资模式

筹资困难是新型农村合作医疗实施过程中各地普遍面临的问题，民族地区更为严重。新型农村合作医疗实行的是以政府资助、集体扶持和个人缴费相结合的筹资和补偿模式。但是目前新型农村合作医疗筹资和补偿机制没有制度化、系统化，大部分地区地方财政补偿和中央财政补偿是建立在农民自筹资金到位的基础上。由于民族地区农民受教育水平低，对新型农村合作医疗的认识不够，参合意识不强，加上农民的个人收入极不稳定，在满足农民自身基本生活需求之后很难再缴纳新型农村合作医疗所需费用，这些都会导致农民自筹资金困难，从而影响中央和地方财政补偿及时到位。民族地区财力不足，又有低保户、五保户和特困优抚对象等困难群众需要政府出资，进一步增加了政府财政负担。政府财政负担过重导致补偿机制不能完全到位，使得农村居民对新型农村合作医疗政策产生怀疑，影响了农民参加新型农村合作医疗的积极性。如何依靠多方渠道筹集新型农村合作医疗基金，按照国家规定足额补偿参合农村居民，是新型农村合作医疗政策在民族地区实施中的又一难点问题。

(三) 完善新型农村合作医疗服务网络

根据我们对民族地区农村的调查，基层医疗服务网络是影响农村居民新型农村合作医疗政策满意度的重要因素。民族地区由于经济发展水平较低，政府无力投资建设完善的农村医疗服务网络。医疗卫生设施不健全、医务人员技术水平差、素质低、药品供应不足、卫生条件差以及资金周转困难等一系列问题，对重特大疾病不能进行及时有效的治疗，造成农民对新型农村合作医疗还存在较大顾虑，导致参合率不高。农村基层医疗服务网络不够完善，也导致农村居民在生病时舍近求远，疾病稍重就要转诊到省市级的医疗机构。相对本地医疗服务机构，外地就诊的医疗费用明显较高，农民自付的金额也较多。我们对民族地区农村居民的调查发现，目前看病的首要经济来源为个人储蓄。农村居民往往会在费用和治疗之间做出理性选择，民族地区经济落后导致个人储蓄偏低，较高的自付医疗费用又使农村居民对新型农村合作医疗政策产生怀疑，影响了民族地区居民对新型农村合作医疗的满意度。构建和完善民族地区农村医疗服务网络，为广大民族地区农村居民提供满意的医疗服务，也是民族地区实施新型农村合作医疗政策需要解决的第三个难点问题。

第二节　民族地区农村居民就医行为与制度满意度

新型农村合作医疗制度的实施有效降低了农村居民因病致贫和因病返贫的风险，为经济发展、人民健康和社会稳定做出了重要贡献。由于新型农村合作医疗是一种由政府主导的自愿性医疗保险制度，尽管绝大多数农村居民参加了新型农村合作医疗，但还有部分农民没有参加或者退保。分析农村居民没有参加和退保的原因，并对新型农村合作医疗制度进行针对性改进，才能保持新型农村合作医疗政策健康、持续和稳定的发展。农村居民对新型农村合作医疗制度及其实施的满意程度直接影响其参保意愿，进而影响新型农村合作医疗制度的巩固和发展，因此需要掌握农村居民对新型农村合作医疗的满意度及其影响因素。本节利用实地调查资料，揭示农村居民没有参加和退出新型农村合作医疗的原因，分析农户治病经济来源构成、就医地点变化和提前出院原因，研究影响新型农村合作医疗满意度的主要制约因素，为今后巩固和发展新型农村合作医疗制度提出相应政策建议。

一、调查样本基本特征

本研究于 2013 年 7 月对重庆市酉阳土家族苗族自治县和黔江

区进行了实地调查。调查内容包括三个部分，分别是被调查者的人口基本特征、新型农村合作医疗的参加情况和对新型农村合作医疗的满意度。其中，被调查者人口基本特征主要包括年龄、性别、教育程度等；参加新型农村合作医疗情况包括参加或者退出原因、治病经济来源、就医机构变化、新型农村合作医疗政策了解程度、住院状况和提前出院原因；农民对医疗服务满意度和对新型农村合作医疗满意度分别采用测量量表进行调查。

在调查的 295 个样本中，男性占 65.4%，女性占 34.6%；土家族占 68.8%，苗族占 14.3%，汉族占 16.9%；党员占 26.9%；具有小学及以下文化程度的占 26.5%，具有初中文化程度的占 43.2%，具有高中或中专文化程度的占 21.8%，具有大学及以上文化程度的占 8.5%；年龄在 16—29 岁以下的占 12.9%，30—44 岁之间的占 38%，45—59 岁之间的占 27.8%，60 岁及以上的占 21.4%。

二、调查地区新型农村合作医疗参保情况

在 295 名被调查农村居民中，有 240 人参加了新型农村合作医疗，有 55 人没有参加新型农村合作医疗，参保率为 81.4%。调查地区这一参保率略高于张毅（2005）对山东滕州的调查结果[①]，表明调查地区农民参合意愿高于山东滕州农民参合意愿。虽然结果相差不是很大，但考虑到张毅（2005）调查时间为新型农村合作医疗开始实施不久，而本研究调查为新型农村合作医疗实施近十年的结果，因此调查地区农村居民参合率还是相对较低。表 5—1 描述的是调查地区农村居民没有参合的原因。

---

① 　张毅等人调查的参合率为 78.78%，在各种不参加原因中，不了解政策占 9.24%，交不起费用占 7.47%，自认身体健康占 10.46%。

表 5—1　没有参加新型农村合作医疗的原因

原　因	频数（人）	百分比（%）	累积百分比（%）
不了解政策	11	20.0	20
没钱交	11	20.0	40
没有兑现和报销	4	7.3	47.3
报销金额太低不划算	6	10.9	58.2
村干部组织不力	8	14.6	72.8
身体好不用参加	7	12.7	85.5
刚得大病不会再得	1	1.8	87.3
其他	7	12.7	100
合计	55	100.0	

在 55 名未参加新型农村合作医疗的被访者中，不了解合作医疗政策的有11人，占总人数的20%，比例远远高于山东滕州9.24%的比例，说明政策宣传不力是调查地区农村居民不参加新型农村合作医疗的重要原因。有11人没钱缴费而没有参加新型农村合作医疗，这一比例也高于山东滕州7.47%的比例，说明调查地区经济困难也是导致农民不参合的重要原因。村干部组织不力导致8人没有参合，比例为14.6%。在对待新型农村合作医疗态度方面，没有兑现和报销以及报销金额太低不划算分别导致4人和6人没有参合，10名未参合人占18.2%。认为自身身体很好，没有必要参合的人数为7人，占未参合人数比例的12.7%，基本同山东滕州的相应比例持平。

通过上述分析可以看出，导致调查地区农村居民没有参加新型农村合作医疗的原因主要有以下三点。首先，新型农村合作医疗宣传力度和基层村民组织工作力度不够，从而导致农村居民不了解政策和参合流程。在今后新型农村合作医疗实施过程中，应该充分发挥农村基层管理者的作用，使新型农村合作医疗政策在基层得以充分贯彻实施，鼓励更多农村居民参加新型农村合作医疗。其次，在就医过程中，有关部门和机构没有贯彻落实国家相关规定，使得农民对新型农村合作医疗政策产生怀疑和误解，影响了农民参合积极性。一项好的政策需要在实践中得以贯彻，才可以实现政策目标。新型农村合作医疗要在实施过程中不打折扣，充分将优惠落实到参合人的身上，才能使参合人看到政策真正益处，从而提高参合积极性并带动未参合人积极参合。最后，经济困难使有意愿参合的农村居民无法参合。经济发展是一个复杂和长期的过程，短期内应该发挥政府和组织的力量，帮助有困难的农村居民缴纳新型农村合作医疗相关费用，同时政府可以将医疗救助与新型农村合作医疗进行有效衔接，为贫困农民缴纳新型农村合作医疗的费用，使更多农村居民参加新型农村合作医疗，提高参合率。

三、民族地区农村居民就医行为

(一)农村居民治病经济来源

新型农村合作医疗制度是由政府引导，个人、集体和政府等多方筹集资金的农村居民互助共济制度。分析农村居民治病的经济来源，可以探明个人、集体和政府等不同主体在医疗保障中的作用，从而为新型农村合作医疗筹资方式的改进提供决策参考。有294名被访者回答了治病经济来源问题，各种来源的描述性统计分析如表5—2所示。

表5—2　调查地区农村居民看病首选经济来源

治病经济来源	频数（人）	百分比（%）	累积百分比（%）
儿女出钱	43	14.6	14.6
个人储蓄	143	48.6	63.3
新农合报销	78	26.5	89.8
亲朋好友借钱	27	9.2	99.0
依靠村集体	1	0.3	99.3
政府救济	1	0.3	99.7
其他	1	0.3	100
合计	294	100.0	

通过分析调查地区农村居民治病经济来源，发现个人储蓄是农村居民主要治病经济来源。在 294 个有效样本中，有 143 人以个人储蓄为治病主要经济来源，占有效样本比例的 48.6%，表明调查地区农村居民治病主要依靠个人经济状况。以新型农村合作医疗为主要治病经济来源的有 78 人，比例为 26.5%，只有个人储蓄比例的一半左右，说明调查地区新型农村合作医疗没有成为农村居民主要的治病经济来源，没能在维持当地居民医疗健康水平中发挥举足轻重的作用。以儿女出钱和借钱为治病首选经济来源的样本数分别为 43 人和 27 人，所占比例分别为 14.6% 和 9.2%，二者累加比例为 23.8%，基本同新型农村合作医疗报销比例持平，说明依靠互助，特别是儿女的互助，同新型农村合作医疗一样发挥着作用。以村集体和政府救济作为治病首选经济来源的只有 2 人，说明救助不是治病的重要经济来源。

由于经济困难是导致调查地区农村居民没有参加或退出新型农村合作医疗最为重要的原因，而个人储蓄又是治病的首要经济来源，因此新型农村合作医疗在调查地区的作用没有得以充分发挥。在调查农村居民希望以哪种方式解决看病问题时，有 77.5% 的被访者选择参加新型农村合作医疗，表明农村居民对这项政策有着很高的期待，相关政策在提高居民健康水平中具有无可替代的作用。为了充分发挥新型农村合作医疗的重要作用，应该进一步采取提高补偿比例和加大筹资力度等措施完善新型农村合作医疗制度。与此同时，县乡两级政府应该进一步完善医疗救助制度，对困难群体在参加新型农村合作医疗和看病过程中给予相应救助，充分发挥新型农村合作医疗在保障居民健康水平中应有的作用，避免因病致贫和因贫返病，使经济发展和人民健康水平提高步入良性循环。

（二）新型农村合作医疗实施前后农村居民就医地点变化

在被访 295 名农村居民中，有 283 份问卷回答了十年前看病首选机构和十年后看病首选机构的问题。本研究采用交叉表分析技术对十年间看病首选机构是否发生了变化进行统计检验，结果显示卡方检验值为 55.8，显著水平 P<0.001，表明经过新型农村合作医疗政策十年的实施和推广，调查地区农村居民看病首选医疗机构发生了显著变化。新型农村合作医疗实施前后农村居民首选看病机构变化对照如表 5—3 所示。

表 5—3 新型农村合作医疗实施前后农户看病首选机构变化

		目前看病首选（人）						合计（人）	所占比例（%）
		土方和自己买药	村卫生所	乡镇卫生院	县及以上医院	私人诊所	抗一抗		
以往看病首选	土方和自己买药	1	6	36	7	4	5	59	20.8
	村卫生所	1	10	31	15	0	1	58	20.5
	乡镇卫生院	0	3	71	43	0	6	123	43.4
	县及以上医院	1	1	10	7	0	1	20	7.1
	私人诊所	0	0	2	1	1	1	5	1.8
	抗一抗	1	4	8	4	1	0	18	6.4
合计		4	24	158	77	6	14	283	100
所占比例（%）		1.4	8.5	55.8	27.2	2.1	5.0	100	

第一，十年前被访者生病时首选使用土方或者自己买药的有 59 人，占全部有效被访者的 20.8%；而新型农村合作医疗实施十年后，首选是土方或者自己买药的被访者降低到 4 人，只占全部有效被访者的 1.4%。表明经过新型农村合作医疗政策的十年实施，调查地区农村居民到医疗机构就诊的积极性得到显著提高，新型农村合作医疗政策在提高农村居民健康水平方面起到了显著的作用。

第二，十年前就医首选是村卫生所的被访者为 58 人，占全部有效被访人数的 20.5%；目前就医首选是村卫生所的只有 24 人，比例下降了一半以上，只占 8.5%。说明新型农村合作医疗政策实施十年后，村卫生所的作用比以往有所降低。

第三，十年前，首选是乡镇卫生院就诊的被访者为 123 人，比例为 43.4% ; 新型农村合作医疗实施十年后, 首选乡镇卫生院的被访者为 158 人, 比例升高到 55.8%, 表明乡镇卫生院在新型农村合作医疗政策实施后, 作用有了一定的提升, 依然是调查地区农村居民就医首选机构。

第四, 十年前在有效被访者中有 20 人首选是到县及以上医院就诊, 比例为 7.1% ; 而经过新型农村合作医疗政策实施, 首选到县及以上医院就诊被访者达到 77 人, 比例升高到 27.2%, 几乎是新型农村合作医疗政策实施前的四倍。新型农村合作医疗实施极大地提高了调查地区患者到县及以上医院就诊意愿, 改善了医疗健康服务水平。

第五, 十年前首选是私人诊所的被访者只有 5 人, 比例为 1.8% ; 目前首选是私人诊所人数为 6 人, 比例为 2.1%。说明无论新型农村合作医疗政策实施与否, 私人诊所只是县、乡、村三级基层医疗服务网络的有效补充, 而不是有效组成部分。

第六, 十年前, 有 18 名被访者患病时选择不吃药, 通过抗一抗的方式对待疾病, 比例为 6.4% ; 而目前有 14 名被访者依然选择抗一抗的方式对待疾病, 虽然比例下降到 5%, 但有病不去就医依然是威胁调查地区农村居民健康的重要隐患, 应该增强相关政策和健康教育的宣传力度, 增强调查地区农村居民医疗知识和对国家相关政策的了解, 逐步提高健康服务水平。

（三）农村居民住院和提前出院情况

在被调查的 295 名农村居民中, 有 164 人自己或者家人住过院, 占全部被调查对象的 55.6%, 说明调查地区农村居民健康水平不高, 提高这些地区农村居民健康水平应是今后新型农村合作医疗政策关注的重点。调查地区农村居民最近一次自己或家人住院机构类别描述性统计分析如表 5—4 所示。

表 5—4　调查地区农户最近一次住院机构类别

住院地点	频数（人）	百分比（%）	累积百分比（%）
私人诊所	4	2.4	2.4
村卫生所	8	4.9	7.3
乡卫生院	59	36.0	43.3
县医院	80	48.8	92.1
市级以上医院	13	7.9	100
合计	164	100	

　　县、乡、村三级卫生服务机构构成了农村基层医疗服务网络，这个服务网络是广大农村居民就医主要机构，在提高农村居民健康水平中发挥着巨大且有效的作用。从调查数据来看，选择基层医疗服务网络住院治疗的农村患者占全部住院患者的 89.7%，说明在调查地区基层医疗服务网络是农村居民健康水平的主要保障。根据张彬彬（2009）对安徽和江苏两地的调查，选择基层医疗服务网络住院就诊占全部住院就诊患者的 73.3%，调查地区选择基层医疗网络住院就诊的比例大大高于安徽和江苏，说明调查地区基层医疗服务网络在提高农村居民健康水平中作用更为重要。民族地区往往交通设施不够便利，农村居民到市级以上机构就诊过程中，往往需要花费较多的时间并支付更高的费用。作为理性的消费者，农村居民往往会在费用和治疗之间做出理性选择，因此调查地区落后的交通和经济状况决定了基层医疗服务网络是维持和改善当地农村居民健康水平的重要保障。因此，加大基层医疗服务网络，特别是县乡两级医疗服务机构的建设，是今后调查地区改善医疗服务水平的重要措施。

　　在调查中，有 61 人自己或家人在住院期间提前出院，占全部自己或家人住院人数的 37.2%，表明调查地区有相当多的农村居民在住院治疗过程中由于种种原因提前出院。农村居民各种提前出院原因的描述性统计分析如表 5—5 所示。

表5—5　农村居民提前出院原因

提前出院原因	频数（人）	百分比（%）	累积百分比（%）
久病不愈	6	9.8	9.8
经济困难	48	78.7	88.5
没有床位	1	1.7	90.2
医疗条件限制	3	4.9	95.1
医护人员态度不好	1	1.6	96.7
其他	2	3.3	100.0
合计	61	100	

　　从表5—5可以看出，在全部提前出院的原因中，经济困难有48人，占全部提前出院患者的78.7%，表明调查地区农村居民提前出院的主要原因是经济困难。袁兆康（2008）对江西婺源县住院患者提前出院原因的调查显示，62.5%的患者因经济困难提前出院。调查地区由于经济困难提前出院的比例高于江西婺源县。经济困难导致患者提前出院，不利于患者治愈疾病，易使患者不断陷入因病致贫和因贫返病的恶性循环。对于调查地区来说，新型农村合作医疗政策的补偿力度远远不够。虽然新型农村合作医疗能够对调查地区农村居民住院的经济困难问题起到一定的缓解作用，但是由于调查地区治病主要经济来源为个人储蓄，并且经济困难依然是影响当地农村居民充分使用医疗服务的主要因素，新型农村合作医疗政策在调查地区还没有发挥维持广大农村居民身体健康应有的作用。增强新型农村合作医疗政策推广力度和提高新型农村合作医疗报销比例，是调查地区今后新型农村合作医疗政策实施过程中应该关注的重点。

四、民族地区新型农村合作医疗满意度及其影响因素

　　农村居民对新型农村合作医疗的满意度既影响了农民的参保意愿，也决定了新型农村合作医疗在维持和提高农村居民身体健康方面的作用能否得到充分发挥。为了提高新型农村合作医疗政策满

意度，需要研究满意度的主要影响因素。

（一）因变量选取

本研究选取农户对新型农村合作医疗制度满意度作为因变量，并从看病报销比例满意度和新型农村合作医疗报销程序满意度两个指标测量农村居民对新型农村合作医疗的满意度。由于 Cronbach's Alpha 系数为 0.73，说明这两个指标能够较为一致地反映农村居民对新型农村合作医疗的满意度，因此，采用这两个指标的均值来衡量农村居民对新型农村合作医疗的满意度。

（二）自变量选取

本研究选取年龄、性别、受教育程度、健康状况、每天外出劳作时间、新型农村合作医疗参保情况、家庭总收入、家庭总支出、新型农村合作医疗制度了解程度、医疗环境评价和家人是否住院等 11 个因素作为自变量。其中，为了评价农户对医疗环境的满意程度，采用医院服务态度满意度、医生看病技术满意度、医疗条件满意度和医院药价满意度四个指标进行测量。通过 Cronbach's Alpha 系数对四个指标进行可靠性检验，结果显示可靠性 α 系数为 0.8，说明这四个指标对医疗环境满意度的评价相互一致，可以使用这四个指标平均值作为医疗环境满意程度的评价标准。

（三）回归结果分析

表 5—6 显示的回归结果表明，影响调查地区新型农村合作医疗满意度的因素有三个，即医疗环境状况、对新型农村合作医疗制度了解程度和家人是否住院。

在这三个因素中，医疗环境对新型农村合作医疗满意度影响程度最高，表明良好的农村医疗服务网络是新型农村合作医疗制度深入人心的核心要素。今后在新型农村合作医疗政策实施过程中应从四个方面加以重视。第一，应该提高农村医疗服务网络中医院的服务态度，要在政策实施过程中狠抓医德医风建设，提高农民对相关医疗机构服务的满意水平；第二，从医生进修、与高水平医院建立协作关系和加强医疗技术培训等方面着手，提高农村基层医疗服务机构的技术水平；第三，由于农村居民主要就医机构选择为基层医疗服务网络，今后应该对相关医疗机构的硬件设施进行改进，使医疗条件满足调查地区农村居民就医需求；第四，结合国家药品价格控制的宏观政策，对新型农村合作医疗网络中医疗机构药品价格进行适当补贴的同时，通过医风医德建设，降低虚高的药品价格，提高农村居民对药品价格的满意度。

对新型农村合作医疗制度了解程度是影响满意度的第二个重要因素。新型农村合作医疗是国家一项惠及广大农村居民的医疗保险制度，由于宣传不到位，这项好的政策在调查地区还不为广大村民所了解和熟知。因此，积极发挥农村基层组织的作用，在广大农村居民中宣传新型农村合作医疗政策对就医的益处，应该成为今后调查地区新型农村合作医疗政策贯彻实施中关注的问题。

家人是否住院是影响满意度的第三个重要因素。参加新型农村合作医疗的农村居民通过住院，能够切身体验新型农村合作医疗政策给他们带来的实惠，对新型农村合作医疗满意程度较高。因此，在今后宣传新型农村合作医疗政策时，应注重结合农村居民周边享受过优惠的就医居民现身讲解，让广大农村居民了解新型农村合作医疗保险制度的益处。

表5—6　新型农村合作医疗满意度影响因素回归结果分析

自变量	回归系数	t 值	显著度
（常数项）		-1.19	0.24
年龄	0.02	0.26	0.80
性别	0.00	0.00	1.00
受教育程度	0.04	0.66	0.51
健康状况	0.01	0.16	0.87
每天外出劳作时间	0.02	0.43	0.67
新农合参保情况	0.07	1.54	0.13
家庭总收入	0.07	1.21	0.23
家庭总支出	0.01	0.25	0.80
医疗环境评价	0.59	12.21	0.00
新型农村合作医疗制度了解程度	0.21	4.19	0.00
家人是否住院	0.11	2.33	0.02

五、完善民族地区新型农村合作医疗制度的政策建议

新型农村合作医疗政策历经十年的实践，民族地区农村居民就医模式发生了根本性的转变，面向农村的基层医疗服务机构在保障农村居民身体健康方面发挥着越来越重要的作用。但是目前民族地区新型农村合作医疗制度运行状况还不十分理想，主要表现在，宣传不到位导致农村居民对新型农村合作医疗政策不了解；同时农村居民治病的经济来源主要依靠个人储蓄和他人帮助，使得经济困难依然是制约农村居民积极治疗疾病的根本原因，影响了新型农村合作医疗政策在大病统筹方面应有作用的充分发挥。

民族地区新型农村合作医疗制度建设的重点应该从以下四个方面着手：

第一，深入了解当地农村居民医疗费用的支出状况，合理设计新型农村合作医疗报销比例，减少因病致贫和因贫返病的恶性循环发生，不断提高广大农村居民健康水平，为经济发展提供强有力的人口资源保障。

第二，加强新型农村合作医疗政策的宣传力度，特别是发挥农村基层组织的宣传作用，让广大农村居民了解新型农村合作医疗制度的优越性。同时，通过政府补偿和集体互助等多渠道为参合有困难的农村居民提供参合支持以提高参合率，让新型农村合作医疗政策真正能够为有困难的农村居民服务。

第三，当地政府应该通过调查，确定新型农村合作医疗政策需要保障的重点人群，加大对这些人群的保障和救助力度，通过政府支持和其他非政府相关基金的资助，保障每一个农村居民都能够从新型农村合作医疗政策中得到实惠。

第四，政府在积极推进新型农村合作医疗政策的同时，应该注重农村基层医疗服务网络硬件设施和医风医德的建设，提高农村居民自主参加新型农村合作医疗的意愿，促进新农合政策健康持久发展。

第六章
民族地区农村最低生活保障目标瞄准机制

　　建立农村最低生活保障制度的目标是将所有符合条件的农村贫困人口全部纳入保障范围，以解决其温饱问题，实现应保尽保。与其他地区相比，民族地区农村贫困规模更广、贫困程度更深、返贫率更高，民族地区农民对农村最低生活保障的需求程度显得更为强烈。民族地区各省区也相继出台了相应的农村最低生活保障制度实施方案，在很大程度上保障了困难群众的基本生活，对于维护公平正义、调节收入分配、维护社会稳定、促进社会和谐发挥着重要作用。

　　但是，在目前民族地区地方财政非常有限的情况下，还无法完全实现民族地区贫困人口的应保尽保。同时，由于民族地区存在农村低保标准制定不规范、低保对象识别机制不健全、资金配置和使用效率有待提高等问题，民族地区农村低保目标瞄准仍存在一定偏差。因此，现阶段对于民族地区各级政府来说，当务之急是结合当地实际情况，建立科学、规范、精确、专业的民族地区农村最低生活保障目标瞄准机制。这是民族地区农村低保制度有效运行的关键，也是目前民族地区农村低保制度实施的重点和难点。

第一节　民族地区农村贫困现状与致贫因素

　　2011 年国家扶贫办部署《中国农村扶贫开发纲要（2011—2020

年)》，按照"集中连片、突出重点、全国统筹、区划完整"的原则，在全国共划分11个集中连片特殊困难地区，即六盘山区、秦巴山区、武陵山区、乌蒙山区、滇桂黔石漠化区、滇西边境山区、大兴安岭南麓山区、燕山—太行山区、吕梁山区、大别山区和罗霄山区等区域，加上已明确实施特殊扶持政策的西藏、四省藏区、新疆南疆三地州，共14个片区作为新阶段扶贫攻坚的主战场。[①]有680个县被划入这14个片区，其中民族自治地方县就有371个，占55%。贫困人口的分布呈现出越来越向民族地区集中的趋势。在扶贫开发的新阶段，民族地区仍是我国扶贫开发工作的重点和难点地区。

一、民族地区农村贫困现状

按照贫困程度来划分，贫困分为绝对贫困和相对贫困两种类型。2007年以前，我国的农村贫困标准有两条：一条是绝对贫困标准；另一条是低收入标准。我国一直采用绝对贫困标准作为扶贫工作的标准，低收入标准在较发达地区作为参考依据。2008年，我国将绝对贫困标准和低收入标准合二为一，将年人均收入1067元作为扶贫标准。随着消费价格指数等相关因素的变化，2009年、2010年和2012年我国的扶贫标准依次上调至1196元、1274元和2300元。随着我国扶贫标准的不断上调，贫困人口也相应增多。2012年我国农村贫困人口数量达到1.28个亿，占农村总人口的13.4%。

（一）民族自治地区农村贫困状况

国家民委对民族自治地区农村贫困监测结果显示[②]（见表6—1），民族自治地区的农村贫困人口数量逐年减少，贫困程度有所缓解，但占全国农村贫困人口数量的比重却呈逐年增加的趋势。2006

---

① 中共中央、国务院：《中国农村扶贫开发纲要（2011—2020年）》，中央政府门户网，http://www.gov.cn/gongbao/content/2011/content_2020905.htm，2011-12-01。
② 国家统计局住户调查办公室：《2011年中国农村贫困监测报告》，中国统计出版社2012年版，第61页。

年民族自治地方农村贫困人口占全国农村贫困人口的 44.5%。2010
年末，民族自治地区有 1481 万农村贫困人口低于低收入标准线，
占全国农村贫困人口的 55.1%。

民族自治地区的贫困发生率逐年降低，减贫速度快于全国平
均水平，但仍远高于全国同期的贫困发生率。2006—2010 年全国
贫困发生率分别是 6%、4.6%、4.2%、3.8% 和 2.8 %，民族自治地区
同期贫困发生率分别为 18.9%、18.6%、17.6%、16.4% 和 12.2%，分
别比同期全国贫困发生率高出 12.9、14、13.4、12.6 和 9.4 个百分点。

表 6—1　民族自治地区与全国农村贫困人口及其贫困发生率

指　标		2006 年	2007 年	2008 年	2009 年	2010 年
贫困人口 （万人）	民族自治地区	2534	2255	2102	1955	1481
	全国	5698	4320	4007	3597	2688
	所占比重（%）	44.5	52.2	52.5	54.3	55.1
贫困发生率 （%）	民族自治地区	18.9	18.6	17.6	16.4	12.2
	全国	6.0	4.6	4.2	3.8	2.8

资料来源：国家统计局住户调查办公室：《2011 年中国农村贫困监测报告》，中
国统计出版社 2012 年版。

（二）民族贫困县贫困状况

从扶贫办公布的新阶段扶贫开发 14 个片区来看，民族地区依
然是我国扶贫开发工作的重点和难点地区。民族贫困县（又称民族
扶贫开发工作重点县）是民族自治地区最贫困的地区，因此也是民
族地区扶贫开发工作的重点和难点地区。

民族贫困县的经济发展水平与全国县市的平均水平相比仍存
在很大差距。国家统计局对 265 个民族贫困县进行的贫困监测调查
数据显示，2010 年民族贫困县人均地方生产总值为每人 1.2 万元，
而全国县市的人均地方生产总值平均水平为每人 2.2 万元。

与国家扶贫重点县平均水平和全国平均水平相比，民族贫困
县的贫困程度更严重。2010 年，监测调查的 265 个民族贫困县有

675.7 万贫困人口，贫困发生率为 10.5%，比国家扶贫开发工作重点县(8.3%)高 2.2 个百分点，比全国平均水平(2.8%)高 7.7 个百分点。

近年来，民族贫困县农民收入逐年提高，但与民族自治地区和全国平均水平的差距却越来越大。2006—2010 年民族贫困县农民人均纯收入分别为 1831 元、2162 元、2468 元、2688 元和 3131 元，与民族自治地区同期农民人均纯收入分别相差 686 元、738 元、764 元、968 元和 1101 元，与全国同期农民人均纯收入分别相差 1756 元、1978 元、2293 元、2465 元和 2788 元。

(三)人口较少民族贫困状况

在我国 55 个少数民族中，有 28 个少数民族的人口在 30 万人以下。这 28 个少数民族共计 169.5 万人口统称为人口较少民族。我国人口较少民族聚居区主要分布在内蒙古、辽宁、吉林、黑龙江、福建、江西、广西、贵州、云南、西藏、甘肃、青海、新疆等 13 个省(区)和新疆生产建设兵团，包括 2119 个人口较少民族聚居的行政村(简称"聚居村")、71 个人口较少民族的民族乡、16 个人口较少民族的自治县、2 个人口较少民族的自治州。①

2011 年国家民委等 5 个部门联合发布的《扶持人口较少民族发展规划(2011—2015 年)》指出，目前我国人口较少民族贫困问题较为突出。到 2009 年年底，2119 个聚居村农牧民人均纯收入为 2591 元，相当于民族地区平均水平的 76.9%、全国平均水平的 50.3%。2119 个聚居村有贫困人口 89.1 万人，贫困发生率 32.7%，高于民族自治地区平均水平 16.3 个百分点，高于全国平均水平 28.9 个百分点。尤其是新疆的塔吉克族、柯尔克孜族，云南的独龙族、怒族、景颇族以及西藏的珞巴族等，所在地区自然条件相对恶劣，脱贫难度大。2119 个聚居村中，有 42.2% 的村不通公路，有 11% 的村不

---

① 国家民委、国家发展改革委员会、财政部、中国人民银行、国务院扶贫办：《扶持人口较少民族发展规划(2011—2015 年)》，中央政府门户网，http://www.gov.cn/gzdt/2011-07-01/content_1897797.htm，2011-07-01。

通电，有 35.2% 的村没有安全饮用水。基础设施不完善成为制约人口较少民族发展的瓶颈。

二、民族地区农村致贫因素

导致民族地区农村贫困的诱因与其他地区贫困的诱因有共性的一面。但是由于民族地区有着特殊的自然环境、区域位置、发展历史、文化传统以及宗教信仰，民族地区农村贫困的诱因也有其特殊性。按照贫困产生的原因不同，民族地区农村贫困可以划分为地缘型贫困、边境型贫困和能力型贫困三种类型。在这三种类型贫困的共同作用下，使得民族地区农村贫困状况进一步固化。

（一）地缘型贫困

由地理环境和自然灾害双重因素造成的地缘型贫困是民族地区农村贫困最突出的问题。民族贫困地区的区域特征主要表现在地形条件更差、地理位置更加偏远、气候条件更加恶劣。

从地形上看，民族贫困村处于山区的比例较大，而山区的贫困发生率远高于平原和丘陵地区。国家统计局 2010 年农村贫困监测数据显示，有 78.2% 的民族贫困村处于山地地形。一方面，山区普遍土地贫瘠、土壤沙性重、产出率低、可供耕作的优质土地数量非常有限。另一方面，山区这种特殊的地形导致公路、电话等交通通讯成本较高，基础设施较为缺乏，农产品和少数民族劳动力等生产要素不易进入市场，抑制了民族地区市场化和现代化进程。

民族地区气象条件恶劣，自然灾害频发。国家扶贫办公布的 14 个扶贫开发集中连片特困地区中，除秦巴山区、燕山—太行山区、吕梁山区、大别山区和罗霄山区外，其他九个片区都是少数民族聚居区。这些片区又往往是我国的生态脆弱地区，地质构造和多变的天气容易形成各类自然灾害，如青藏高原地区冻土融化、荒漠化加剧、径流变化，乌蒙山区和滇桂黔石漠化地区暴雨导致的泥石流、滑坡等山地灾害。民族地区日益恶化的生态环境和日趋减少的人均土地资源和水资源，给民族贫困地区经济社会发展带来极大影响。

（二）边境型贫困

我国民族贫困县大多都在边疆地区或省际边界地区。我国边疆省区的贫困县共228个，其中有31个边境县，占陆地边境135个县（旗、市、市辖区）总数的23%。边疆民族地区的贫困人口占全国贫困人口的50%以上。我国民族自治地区的30个民族自治州、120个民族自治县中有20个自治州、55个自治县处于省际边界地区。

边疆民族地区长期处于贫困状态，既有地理环境方面的原因，也有历史文化方面的根源。一方面，边疆民族贫困县绝大多数处于高原、高山峡谷及沙漠戈壁，地形复杂、气候恶劣，这种较封闭的地理环境加深了边疆地区农牧业经济的自然性，使得生产力水平低下，市场发展程度低，经济基础薄弱。另一方面，各少数民族经过长期的历史发展已形成了自己独特的文化、固有的生活习俗和虔诚的宗教信仰。但是有些文化传统和风俗习惯在一定程度上不太适应甚至会阻碍现代化市场经济的发展。

虽然改革开发以来，我国经济得到快速发展，但省际边界民族自治地区与中心城区、其他民族自治地区之间的经济社会发展水平差距却日益扩大。李俊杰和李海鹏（2010）对民族自治区、州（盟）、县（旗）的经济社会发展水平进行排名后发现，处于省际边界的20个民族自治州、55个民族自治县排名普遍靠后，位于三省、四省交界地段的民族自治州、民族自治县的排名靠后现象尤其突出。

（三）能力型贫困

诺贝尔经济学奖获得者阿玛蒂亚·森认为，贫困的实质是能力的缺乏，贫困必须被视为对基本能力的剥夺而不仅仅是收入低下。他进一步指出，"贫困不仅仅指比社会上其他人穷，而是指没有争取物质富裕最基本的机会，因为贫困人群缺乏一定最低限度的能力。这些能力包括免受困苦的基本能力，如饥饿、营养不良、可避免的疾病、过早死亡等，以及识字、算数、享受政府参与的能力"[①]

---

① 阿玛蒂亚·森：《以自由看待发展》，中国人民大学出版社2002年版，第15页。

民族地区农村劳动力的身体健康状况较弱、受教育程度较低、人力资源严重匮乏是导致贫困的重要制约因素。从身体健康状况看，265 个民族贫困县的农村居民中，身体健康的占 93.3%，体弱多病的占 3.8%，身体有残疾的占 1.4%，长期患慢性病的占 1.1%，患有大病的占 0.4%。从受教育程度看，民族贫困县的农村劳动力中，高中及以上文化程度的占 10%，初中文化程度的占 41.1%，小学文化程度的占 35.3%，文盲半文盲的占 13.6%。从工作的行业看，大部分劳动力主要在第一产业从事农业生产。从事第一产业的劳动力占全部劳动力的 82.8%，其中从事种植业的劳动力有 76.4%，从事第二和第三产业的劳动力分别占 10.1%、7.1%。从劳动力外出情况看，有 17.4% 的劳动力外出打工，农民外出务工收入占全年纯收入的 12.9%，接受过技能培训的劳动力占 18.1%。

第二节　民族地区农村最低生活保障运行现状

一、民族地区农村最低生活保障的建立与发展

我国的社会救助制度建立于 20 世纪 50 年代，主要包括针对农村居民中的"三无"老年人、残疾人和未成年孤儿实行的农村五保供养制度；针对缺衣少食的贫困人口实行的临时救济制度；针对家庭常年生活困难的贫困人口实行的定期定量救助制度；医疗救助制度等。

我国从 20 世纪 90 年代开始探索建立农村最低生活保障制度。民政部 1996 年出台的《关于加快农村社会保障体系建设的意见》提出，"农村最低生活保障制度是对家庭人均收入低于当地农村居民最低生活保障标准的农村贫困人口按照最低生活保障标准实行差额补助的一种制度；开展农村社会保障体系建设的地方，应把建立最低生活保障制度作为重点；并确定在山东烟台、河北平泉、四川彭州和甘肃永昌等地进行试点"①。

---

① 《农村社会保障体系正逐步形成》，《经济日报》2007-10-11。

2007 年国务院颁布《关于在全国建立农村最低生活保障制度的通知》要求，在全国范围内建立农村最低生活保障制度，并把因病残、年老体弱、丧失劳动能力、生存条件恶劣等原因造成生活常年困难的农村居民作为保障重点。^①至此，我国农村最低生活保障制度正式建立并进入全面发展阶段。根据民政部公布的第三季度各省社会服务统计数据，截至 2013 年 9 月，全国有农村低保对象 2878.49 万户、5344.68 万人。其中，女性 1821.35 万人、老年人 2037.30 万人、未成年人 614.81 万人、残疾人 462.33 万人；全国农村低保平均标准 2347.44 元 / 人、年，月人均补助水平 104.9 元；各级财政共支出农村低保资金 509.51 亿元。^②

民政部等四部委 2011 年联合颁布《关于进一步规范城乡居民最低生活保障标准制定和调整工作的指导意见》，强调"低保标准是城乡低保制度的关键环节，是界定低保范围、核定低保对象、确定补助水平以及安排补助资金的重要依据；各地在制定和调整城乡低保标准时，可以采用基本生活费用支出法、恩格尔系数法或消费支出比例法"^③。2012 年国务院发布的《关于进一步加强和改进最低生活保障工作的意见》，提出了从七个方面着手加强和改进最低生活保障工作，即完善最低生活保障对象认定条件、规范最低生活保障审核审批程序、建立救助申请家庭经济状况核对机制、加强最低生活保障对象动态管理、健全最低生活保障工作监管机制、建立健全投诉举报核查制度、加强最低生活保障与其他社会救助制度的有效衔接。^④

① 国务院办公厅：《关于在全国建立农村最低生活保障制度的通知》，中央政府门户网，http://www.gov.cn/zwgk/2007-08/14/content_716621.htm，2007-08-14。
② 民政部：《2013 年 3 季度全国社会服务业统计季报》，民政部门户网，http://files2.mca.gov.cn/cws/201307/20130723085211304.htm，2013-10-18。
③ 民政部：《关于进一步规范城乡居民最低生活保障标准制定和调整工作的指导意见》，民政部门户网，http://www.mca.gov.cn/article/zwgk/fvfg/zdshbz/201105/20110500154356.shtml，2011-05-18。
④ 国务院办公厅：《关于进一步加强和改进最低生活保障工作的意见》，中央政府门户网，http://www.gov.cn/zwgk/2012-09/26/content_2233209.htm.2011-05-18，2012-09-26。

民族八省区根据各地的实际情况，也纷纷出台了各省区农村最低生活保障制度相关实施细则。如内蒙古自治区 2010 年颁布《关于加快推进按标施保工作进一步完善城乡低保制度的指导意见》，要求各旗县（市、区）根据上年度农牧民人均纯收入、物价上涨幅度、恩格尔系数，参照计算公式来制定农村低保标准。新疆维吾尔自治区 2009 年制定的《农村最低生活保障以奖代补资金管理办法（修订）》规定，将县（市、区）的考核结果作为自治区分配"以奖代补"资金的依据，县（市、区）可按资金的一定比例用于工作经费开支。

二、民族地区农村最低生活保障的实施状况

国家统计局对全国 31 个省（区、市）7.4 万个农村住户的抽样调查数据显示，2010 年全国农村贫困人口为 2688 万，贫困发生率为 2.8%；民族八省区农村贫困人口为 1034 万人，占全国农村贫困人口的 38.5%，贫困发生率为 7%。[①]民族八省区农村最低生活保障制度的实施情况如下。

（一）内蒙古自治区农村低保实施状况

内蒙古自治区将八类人员列为农村牧区最低生活保障的重点保障范围，即完全丧失劳动能力、家庭无收入；生活特别困难的重点优抚对象；部分丧失劳动能力的残疾人；因病、因灾和子女上学及其他不可抗拒原因致贫的特困群众；沿边境地区居住的特困农牧民；20 世纪 60 年代精简下放的贫困农牧民；持有"文革伤残证"的特困农牧民；改革开放前在村级组织中任职的贫困老党员。[②]

内蒙古自治区制定的农村牧区最低生活保障的保障标准与补助标准为，指导性标准为年收入 700 至 1000 元，有条件的地方可

---

① 国家统计局住户调查办公室：《2011 年中国农村贫困监测报告》，中国统计出版社 2012 年版，第 60—61 页。

② 内蒙古自治区人民政府办公厅：《关于印发内蒙古自治区农村牧区最低生活保障工作规程的通知》，《内蒙古政报》2007 年第 6 期。

以适当提高；补助标准为每人每天不低于 12 元，全年不低于 438 元，经济条件好的地方可适当提高补助标准并实施分类施保。分类施保的对象分为重点保障对象、特殊保障对象和基本保障对象三类。有条件的地方可根据低保对象家庭收入和困难程度的不同，在补助标准上区别对待。[①]

民政部公布的各省社会服务统计数据显示，截至 2013 年 8 月，内蒙古自治区农村低保保障对象有 92.45 万户、122.49 万人，各级财政共支出农村低保资金 14.64 亿元，农村低保支出水平为每月 149.13 元。[②]

(二) 新疆维吾尔自治区农村低保实施状况

新疆维吾尔自治区 2005 年在鄯善、克拉玛依、奇台、玛纳斯等 13 个县市开展农村最低生活保障试点工作。2007 年在全区全面启动农村低保，将年人均纯收入 700 元定为农村低保标准。2012 年自治区将农村低保标准提高到 1216 元 / 年，2013 年又进一步提高农村低保补助水平，每人每月增加 16 元。2012 年新疆维吾尔自治区民政厅、财政厅下发《关于提高城乡低保分类施保标准的通知》，指出将低保对象中年满 60 周岁以上的老年人以及一级、二级重度残疾人确定为分类施保对象，为农村分类施保对象提高标准即每人每月新增 12 元。提高分类施保标准所需资金由各级财政负担，即乌鲁木齐市、克拉玛依市、石河子市负担 65%，自治区负担 35%；克州、和田、喀什地区自治区负担 100%；其余各地州负担 30%，自治区负担 70%。

2013 年新疆维吾尔自治区有 129.9 万人享受农村最低生活保障待遇，低保对象占全区农业人口的 12%，比全国平均水平高近 6 个百分点。由于地区间发展差异，各地情况不尽相同，南疆和北疆部

---

① 内蒙古自治区人民政府办公厅：《关于印发内蒙古自治区农村牧区最低生活保障工作规程的通知》，《内蒙古政报》2007 年第 6 期。

② 民政部：《2013 年 8 月份全国县以上农村低保情况》，民政部门户网，http://files2.mca. gov.cn/cws/201309/20130918150945553.htm，2013-09-18。

分县市的保障率达到了 20% 以上。[①]

（三）广西壮族自治区农村低保实施状况

广西壮族自治区民政厅、财政厅 2007 年联合下发的《关于农村特困群众最低生活保障制度的实施方案》指出，凡家庭年人均纯收入低于 683 元，因重病、重残、重灾导致无自救能力、缺乏劳动力并难以维持日常基本生活的农村特困群众均纳入最低生活保障范围，保障标准为月人均补差金额在 15 元以上。农村特困群众最低生活保障资金的筹集实行按比例分级负担，自治区政府负担 50%，市、县两级政府负担 50%。2007 年广西壮族自治区 109 个县（市、区）全部建立农村低保制度，92.8 万多农村困难户吃上了 683 元 / 年的低保。[②]

广西壮族自治区不断提高农村低保保障标准和补助水平。2012 年广西壮族自治区民政厅和财政厅联合出台《关于提高我区城乡居民最低生活保障标准的通知》，明确要求全区各地的农村低保标准确定在 2011 年各地农村居民人均生活消费支出的 40%~50% 的范围内。2013 年又提高了农村低保对象补助水平，为农村低保对象每人每月增发 10 元的低保金。

2013 年广西壮族自治区 13 个市、104 个县（市、区）成立低收入居民家庭经济状况核对机构，并成为全国第一个成立省、市、县、乡四级低收入居民家庭经济状况核对工作机构的省区。[③]

民政部公布的各省社会服务统计数据显示，截至 2013 年 9 月，广西壮族自治区农村低保标准为 1713.07 元 / 年，保障对象有 131.47 万户、338.6356 万人，其中女性 96.49 万人、老年人 120 万人、

---

① 高波：《新疆提高城乡低保，保障水平涨幅历年最高》，中国日报网，http://www.chinadaily.com.cn/dfpd/xj/bwzg/2013-09/11/content_16961069.htm，2013-09-11。

② 唐斯佳：《广西全面实施农村低保政策，90 余万困难户吃上低保》，《南国早报》2007-03-01。

③ 杨志雄：《广西提高社会救助水平，保障城乡困难群众基本生活》，中新网，http://www.gx.chinanews.com/2013/1912_0603/72859.html，2013-06-03。

未成年人 52.48 万人、残疾人 19.79 万人。[①]

（四）宁夏回族自治区农村低保实施状况

宁夏回族自治区 2005 年 5 月开始进行农村居民最低生活保障制度试点工作。进入第一批试点的地区包括银川市兴庆区、金凤区、西夏区，石嘴山市大武口区、惠农区，吴忠市、青铜峡市等七个市区。将家庭年人均收入低于当年国家公布的农村绝对贫困标准 668 元的 3 万农村居民纳入农村最低生活保障范围，人均月补差不低于 35 元。农村低保保障资金由自治区、市、县（区）三级财政承担。自治区政府按照银川市三区 20%，石嘴山市两区 30%，吴忠市、青铜峡市 40% 的比例给予资金补助。

2006 年 7 月又在平罗县、贺兰县、永宁县、灵武市、盐池县、中宁县、中卫市等七县（市）推广农村居民最低生活保障制度，将家庭年人均收入低于 683 元的 5 万农村居民纳入最低生活保障范围。2007 年宁夏回族自治区全面实施农村最低生活保障制度。农村人均年收入低于 692 元的村民共有 23 万人，其中山区各县农村绝对贫困对象 6.5 万人，全区各县病残、智障、年老体弱、丧失劳动能力等生活常年困难的农村居民 16.5 万人。[②]

宁夏回族自治区农村最低生活保障标准从 2013 年 7 月起提高到每年 1930 元。截至 2013 年 8 月，宁夏回族自治区农村低保保障对象有 28.05 万户、37.96 万人，各级财政共支出农村低保资金 2.61 亿元，农村低保月人均补助水平为 89.51 元。[③]

（五）西藏自治区农村低保实施状况

西藏自治区 2007 年 1 月全面实施农村最低生活保障制度，对于年人均纯收入低于 800 元的特困农牧民按照补差的方式实施救助，

---

① 民政部：《2013 年 3 季度各省社会服务统计》，民政部门户网，http://files2.mca.gov.cn/cws/201310/20131023092658128.htm，2013-10-18。

② 李刚：《宁夏农村低保工作现状调查》，宁夏新闻网，http://2010.net/1214 nxnews/8/29@311518.htm，2008-07-18。

③ 民政部：《2013 年 8 月份全国县以上农村低保情况》，民政部门户网，http://files2.mca.gov.cn/cws/201309/20130918150945553.htm，2013-09-18。

当年有 23 万人被纳入农村低保保障范围。农村低保对象按照分类保障的原则可分为长期保障对象和临时保障对象两类，长期保障对象包括无劳动能力、无法定赡养人或扶（抚）养人的老年人、未成年人和残疾人，其他类型的人员为临时保障对象。西藏自治区农村最低生活保障资金按自治区、市、县三级财政 8：1：1 的比例进行补助。[①]

西藏自治区农村最低生活保障标准先后经过 5 次调整后达到目前人均年收入 1600 元。2012 年西藏自治区农村低保对象增加到 32.9 万人，占全区农牧民总人数的 14.19%，分别高于全国 8.19%、西部地区 4.89%。[②]

（六）贵州省农村低保实施状况

贵州省政府办公厅下发的《关于全面建立农村居民最低生活保障制度有关问题的通知》指出，按照家庭贫困程度不同，农村低保保障对象划分为五类，其相应的补助水平也分为五个档次。第一类人员主要是无劳动能力、无生活来源又无法定赡养人、抚养、扶养义务人的老年人、残疾人或者未成年人，每人每年补助标准不低于 500 元。第二类和第三类人员是家庭主要劳动力因病、因残丧失劳动能力造成家庭基本生活常年困难的特困家庭，其中家庭年人均纯收入在 200—300 元之间的为第二类，家庭年人均纯收入在 300—400 元之间的为第三类。第二类人员每人每年补助标准不低于 400 元，第三类人员每人每年补助标准不低于 300 元。第四类和第五类人员是因其他原因造成家庭基本生活常年困难的家庭，其中家庭年人均纯收入在 400—500 元之间的为第四类，家庭年人均纯收入在 500—700 元之间的为第五类。第四类人员每人每年补助标准不低于 200 元，第五类人员每人每年补助标准不低于 120 元。[③]

---

① 西藏自治区政府：《西藏自治区全面推行农村低保制度》，西藏自治区门户网，http://www.xizang.gov.cn/zwxw/18373.html，2007-03-29。

② 朱书缘：《西藏新增 9.9 万人纳入农村低保》，《人民日报》2012-04-13。

③ 贵州省政府办公厅：《关于全面建立农村居民最低生活保障制度有关问题的通知》，《贵州省人民政府公报》2007 年第 9 期。

贵州省农村最低生活保障资金筹集由省、市、县三级财政按比例分担。全省9个市(州、地)按照各地人均生产总值、财政收入状况、农民人均纯收入、贫困人口数量等因素划分为四类地区,分别确定省级财政的补助比例。一类地区主要是贵阳市,省级补助20%;二类地区包括六盘水市和遵义市,省级补助70%;三类地区包括安顺市、黔西南布依族苗族治州和黔南布依族苗族自治州,省级补助80%;四类地区包括毕节地区、铜仁地区和黔东南苗族侗族自治州,省级补助90%。

2007年,贵州省全面建立和实施了农村低保制度,平均保障标准为742.5元,有250多万生活困难的农村居民被纳入保障范围。2008年,贵州省农村低保标准提高到856元,保障人数增加到324.4万人。[1]2011年,贵州省农村低保平均保障标准为每人每年1468元,保障人数扩大到532.24万人。[2]2013年上半年,贵州省农村低保平均保障标准为每人每年1814.54元,保障人数为479.18万人。[3]

(七)云南省农村低保实施状况

云南省是我国重要的边疆省份和多民族聚居区,同时也是自然灾害频发、贫困人口较多的省份。"十二五"期间,云南省将力争实现居民最低生活保障标准年均增长15%,确保80%的县(市、区)建有设备完善的救助保护设施。云南省政府2013年颁布了《关于进一步加强和改进最低生活保障工作的实施意见》,明确指出户籍状况、家庭收入和家庭财产是认定最低生活保障对象的3个基本条件;从申请程序、审核程序、民主评议、审批程序、公示程序、发放程序等

---

① 张轶群:《贵州去年农村低保户年人均财政补助标准提高220元》,新华网,http://news.xinhuanet.com/newscenter/2009-02/25/content_10889250.htm,2009-02-25。

② 王春华:《贵州低保标准2012年1月起至少提高10%》,新华网,http://news.xinhuanet.com/fortune/2011-12/21/c_111267019.htm,2011-12-21。

③ 民政部:《2013年3季度各省社会服务统计》,民政部门户网,http://files2.mca.gov.cn/cws/201307/20130723095334309.htm,2013-10-18。

六个方面对低保审核审批程序进行规范；建立跨部门、多层次、信息共享的救助申请家庭经济状况核对机制，确保最低生活保障等社会救助对象准确；采取多种方式加强对已经纳入最低生活保障范围救助对象的管理服务，定期跟踪保障对象家庭变化情况，形成最低生活保障对象有进有出、补助水平有升有降的动态管理机制。[①]

2012 年，云南省农村低保对象 437.6 万人，农村低保年人均保障标准达 1674 元，月人均补助水平达 94 元。2013 年云南省农村低保补助水平在上一年的基础上提高了 15%，达到 108 元。[②]截至 2013 年 9 月，云南省有农村低保对象 247.76 万户、467.28 万人。其中，女性 170.78 万人、老年人 133.27 万人、未成年人 55.58 万人、残疾人 26.21 万人；农村低保平均标准每人每年 1896.65 元；各级财政共支出农村低保资金 41.40 亿元。[③]

（八）青海省农村低保实施状况

青海省自 2007 年实施农村最低生活保障制度以来，建立起低保标准与物价上涨联动机制，实现了农村低保制度的全覆盖和动态管理。2007—2012 年连续 5 次提高农村低保标准，由 2007 年的每人每月 70 元提高到 115 元，增长了 64%；农村低保对象由 2007 年的 22.9 万人扩大到 40.07 万人，增加了近一倍。[④]2013 年农村低保标准进一步提高到月人均 170 元，同时，分类施保补助标准也进一步提高，农村低保对象中 60 岁以上老人、残疾人和长期卧床病人由每人每年 100 元提高到 200 元。为保障低保提标政策的落实，缓解物价上涨对低保对象生活的压力，青海省各级财政筹措资金 1.28

---

① 云南省政府：《关于进一步加强和改进最低生活保障工作的实施意见》，民政部门户网，http://dbs.mca.gov.cn/article/ncdb/dfwj/201305/20130500461787.shtml，2013-05-23。

② 云南省政府：《云南城乡低保补助将增 15%，月人均 240 元和 108 元》，云南省政府门户网，http://www.yn.gov.cn/yn_ynyw/201302/t20130217_9672.html，2013-02-17。

③ 民政部：《2013 年 3 季度全国社会服务业统计季报》，民政部门户网，http://files2.mca.gov.cn/cws/201307/20130723085211304.htm，2013-10-18。

④ 财政部：《青海省农村低保标准和五保供养提标幅度居西部前列》，财政部门户网，http://www.mof.gov.cn/xinwenlianbo/qinghaicaizhengxinxilianbo/201205/t20120511_650605.html，2012-05-11。

亿元，其中省级财政新增补助资金 1.05 亿元。[1]根据民政部公布的各省社会服务统计数据，截至 2013 年 9 月，青海省农村低保保障对象有 13.73 万户、40.26 万人，各级财政共支出农村低保资金 5.01 亿元，农村低保标准为每人每年 2088.96 元。[2]

青海省政府 2012 年 12 月印发的《青海省城乡低收入家庭认定办法》指出，"低收入家庭是指家庭成员人均收入、家庭财产以及实际生活状况符合低收入标准的居民家庭；家庭成员是指具有法定赡养、抚养或扶养关系，并共同生活的人员；低收入家庭认定的标准原则上按不超过当地居民最低生活保障标准的 150% 确定；低收入家庭的认定综合考虑申请对象的家庭收入、家庭财产和实际生活状况"[3]。2013 年 5 月青海省民政厅、省财政厅等 11 个部门联合下发的《关于建立低收入居民家庭经济状况核对机制的意见》又对低收入居民家庭经济状况核对的主要内容、主要方式、核对流程以及各相关部门主要职责进行了明确规定。[4]

三、民族地区农村最低生活保障存在的难点问题

农村最低生活保障制度对于贫困面广、贫困程度深、返贫率高的民族地区具有特殊的意义。民族地区农村最低生活保障制度实施以来，为广大民族地区贫困农户提供了基本的生活保障，在改善民族地区贫困农户生活状况、促进民族地区经济发展、提高少数民族国家认同感方面发挥着不可忽视的作用。但是，民族地区农村最低生活保障在具体实施过程中还存在一些难点问题，如果这些问题得不到妥善解决，将直接影响民族地区农村最低生活保障制度的实施效

---

[1]　卢海：《青海省新增城乡居民低保补助金 7 月底前发放》，《青海日报》2013-06-25。

[2]　民政部：《2013 年 3 季度各省社会服务统计》，民政部门户网，http://files2.mca.gov.cn/cws/201310/20131023092658128.htm，2013-10-18。

[3]　张雅宁：《青海省城乡低收入家庭认定实施办法（试行）出台》，《西海都市报》2012-11-16。

[4]　青海省政府：《青海省人民政府办公厅转发关于建立低收入家庭经济状况核对机制意见的通知》，青海省政府门户网，http://xxgk.qh.gov.cn/html/1670/208012.html，2013-05-30。

果和贫困农民的基本生活保障力度。

(一)民族地区农村低保标准制定机制

我国农村最低生活保障制度按照属地原则进行管理,实行的是地方政府负责制,各地区可以根据当地农村经济社会发展水平和财力状况来确定保障标准和保障范围。这就导致民族地区与其他地区之间、不同民族省区之间、甚至同一省区的不同县市之间农村低保标准差异较大,有些县市的农村低保标准甚至低于国家提出的贫困标准线。民政部公布的最新统计数据显示,2013年第三季度全国农村最低生活保障标准为2347.44元,民族八省区中除内蒙古的农村低保标准高于全国平均水平达到3358.93元以外,其他七个民族省区都远低于全国平均水平。其中农村最低生活保障标准最低的广西壮族自治区仅为1713.07元[①],只有北京市农村低保标准的四分之一左右。

低保标准的确定是民族地区农村最低生活保障制度建设的基础环节,为低保范围的界定、低保对象的识别、补助水平的确定以及补助资金的安排提供重要依据。民政部2011年已明确提出,可以采用基本生活费用支出法、恩格尔系数法或消费支出比例法制定和调整低保标准。但在实际操作中,有些民族地区还是主要采用参照国家颁布的扶贫标准或全国平均低保标准的简单方法来确定和调整低保标准,缺乏科学的测算,不能真实反映当地农民的基本生活状况。如何结合当地农村生活实际情况科学制定农村低保标准是民族地区各级政府面临的一大难题。

(二)民族地区农村低保对象识别机制

我国将家庭年人均纯收入低于当地最低生活保障标准的农村居民界定为农村最低生活保障对象,衡量农民家庭收入是民族地区农村低保识别机制的前提。但是目前民族地区农村低保识别机制还

---

① 民政部:《2013年3季度各省社会服务统计》,民政部门户网,http://files2.mca.gov.cn/cws/201307/20130723095334309.htm,2013-10-18。

不健全，在实践操作过程中，不可避免地存在低保对象瞄准偏差的现象。

由于民族地区农民收入本身不稳定性、难以货币化等特点使得对农民收入的审核工作存在一定的难度，主要体现在两个方面：一是农作物、家禽、牲畜等实物在民族地区农村居民收入中占较大比重。这些实物受季节、自然灾害等因素影响较大，而且受市场价格机制的影响在转化成货币时存在较大随意性。二是随着外出务工人员的增加，打工收入也逐渐成为民族地区农民收入的重要组成部分，而打工收入也具有明显的不稳定性和难以测量的特点。

仅采用农民收入这一项指标来识别农村低保户的方法明显滞后。国务院于 2012 年 9 月对这一方法进行了完善，明确提出把户籍状况、家庭收入和家庭财产作为认定最低生活保障对象的三个基本条件，从而形成我国较为完善的最低生活保障对象认定标准体系框架。但是家庭财产的具体指标如何选择？各指标的权重如何设定？指标体系的可操作性如何？对于这些问题民族地区各省区还需要进一步科学论证。如何科学建立出一套详细具体的农村低保对象认定标准体系是民族地区各级政府面临的第二个难题。

（三）民族地区农村低保资金配置和使用效率

民族地区农村贫困人口规模大、贫困程度深，要将所有符合条件的贫困家庭全部纳入农村最低生活保障范围，实现应保尽保，就必须得到各级政府尤其是中央政府的资金支持。民族地区在加大各级财政投入力度的同时，必须重视资金配置和使用效率。只有将农村低保资金用在真正需要帮助的贫困家庭身上，缩小城乡差距和地区差距才能体现公平公正，农民对农村低保制度的满意度才会提高。如何在有限的财政条件下，提高资金配置和使用效率是民族地区农村低保制度运行中面临的第三个难题。

民族地区农村最低生活保障对象的评审机制和监管机制受"熟人社会"的影响，难免会出现"人情保""关系保"，甚至虚报、冒领低保金等违法违规行为。2012 年国家审计署对全国社保资金管理使用情况进行专项审计，结果发现，向不符合条件人员发放低保待遇累计 13.82 亿元；抽查的 8101 个村委会中，719 个村委会未按规定程序审核低保对象，210 个村委会存在干部人为确定低保对象情况。[①]本研究 2011 年对湖南通道侗族自治县和芷江侗族自治县 260 个农户的问卷调查显示，有 28.7% 的农户认为在确定农村低保户过程中存在优亲厚友现象。2013 年对重庆两个民族县（区）295 个农户的问卷调查显示，有 32.5% 的农户认为农村低保在评审过程中存在不公平现象。

综合以上分析，上述三个难点问题的核心就是要构建更加科学完善的民族地区农村最低生活保障目标瞄准机制。只有准确瞄准农村低保对象，才能确保这项惠民政策真正落到实处，才能确保贫困农民基本生活真正得到保障，也才能确保应保尽保的制度目标顺利实现。

因此，构建科学合理的民族地区农村最低生活保障目标瞄准机制是推动低保制度有效运行的基本保障，也是民族地区农村低保制度实施中亟需解决的重点和难点。

第三节 民族地区农村最低生活保障目标瞄准效率

一、民族地区农村最低生活保障目标瞄准理论与实践

农村最低生活保障制度的目标是稳定、持续、有效地解决全国农村贫困人口的温饱问题。影响农村低保制度目标实现的主要因素包括救助的方式（输血式救助、造血式救助）、救助的力度与覆盖面，以及救助对象的瞄准效率。国务院 2007 年颁布的《关于在全国建立农村最低生活保障制度的通知》指出，家庭年人均纯收入低于当地最低生活保障标准的农村居民是农村最低生活保障政策瞄准的对象，主要是因病残、年老体弱、丧失劳动能力以及生存条件恶劣等原

---

① 窦玉沛：《规范农村最低生活保障辅导读本》，中国社会出版社 2012 年版，第 3 页。

因造成"生活常年困难"（即赤贫）的农村居民。[①]但各地实际操作过程中，"生活常年困难"（赤贫）的标准如何界定，农户的年人均纯收入如何计算和衡量，家庭和共同生活的家庭人口如何界定等瞄准技术及其应用，恰恰是目前各地县市政策实践者们最欠缺和最需要的。

在政策实践中，各地并没有真正落实解决"生活常年困难"农村贫困人口的理念。突出表现就是各地对农村低保救助对象的瞄准效率不高，瞄准偏差和瞄准遗漏同时存在。例如，各地基本采用村民评议的传统方法来确定农村最低生活保障对象，民政部门确定的农村低保人口主要是一些特殊的人群（如残疾人、慢性病人等没有劳动能力的人口），其中部分人的收入水平并不低于贫困线等。结果是农村低保的覆盖率已经超过了贫困发生率，但对减贫的作用却十分有限，农村低保政策制定者和执行者对政策效果无法形成准确的预期。

在农村低保制度保障对象的瞄准理论研究方面，部分学者已经进行了开创性研究（李小云等，2006；陈传波和丁士军，2005）。但总体而言，理论界在贫困的维度、贫困与农户脆弱性（如因病返贫）、贫困与农户风险等理论框架和计算方法等方面仍存在较大分歧。

英国国际发展署（DFID）从可持续生计的角度将"贫困"界定为"由于不可持续的生计而造成的一种极端贫困状态"（Devereus，2003）。Sharp(2003)依据这个定义建立了"赤贫指数"并衡量了埃塞俄比亚的贫困状况。但客观而言，其计算赤贫指数的指标和方法无法与我国民族贫困地区的实际相结合，并且其计算赤贫指数的指标往往来源于理论推导，而非理论推导和政策实践的结合，进行的实证分析也往往是官方提供的宏观数据，缺乏一线的入户调查，将

[①]　国务院办公厅：《关于在全国建立农村最低生活保障制度的通知》，中央政府门户网，http://www.gov.cn/zwgk/2007-08/14/content_716621.htm，2007-08-14。

研究对象和调查样本界定为民族贫困地区，以建立适合我国民族贫困地区农村低保保障对象的瞄准技术则更是匮乏。

基于政策实践的需要，以及理论研究的不足，本研究对湖南省两个贫困民族自治县的政策管理和执行部门进行了座谈，修正了调查组先前基于农户脆弱性理论和可持续生计框架理论推导的"赤贫"指数计算指标，然后对当地农村低保的救助对象进行了一线入户调查，并结合入户调查的一线数据评估民族地区农村最低生活保障制度的目标瞄准率，尝试构建民族贫困地区农村最低生活保障目标的瞄准模式。

二、调查地区农村最低生活保障对象基本特征

本研究于 2011 年 7 月赴湖南省通道侗族自治县和芷江侗族自治县开展调研活动。通道侗族自治县农村低保工作于 2006 年 7 月全面启动，同时出台了《关于建立农村居民最低生活保障制度的实施意见》，将人均年收入低于贫困线的农村居民纳入农村低保范围。截至 2011 年 5 月底，全县共有农村低保对象 3800 户、8300 人，占全县农业人口的 4.13%。全年共发放农村低保金 574.2 万元，月人均补差水平为 57.7 元，农村低保金全部实现社会化发放。

芷江侗族自治县的农村低保工作是在 2003 年实施农村特困救助的基础之上，于 2006 年年底正式启动。经过几年的努力，农村低保享受保障金人员由最初的 2164 人发展到目前的 11810 人；保障标准由 2006 年的 420 元 / 年提高到现在的 1080 元 / 年；人均月补差由 16.8 元提高到现在的 68 元。截止到 2011 年 6 月底，全县共有农村低保对象 6462 户、11810 人，占全县农业总人口的 3.47%。

按照规定，通道侗族自治县和芷江侗族自治县的低保户主要是由于因病致贫、因灾致贫、因残致贫、失地少地、年老、无子女或一女等原因被确定为农村低保对象。表 6—2 中列举了两个县因各种原因被纳入低保范围的人数。

表6—2　调查地区2011年农村低保对象基本情况

调查地区	农业人口（万）	保障率（%）	保障户数	保障人数	其中（人）						
					因病致贫	因灾致贫	因残致贫	失地少地	60岁以上	14岁以下	其他
通道县	20.1	4.13	3800	8296	1234	1284	1213	1272	1246	1212	835
芷江县	34	3.47	6462	11810	4987	267	1752	65	3367	1251	121

三、民族地区农村最低生活保障目标瞄准方法与效率

（一）农村最低生活保障目标瞄准方法

目前，两个县农村低保户的确定都必须经过村、乡、县"二评二审三公示"，即个人申请、村小组评议、村民会议或代表会议复评、乡镇审核、县级审批的工作程序。首先，由基本符合条件的识别对象提出申请，村民小组评议后，村委会、工作组按照量化的指标进行调查核实。其次，召开村民代表会议集中进行民主评议，并对申请识别对象的贫困程度进行排序，经公示和村委会、工作组签字盖章把关后报乡镇审核。再次，乡镇人民政府审核后公示，如公示无异议，经乡镇主要领导签字后报县审批。然后，由县民政局审批，并对审批情况进行公示，反馈给乡镇人民政府。最后，公示和反馈无异议后，就被确定为农村低保对象。

以这种方式瞄准的农村低保户必然存在偏差，瞄准遗漏和瞄准漏出现象同时并存。究其原因，主要体现在两个方面。

第一，这种确定方法没有收集详细的收入和支出数据，很难精确反映农户的收入情况。由于缺乏可靠的收入和支出数据，村民委员会只能依赖一些间接的贫困指标对低保申请人资格进行评议，而且绝大多数是以某个特殊个体而不是家庭为单位来确定低保对象。那些家中有人残疾、长期患病、缺乏劳动力的家庭以及因自然灾害暂时贫困的家庭最有可能获得低保。但是这些家庭中有些并不贫

穷，有的家庭中其他成员有一定的收入来源和储蓄，家庭人均纯收入还高于当地的低保线，他们依然被纳入低保范围。

第二，由于没有统一的收入和消费支出标准，不同的乡镇甚至不同的村寨确定低保户时采用的收入标准也不相同，从而导致确定的低保目标存在一定的偏差。此次调查中，28.7%的被调查者都表示村里在确定低保户时，存在村干部优亲厚友的现象。

（二）农村最低生活保障目标瞄准效率

2011年芷江侗族自治县规定的农村最低生活保障线是年人均纯收入1080元，通道侗族自治县规定的农村最低生活保障线是年人均纯收入1067元。本研究将年人均纯收入低于1080元的农户界定为农村低保目标家庭。按照这一政策规定，260份调查样本中有83户家庭人均纯收入低于1080元这一低保线。因此，这83户应该是农村最低生活保障瞄准的目标家庭，其他的177户家庭属于农村低保非目标家庭。

但在实践中，260份调查样本中已经被纳入到低保范围的家庭共70户，其中有62户属于低保目标家庭，目标准确瞄准率为88.6%（见表6—3）。

表6—3　调查地区农村最低生活保障瞄准效果

低保项目	家　庭		合计
	目标家庭	非目标家庭	
已被纳入低保的家庭	62（准确瞄准）	8（错误包含）	70
未被纳入低保的家庭	21	169（准确排除）	190
合　计	83	177	260

从表6—3中的数据可以得出如下结论：

第一，目标家庭中还有21户没有被纳入低保范围，挤出率为25.3%。这主要是因为调查的两个县虽然是民族自治县，但属于中部地区，没有享受到西部地区的优惠政策。由于两县都是贫困县，一方面，农户普遍收入偏低，贫困家庭和低收入家庭数量较多。另一方面，地方财政有限，县财政能够拿出的配套资金很少，无法扩大低保覆盖范围，导致低保覆盖面太窄，仅为4%左右。这种较大的供需缺口必然会导致较大的挤出率。

第二，非目标家庭中有8户家庭被错误纳入低保范围，漏损率为11.4%。调查组依据国际标准，将当地农村人均纯收入的40%作为低收入标准线。即按照湖南省2010年农民人均纯收入5622元的40%（即2248.8元）作为低收入标准线。结果发现，这8户纳入低保范围的非目标家庭人均纯收入都在低收入标准线以下，属于低保边缘户。

从总体上看，调查地区农村最低生活保障目标瞄准率还是比较高的，但是25.3%的挤出率和11.4%的漏损率应该引起政策制定者和执行者的关注和思考。这就要求政府不仅要进一步提高农村低保的保障力度，而且也应创新农村低保目标瞄准机制。前者主要依赖于财政补贴，后者就要依赖于一个有效的测量方法。目前依靠现有的做法，在没有可靠的收入和支出数据的前提下，对于低保户的识别确实是个难题。因此，本研究尝试采用农户生计资产测量方法来识别低保对象，试图提高低保目标瞄准率。

四、基于农户生计资产的农村最低生活保障目标瞄准技术

（一）民族地区农村最低生活保障目标瞄准与农户生计资产测量

许多研究表明，收入只是衡量农户贫困的一个维度，无法反映其他方面的维度（易红梅和张林秀，2011）。因此，要提高调查地区低保制度的目标瞄准效率，前提是准确计量农户的生计资产，进而确定其贫困程度。

可持续生计框架是分析贫困原因、解决贫困问题的一种有效工具。目前使用最广泛的英国国际发展署开发的农户可持续生计框架，是用一个二维平面图来展示生计构成的核心要素及要素之间的关系。在制度、政策以及自然等因素造成的风险性环境中，由资产、政策和制度的相互影响，作为生计核心资产的性质和状况，决定了农户采用生计策略的类型，从而导致某种生计结果，生计结果又反作用于资产，影响资产的性质和状况。[1]

依据英国国际发展署提出的可持续生计理论框架，Sharp(2003)在对非洲进行的关于"赤贫"的量化研究中，认为赤贫指数由三个核心要素构成：一是农户满足基本生存需要的能力；二是农户对那些能使他们摆脱贫困的核心生产性资产的可及性；三是农户对公共的或私人的转移支付的可及性。[2]

以上述两个理论框架为依托，结合调查地区民政局等农村低保政策实践部门的意见和建议，本研究将农户的生计资产分为人力资产、自然资产、物质资产、金融资产和社会资产五大类，并拟在研究农户五类生计资产配置状况的基础上，利用可持续农户生计框架来识别、测量民族地区农户的贫困程度。

(二)民族地区农户生计资产测量指标体系构建

本研究设计、修正后的民族贫困地区农户生计资产测量指标体系如表6—4所示。其中，民族贫困地区的特殊属性主要通过二级测量指标体现。

根据表6—4中各类指标的测量方法和权重设定，就可以分别计算出民族地区每一农户的人力资产、自然资产、物质资产、金融资产和社会资产等五类生计资产的分值，而将农户五大生计资产加总

---

① 李斌、李小云、左停：《农村发展中的生计途径研究与实践》，《农业技术经济》2004年第4期。

② 易红梅、张林秀：《农村最低生活保障政策在实施过程中的瞄准分析》，《中国人口资源与环境》2011年第6期。

后的总值就能反映出农户的贫困程度。

表 6—4　民族地区农户生计资产测量指标体系

资产类型	测量指标	指标符号	指标公式
人力资产	家庭整体劳动能力	H_1	$0.5H_1+0.25H_2+0.25H_3$
	家庭成员拥有的最高受教育程度	H_2	
	家庭成员参加过技术培训的人数	H_3	
自然资产	人均耕地面积	N_1	$0.25N_1+0.25N_2+0.5N_3$
	人均林地面积	N_2	
	人均园地面积	N_3	
物质资产	家庭住房情况	P_1	$0.6P_1+0.4P_2$
	家庭拥有财产情况	P_2	
金融资产	家庭现金收入	F_1	$0.6F_1+0.4F_2$
	获得信贷的机会	F_2	
社会资产	参加社区组织情况	S_1	$0.25S_1+0.25S_2+0.5S_3$
	社会网络支持情况	S_2	
	政府关系网	S_3	

（三）基于农户生计资产测算的农村最低生活保障目标瞄准技术及其应用

　　根据上述民族地区农户生计资产测量指标体系对每一个调查样本的五大生计资产总值进行计算，并按照生计资产总值由低到高进行排序。结果发现，调查地区生计资产总值最低的前 83 位农户正好都是我们确定的农村低保目标家庭，他们的生计资产总值都低于 1.81。实践中被错误包含的 8 个农户家庭分别排列在第 91位、第 95 位、第 103 位、第 104 位、第 111 位、第 112 位、第 115 位、第 124 位。表 6—5 中列出了按照农户生计资产总值对农户进行排列的顺序。

表6—5　以生计资产测量值为基础农户纳入低保的排序

按生计资产总值升序排列的序号	农户人均纯收入	生计资产总值	其　中					实践中的瞄准状况
			人力资产分值	自然资产分值	物质资产分值	金融资产分值	社会资产分值	
1(目标家庭)	47.00	0.94	0.51	0.09	0.23	0.10	0.00	准确瞄准
…								错误排除
83(目标家庭)	1066.7	1.81	0.40	0.50	0.54	0.21	0.17	错误包含
91(非目标家庭)	1250.00	1.83	0.69	0.21	0.58	0.28	0.08	错误包含
95(非目标家庭)	1333.3	1.85	0.44	0.25	0.21	0.70	0.25	错误包含
103(非目标家庭)	1500.00	1.94	0.45	0.98	0.24	0.10	0.17	错误包含
104(非目标家庭)	1500.00	1.95	0.30	0.66	0.48	0.51	0.17	错误包含
111(非目标家庭)	1633.3	1.99	0.81	0.16	0.73	0.29	0.17	错误包含
112(非目标家庭)	1666.67	1.99	0.54	0.16	0.41	0.47	0.42	错误包含
115(非目标家庭)	1678.46	1.99	0.13	0.75	0.66	0.38	0.08	错误包含
124(非目标家庭)	2010.00	2.06	0.63	0.68	0.31	0.20	0.25	错误包含
260(非目标家庭)	13800.00	3.61	0.62	0.75	0.74	0.83	0.67	错误排除

注：由于篇幅所限，表中只列举了部分农户的信息，中间省略了其他农户的信息。

按照农户生计资产测量方法对农户进行排序，可以把农村低保所有目标家庭纳入低保范围，同时把非目标家庭准确排除在低保范围之外。这说明利用农户生计资产测量方法能够准确地对农户进行排序，从而提高农村最低生活保障制度目标瞄准率。

五、提高民族地区农村最低生活保障目标瞄准效率的政策建议

(一)调查地区农村最低生活保障存在目标瞄准偏差

本研究对调查的两个民族贫困自治县农村低保的目标瞄准效率进行了分析，结果表明，农村低保目标的确定存在一定偏差(25.3%的挤出率和11.4%的漏损率)。

调查中发现，在基层实践工作中，绝对贫困户基本都能被纳入农村低保范围，且不会引起争议。容易引起争议、使农户之间产生不公平感的，主要是对于那些接近农村低保线的低收入边缘家庭的确定。这也是农村最低生活保障制度目标瞄准的难点。年人均纯

收入在农村低保线附近的农户，家庭生活状况有一定的差异，但他们之间差异比较小，而且大家生活水平都不高。采用目前现有的村、乡、县逐级推荐审批的办法很难准确判断和把握，究竟应该将谁纳入低保范围，这就为人为因素的介入创造了条件，造成基层实践中还存在一定的目标瞄准偏差。

（二）建立基于农户生计资产测量的农村最低生活保障目标瞄准技术

本研究尝试建立了民族地区农户生计资产测量指标体系，按照生计资产总值对每一个调查农户进行排序，并以此为依据来判断农户纳入农村低保范围的先后顺序。

分析结果表明，这种方法可以对农户进行准确排序。农户生计资产量化方法不仅可以反映农户家庭收入状况，而且可以反映农户的生计状况，进而较全面地反映农户整体生活状况，具有较强代表性。

在基层实际工作中，这些农户生计资产相关信息的采集也比较简单，容易掌握且可操作性强。因此，本研究提出的农户生计资产量化方法，能够准确辨别农村低保对象，是提高农村最低生活保障制度目标瞄准率的一种有代表性、可操作性强的方法。

（三）加大农村低保保障力度，实现应保尽保

此次调查的两个贫困民族自治县农村最低生活保障制度保障率仅为4%左右，保障范围很低。建议对于这类贫困民族自治县，中央可以比照西部农村低保保障比例下拨低保资金，加大上级转移支付力度，减缓贫困地区地方财政压力。这样地方政府才可以拿出更多的配套资金和工作经费用于充实乡镇和村级的最基层工作人员，从而才有可能采集到农户准确的信息，并进行跟踪调查，使农村低保政策达到理想效果，真正实现动态管理和应保尽保。

第七章
民族地区农村社会保障难点及政策建议

第一节　民族地区农村社会保障的难点问题

本研究采用定量研究与定性研究相结合、理论研究与实证分析相结合的研究方法，经过文献研究、政府相关管理人员个别访谈和农民入户调查三个阶段，对民族地区农村社会保障政策制定和具体实施过程中面临的重点和难点问题进行分析，最后得出以下结论。

一、正确认识民族地区所处的特殊环境

恶劣的自然环境、落后的经济基础、特殊的社会习俗、较低的行政效率是民族地区所处的特殊环境，这决定了民族地区农村社会保障制度设计的差异性。允许民族地区在全国统一的制度框架内，根据自己的实际情况因地制宜地开展农村社会保障事业，并适时进行调整与完善。但从长远来看，民族地区农村社会保障的差异化设计只是一个过渡性措施，是一个特定历史阶段的特殊产物。随着民族地区经济社会的不断发展，民族地区与全国其他地区的差距将逐步缩小甚至消失，民族地区农村社会保障的差异性将被全国统筹所取代。

二、遵循民族地区农村社会保障制度发展的客观规律

民族地区农村社会保障制度的发展不可能一蹴而就，必然要经历一个从无到有、从低到高、逐步完善的过程。在不同的经济发展阶段，民族地区农村社会保障制度建设的发展理念和内容有所不同。民族地区农村社会保障制度建设应遵循统一性与差异性相结合、与民族地区经济发展相适应、可持续发展、与其他保障方式相结合、与补充保障相结合等原则。

民族地区农村社会保障需求具有差异性、层次性、动态性的特征，民族地区农民对社会保障需求的种类、数量和结构直接影响政府的制度供给。民族地区农村社会保障制度的需求方与供给方经过多轮的修正和调整，最终才能达到均衡状态；一旦原有的均衡被打破，通过动态调整机制又会重新达到新的均衡。

民族地区的农民不仅面临着与其他地区相同的经济风险，而且还面临着自然风险、社会风险、政治风险和文化风险等特殊的风险。社会保障是化解民族地区各种风险的有力工具。民族地区农村社会保障体系的各个子项目规避的风险类型、保障的对象以及保障的方式有所不同。

三、建立以需求为导向的民族地区新型农村养老保险制度供给机制

新农保制度已经在全国所有县级行政区全面实施，各地参保率也维持较高的水平。但本研究调查发现，第一，调查地区依然有20%左右的农民没有参保。第二，存在农民的参保行为与其真实意愿相背离现象。已经参保的农民中，有65%左右的人是"自己觉得挺划算"而参保，其他35%的人并非心甘情愿甚至对政策不太了解的情况下参保。这表明并不是所有已经参加新农保的农民都是在信息对称的条件下完全自愿参保。第三，农村居民缴费行为与其承受能力存在差异。调查地区98%的参保农民缴纳的金额都是最低档100元。在被调查农民中，有56%左右的人由于收入低交不起等原

因能够缴纳的最高金额为 100 元，其他 44% 的人能够缴纳的最高金额为 200 元及以上。这表明新农保制度设计的激励机制吸引力不够，还没有充分激发出农民参保的积极性。

四、提高民族地区新型农村合作医疗疾病风险分担机制

新型农村合作医疗制度实施以来，在解决民族地区农民"看病难"和"看病贵"问题上取得了一定的成效，但在运行过程中还存在诸多问题，无法完全满足民族地区农民对医疗保险的需求。

新农合制度的实施使得农民就医地点发生显著变化。调查样本中仍有 18.6% 的农民没有参加新农合；农民治病的主要经济来源依靠个人储蓄和他人帮助；经济困难是导致农民提前出院的主要原因；新农合制度实施后，农民治病首选的就医方式由原来的以土方、自己买药、村卫生所、乡镇卫生院为主，转变成现在以乡镇卫生院和县级医院为主；医疗环境状况、农民对制度的了解程度以及家人是否住院是影响农民对新农合满意度的重要因素。

五、构建以农户生计资产为基础的民族地区农村最低生活保障目标瞄准机制

民族地区农村最低生活保障制度的实施，在很大程度上保障了困难群众的基本生活。但在目前地方财政非常有限的情况下，还无法完全实现民族地区贫困人口的应保尽保。第一，调查地区农村最低生活保障制度保障率仅为 4% 左右，保障范围很低。第二，民族地区农村低保目标瞄准机制尚不健全，导致农村低保目标瞄准存在一定偏差。本研究发现，调查地区农村低保目标准确瞄准率为 89%，其中存在 25% 的挤出率和 11% 的漏损率。第三，本研究构建的民族地区农户生计资产测量指标体系，不仅可以反映农户家庭收入状况，而且可以反映农户的生计状况，能够较全面地反映农户整体生活状况。农户生计资产量化方法能够准确识别农村低保对象，是提高农村最低生活保障制度目标瞄准率的一种有代表性、可

操作性强的方法。

第二节　完善民族地区农村社会保障
制度建设的政策建议

综合以上分析，民族地区农村社会保障制度建设在制度模式、财务机制和工作网络三个方面还有待进一步完善。

一、完善民族地区农村社会保障制度模式的政策建议

（一）因地制宜地制定实施细则

对于民族地区农村社会保障制度，无论是新型农村养老保险制度、新型农村合作医疗制度，还是农村最低生活保障制度，地方政府都应以当地农村居民需求为导向，坚持因地制宜的原则，制定并完善符合当地实际情况的具体实施办法。在制度建设过程中，应该选择当地农村居民需求最为迫切的保障项目作为突破点，着重解决当地农村居民最为关心的问题。

（二）逐步提高统筹层次

目前，我国农村社会保障制度的实施是以县级为单位进行统筹，这也就导致了制度的"碎片化"现象比较严重。如新型农村合作医疗制度的具体规定在民族地区各省（区）之间、同一省（区）的不同县（市）之间存在较大差别。民族地区各县（市）农民个人缴费金额、各级医疗机构的报销比例、报销的起付线和封顶线等都不尽相同。不同县（市）之间的农民进行比较后，很容易认为受到不公平的待遇，对制度产生抵触心理，这将不利于农民长期缴费和制度的可持续发展。因此，有条件的地方应先实现市级统筹，然后逐步提高到省级统筹，最后实现全国统筹。

（三）合理制定有效的农民缴费激励机制

任何一项保险制度都应遵循"大数法则"，参保的人数越多，抵御风险的能力越强。中青年这一群体是民族地区农村社会保障的

主要参与者，他们的参保行为及缴费额度直接决定着农村社会保障制度能否可持续发展。如目前新型农村养老保险在各地实际运行过程中，中青年农村居民参保积极性相对较低。虽然有多缴多得以及缴费年限越长补贴越多的奖励政策，但有些地方政府由于财政紧张，没能对选择高档次的人员增加补贴。有些县市即使有补贴，补贴奖励的额度不大，对农民的吸引力不够。因此，各地政府应对缴费年限长、缴费金额多的农民给予一定额度的补贴，充分调动农民尤其是中青年农民的缴费积极性。

二、完善民族地区农村社会保障财务机制的政策建议

民族地区新型农村养老保险制度和新型农村合作医疗制度均采用个人缴费、集体补助、财政补贴相结合的筹资模式。由于绝大多数民族地区的农村集体经济非常薄弱，几乎拿不出资金为农民的社会保障提供补助。因此，个人缴费和政府补贴是民族地区新型农村养老保险制度和新型农村合作医疗制度资金筹集的两大渠道。民族地区农村最低生活保障制度是以地方财政为主要资金来源，中央财政给予适当补助。实际上，中央财政和地方财政承担了民族地区农村社会保障资金筹集的绝大部分责任。

各级政府财政的可持续支付能力直接影响着民族地区农村社会保障的覆盖面、保障程度以及相关制度的持续性。省、市、县三级财政分担了民族地区农村社会保障制度的地方财政补贴，按照财政支付能力和补偿比例，从长期来看，省、市两级财政对农村社会保障的支付风险较小，而县级财政需要提供补贴资金的可持续性存在巨大压力。

因此，一方面，应重点加大中央财政和省级财政对民族地区农村社会保障的投入力度，鼓励和调动县级政府投资农村社会保障事业的积极性。另一方面，应积极探索多渠道的筹资方式，并鼓励和引导社会力量提供捐赠和资助。

三、完善民族地区农村社会保障工作网络的政策建议

目前，民族地区农村社会保障的工作网络建设明显滞后，远远满足不了农民对农村社会保障的服务需求，制约了民族地区农村社会保障制度实施效率的提高。

(一)完善工作网络平台建设

民族地区农村社会保障工作的开展与实施最终都要落实到微观个体，每个农民的参保缴费、收入核查、生存认证等工作都在村一级完成，需要一支相对稳定的专门人员来完成。基层业务经办是民族地区农村社会保障实施过程中的重点和难点，基础工作扎实有效又是业务经办工作的重点。这就迫切需要搭建并完善县级社保局—乡镇社保所—村级协管员三级工作网络平台，形成民族地区农村社会保障工作的长效机制。

(二)加强基础队伍建设

县、乡、村三级社会保障工作人员对政策的掌握程度及其服务态度直接影响着民族地区农民对社会保障制度供给的满意度。因此，为了提供更高效、快捷、动态的服务，民族地区应加强对社会保障基层工作人员的业务培训，使其准确把握政策内涵、熟悉办理规程和相关流程。同时，民族地区各级政府在加大宣传力度的同时，应采用多样化的宣传形式，尤其要注重宣传内容的准确性，加深农民对社会保障制度的了解，逐步消除农民的顾虑。

(三)创新业务经办体制

民族地区农村社会保障制度的实施应逐步将管理与经办分开，尝试委托有资质的商业保险机构等社会公共服务平台来经办社会保障业务。民族地区相关政府部门主要负责政策的制定、监管、落实等职责，逐步形成管理、经办、监管相对分离的农村社会保障管理运行机制。

附录一

农村社会保障调查问卷

尊敬的农民朋友：

您好！

本次调查由中南民族大学社会保障专业的师生组织，主要目的是希望了解新型农村养老保险、新型农村合作医疗和农村最低生活保障等制度的实施状况以及广大农民对我国农村社会保障制度的真实需求，以期为我国农村社会保障制度的改革与完善献计献策。您所提供的相关信息仅用于学术研究，未经您的许可，我们不会泄露任何信息。因此，请您务必根据自己的真实情况如实填答。

感谢您的支持和配合！

_____省_____市_____县（区）_____乡（镇）_____村

姓名_____   民族_____   联系电话_____

A、农户基本情况

A1、您家住在一起的总人数有____人（总人数指现在生活在一起，已经结婚分了家的不算）。

每位家庭成员的基本情况 （有几人就写几人）	被调查者	成员1	成员2	成员3	成员4	成员5
与户主关系 ①户主 ②配偶 ③父母辈 ④祖父母辈⑤ 子女 ⑥媳婿 ⑦孙辈 ⑧兄弟姐妹 ⑨ 其他亲戚						
性别 ①男 ②女						
年龄						
文化程度 ①没上过学 ②小学 ③初中 ④高中中专技校 ⑤大专及以上						

A2、您家中有劳动能力的人数＿＿＿＿。其中，务农人数＿＿＿；本地打工人数＿＿＿；县外打工人数＿＿＿；县外打工开始时间＿＿＿年；参加过技术培训的人数＿＿＿。

A3、您家有耕地＿＿＿亩，园地＿＿＿亩，林地＿＿＿亩，牧场＿＿＿亩，其他＿＿＿＿亩。

A4、您觉得您家土地条件怎样？ ＿＿＿＿

a.土地肥沃 b.土地质量中等 c.土地质量较差 d.数量太少

A5、您家共有＿＿＿间房，房屋结构属于＿＿＿＿。

a.混凝土 b.砖瓦房 c.砖木结构 d.土（木）泥

e.草房 f.其他＿＿＿

A6、您家里是否拥有下列物品？

物品 名称	拥有 数量	物品 名称	拥有 数量	物品 名称	拥有 数量
电视		电风扇		小轿车	
电冰箱		固定电话		货车	
洗衣机		手机（小灵通）		拖拉机	
空调		微波炉		推土机	
热水器		摩托车		耕牛（羊）	

A7、您家有事需要用钱时，您会怎么解决？_____（可多选，需按先后顺序排列）

a. 动用自家存款　　b. 亲戚朋友邻居借钱　　c. 银行贷款；

d. 高利贷　　　　　e. 其他_____

A8、您及家人是否参加过社区合作组织？

a. 是，____个　　b. 否

A9、您家中有无党员_____　　　　　a. 有　　　　　　b. 无

　　　　有没有亲戚朋友在政府部门工作？_____　　a. 有　　b. 无

A10、在生产劳动方面（如农忙）人手不够时，您会请亲戚邻居帮忙吗？_____

a. 几乎不找　　b. 偶尔会找　　c. 经常相互帮忙

A11、您家生活中有大事情时（如外出打工、子女上学等），您会找亲戚邻居商量吗？_____

a. 几乎不找　　b. 偶尔会找　　c. 经常

A12、平时在生活中需要借钱或物品时，您能从亲戚朋友那里借到吗？____

a. 几乎借不到　　b. 偶尔能借到　　c. 大多数情况能借到

A13、您最需要政府提供的农村社会保障是_____（请按重要程度排序）

a. 灾害救助　　b. 养老保险　　c. 合作医疗　　d. 农村低保

e. 扶贫开发　　f. 子女教育　　g. 其他（请注明）_____

A14、您所在地的地理情况属于_____

a. 平原　　b. 山区　　c. 丘陵　　d. 高原

e. 牧区　　f. 其他

B、新型农村社会养老保险专项（简称新农保）

B1、您村里一共有____人，60 岁以上老人有____人。

B2、按照目前的生活水平，您觉得一个 60 岁以上的老人养老最低需要花费____元 / 月。

B3、您自己年老时希望采取哪种方式来养老？＿＿＿＿＿＿（可多选，请按重要程度排列）

a. 子女养老　b. 个人储蓄养老　c. 社会保险养老

d. 养老院　e. 商业保险养老　f. 集体养老　　g. 其他＿＿＿

B4、如果个人缴费越多，政府发的养老金就越多，您能承担的最高金额是每人每年＿＿＿＿元。

B5、您所在的县是新农保的试点县吗？＿＿＿＿　a. 是　　b. 否

若不是试点县，只回答 B6、B7 两个问题：

B6、如果将来在您县里实行新农保，您愿意参加吗？＿＿＿＿

a. 愿意　　　b. 不愿意

B7、如果不愿意，不参加新农保的原因是＿＿＿＿

a. 虽交得起钱，但是养老金太少　　b. 担心将来无法兑现

c. 没有钱交　d. 不了解政策　　e. 其他＿＿＿＿

若是试点县，请回答以下问题：

B8、您对新农保相关政策了解吗？如养老金发放办法等＿＿＿＿

a. 非常清楚　b. 比较清楚　c. 不太清楚　d. 不清楚

B9、您村里大概有多少人参加了新农保？＿＿＿＿＿人

B10、您家有人参加新农保吗？　a. 没有　b. 有，有＿＿人。

（1）若没有参加新农保，原因是＿＿＿＿

a. 虽交得起钱，但是养老金太少　b. 担心将来无法兑现

c. 没有钱交　　　　d. 不了解政策　　　　e. 其他＿＿＿＿

（2）若参加新农保，原因是＿＿＿＿

a. 如果我们不参加，家里的老人就拿不到养老金　b. 自己觉得挺划算　c. 很多人都参加就跟着参加　d. 政府替我们交费　e. 其他＿

（3）若参加了，您缴纳的费用是＿＿＿＿元 / 人 / 年，政府共补＿＿＿＿＿＿＿＿元 / 人 / 年。

B11、国家规定累计缴满 15 年，60 岁时才能领取养老金。如果当您 60 岁时没有缴够 15 年，您愿意一次性补够 15 年的钱吗？＿＿＿

a. 愿意　　　b. 不愿意

B12、您家中有 60 岁以上的老人吗？（不一定和您住在一起）___

a. 有　　　b. 没有

若有，请回答下面四个问题：

(1) 老人是否已领取养老金（最低 55 元 / 月）？　___

　　a. 领了　　　b. 没有领

(2) 您有几个兄弟姐妹？　___人。（若被调查者是 60 岁以上的老人，此题不问）

每个兄弟姐妹的情况	性　别	年　龄	是否参加新农保？	有没有退保？
兄弟姐妹一	a.男　b.女		a.是　　b.否	a.有　b.没有
兄弟姐妹二	a.男　b.女		a.是　　b.否	a.有　b.没有
兄弟姐妹三	a.男　b.女		a.是　　b.否	a.有　b.没有
兄弟姐妹四	a.男　b.女		a.是　　b.否	a.有　b.没有
兄弟姐妹五	a.男　b.女		a.是　　b.否	a.有　b.没有
兄弟姐妹六	a.男　b.女		a.是　　b.否	a.有　b.没有

(3) 您的兄弟姐妹没有参保或退保的原因是___？

a. 钱交得起，但是养老金太少　　　b. 担心将来无法兑现

c. 没有钱交　　　　　　d. 不了解政策　　　e. 其他___

(4) 这位 60 岁以上老人的主要生活来源有___

a. 自己的储蓄　　　　　b. 子女给钱

c. 国家给的养老金　　　d. 其他___

C、新型农村合作医疗专项

C1、您和家人的身体情况怎么样？

健康的有___人；患有疾病的有___人；残疾人有___人。

C2、如果您生病了，治病的钱主要来源于___。（按顺序由多到少依次填写）

a. 儿女出钱　　b. 个人储蓄　　c. 新型合作医疗报销；

d. 亲朋好友借钱　　e. 依靠村集体　　f. 政府救济　　g. 其他___

C3、一般情况下，您和家人得小病后，会怎么办？＿＿＿＿
如果得了大病怎么办？＿＿＿＿

a. 硬扛着　　b. 自我治疗（自己买药）

c. 看门诊　　d. 住院治疗

C4、如果您得了小病需要治疗，首先会去哪里治疗？＿＿＿＿
如果得了大病，首先会去哪里治疗？＿＿＿＿

a. 私人诊所　　　b. 村卫生所　　　c. 乡卫生院

d. 县医院　　　　e. 市医院　　　　f. 省医院

C5、2010 年，您和家人得过病吗？＿＿＿＿

a. 得过　　　b. 没得过

（1）若得过，去医院看病了吗？＿＿＿＿

a. 看了　　　　b. 没有去看

（2）如果没有去看病，原因是＿＿＿＿

a. 扛一扛就过去了　　　　b. 医疗费太贵

c. 医生水平不高，看了也治不好　　d. 其他＿＿＿＿

C6、去年，您和家人看门诊的次数为＿＿＿＿次／年，全年看门诊自己总共花了＿＿＿＿元。

新农合总共报销了＿＿＿＿元，在哪儿看的门诊＿＿＿＿？

a. 私人诊所　　　b. 村卫生所　　　c. 乡卫生院

d. 县医院　　　　e. 地市医院　　　f. 省医院

C7、去年，您和家人一共住了＿＿＿＿次院，全年住院自己总共花了＿＿＿＿元，新农合报销了＿＿＿＿元，最后一次住院共住了＿＿＿＿天，在哪住院？＿＿＿＿

a. 私人诊所　　b. 村卫生所　　　c. 乡卫生院

d. 县医院　　　e. 地市医院　　　f. 省医院

C8、若您和家人有慢性病，去年治慢性病共花了＿＿＿＿元，新农合报销了＿＿＿＿元。

C9、您对新农合相关政策了解吗？＿＿＿＿

a. 非常清楚　　b. 比较清楚　　c. 不太清楚　　d. 不清楚

C10、您认为新农合采用哪种补偿方式最合适？_____

a. 保门诊　　b. 保住院　　c. 大病小病都保，以门诊为主

d. 大病小病都保，以住院为主　　e. 其他_____

C11、当地政府规定，每人要交纳的合作医疗费是_____元/人/年；报销起付线为_____元/年；封顶线为_____元/年；门诊报销比例为____%，乡卫生院住院报销比例为____%，县医院报销比例为____%。

C12、(1)您家有人参加新农合吗？a. 没有　b. 有，有___人参加

(2)您家有人退保吗？　　　　a. 没有　b. 有

(3)没有参加新农合的原因是_____，退保的原因是_____。

a. 身体健康　　b. 刚得过大病，不会再得病

c. 报销金额太低　　d. 没钱交　　e. 其他_____

C13、家里外出打工的人参加新农合了吗？_____

a. 参加了　　b. 没有参加

如果参加过新农合(包括退保的)，请回答以下问题：

C14、参加新农合，有没有减轻家里看病的负担？_____

a. 明显减轻负担　　b. 负担稍微有所减轻；

c. 和以前没区别　　d. 没有减轻，反而增加

C15、参加新农合后，家里每年看病的费用与以前相比_____

a. 增高了　　b. 没什么变化　　c. 降低了

C16、参加新农合后，您看门诊的费用报销过吗？_____

a. 是　　　　b. 否

住院费用报销过吗？____　　　　a. 是　　b. 否

C17、如果没有报销过，原因是_____

a. 没生过病　　b. 钱少没给报　　c. 报销手续太麻烦

d. 不了解报销手续　e. 其他_____

D、农村最低生活保障

D1、您所在的县是贫困县吗？_____   a.是   b.不是

您家是贫困户吗？_____   a.是   b.不是

若是贫困户，属于_____

a.五保户   b.低保户   c.特困户   d.其他_____

D2、您认为导致贫困的原因是_____。（可多选）

a.缺乏劳动力   b.因病致贫   c.自然灾害   d.致富无门路

e.地少   f.缺乏资金技术   g.子女教育费太高   h.其他

D3、村里在确定低保户时，村干部有没有优亲厚友的现象？___

a.有   b.没有

您认为村里有_____户不应纳入低保户。

还有_____户真正的贫困家庭没有纳入贫困户。

D4、您是否得到过扶贫部门的资助？___a.是   b.否

若是，您家以前获得过什么样的帮助？_____

您最希望获得什么帮助？_____

a.小额贷款   b.技术培训   c.提供就业机会

d.教育补助   e.危房改造   f.其他_____

D5、2010年您家一年所有收入_____元（包括农业收入、工资、打工收入、政府补贴等）。

D6、2010年您家一年所有支出_____元（包括生产生活费、教育费、人情往来、医疗费等）。

再次感谢您的支持和配合！

附录二

国务院关于开展新型农村
社会养老保险试点的指导意见^①

国发〔2009〕32 号

各省、自治区、直辖市人民政府，国务院各部委、各直属机构：

根据党的十七大和十七届三中全会精神，国务院决定，从 2009 年起开展新型农村社会养老保险（以下简称新农保）试点。现就试点工作提出以下指导意见：

一、基本原则

新农保工作要高举中国特色社会主义伟大旗帜，以邓小平理论和"三个代表"重要思想为指导，深入贯彻落实科学发展观，按照加快建立覆盖城乡居民的社会保障体系的要求，逐步解决农村居民老有所养问题。新农保试点的基本原则是"保基本、广覆盖、有弹性、可持续"。一是从农村实际出发，低水平起步，筹资标准和待遇标准要与经济发展及各方面承受能力相适应；二是个人（家庭）、集体、政府合理分担责任，权利与义务相对应；三是政府主导和农民自愿相结合，引导农村居民普遍参保；四是中央确定基本原则和主要政策，地方制订具体办法，对参保居民实行属地管理。

二、任务目标

探索建立个人缴费、集体补助、政府补贴相结合的新农保制度，

---

① 国务院办公厅：《关于开展新型农村社会养老保险试点的指导意见》，中央政府门户网，2009-09-04，http://www.gov.cn/zwgk/2009-09/04/content_1409216.htm。

实行社会统筹与个人账户相结合，与家庭养老、土地保障、社会救助等其他社会保障政策措施相配套，保障农村居民老年基本生活。2009 年试点覆盖面为全国 10% 的县（市、区、旗），以后逐步扩大试点，在全国普遍实施，2020 年之前基本实现对农村适龄居民的全覆盖。

三、参保范围

年满 16 周岁（不含在校学生）、未参加城镇职工基本养老保险的农村居民，可以在户籍地自愿参加新农保。

四、基金筹集

新农保基金由个人缴费、集体补助、政府补贴构成。

（一）个人缴费。参加新农保的农村居民应当按规定缴纳养老保险费。缴费标准目前设为每年 100 元、200 元、300 元、400 元、500 元 5 个档次，地方可以根据实际情况增设缴费档次。参保人自主选择档次缴费，多缴多得。国家依据农村居民人均纯收入增长等情况适时调整缴费档次。

（二）集体补助。有条件的村集体应当对参保人缴费给予补助，补助标准由村民委员会召开村民会议民主确定。鼓励其他经济组织、社会公益组织、个人为参保人缴费提供资助。

（三）政府补贴。政府对符合领取条件的参保人全额支付新农保基础养老金，其中中央财政对中西部地区按中央确定的基础养老金标准给予全额补助，对东部地区给予 50% 的补助。

地方政府应当对参保人缴费给予补贴，补贴标准不低于每人每年 30 元；对选择较高档次标准缴费的，可给予适当鼓励，具体标准和办法由省（区、市）人民政府确定。对农村重度残疾人等缴费困难群体，地方政府为其代缴部分或全部最低标准的养老保险费。

五、建立个人账户

国家为每个新农保参保人建立终身记录的养老保险个人账户。个人缴费，集体补助及其他经济组织、社会公益组织、个人对参保人缴费的资助，地方政府对参保人的缴费补贴，全部记入个人账户。

个人账户储存额目前每年参考中国人民银行公布的金融机构人民币一年期存款利率计息。

六、养老金待遇

养老金待遇由基础养老金和个人账户养老金组成，支付终身。

中央确定的基础养老金标准为每人每月 55 元。地方政府可以根据实际情况提高基础养老金标准，对于长期缴费的农村居民，可适当加发基础养老金，提高和加发部分的资金由地方政府支出。个人账户养老金的月计发标准为个人账户全部储存额除以 139（与现行城镇职工基本养老保险个人账户养老金计发系数相同）。参保人死亡，个人账户中的资金余额，除政府补贴外，可以依法继承；政府补贴余额用于继续支付其他参保人的养老金。

七、养老金待遇领取条件

年满 60 周岁、未享受城镇职工基本养老保险待遇的农村有户籍的老年人，可以按月领取养老金。

新农保制度实施时，已年满 60 周岁、未享受城镇职工基本养老保险待遇的，不用缴费，可以按月领取基础养老金，但其符合参保条件的子女应当参保缴费；距领取年龄不足 15 年的，应按年缴费，也允许补缴，累计缴费不超过 15 年；距领取年龄超过 15 年的，应按年缴费，累计缴费不少于 15 年。

要引导中青年农民积极参保、长期缴费，长缴多得。具体办法由省（区、市）人民政府规定。

八、待遇调整

国家根据经济发展和物价变动等情况，适时调整全国新农保基础养老金的最低标准。

九、基金管理

建立健全新农保基金财务会计制度。新农保基金纳入社会保障基金财政专户，实行收支两条线管理，单独记账、核算，按有关规定实现保值增值。试点阶段，新农保基金暂实行县级管理，随着试点扩大和推开，逐步提高管理层次；有条件的地方也可直接实行省级管理。

十、基金监督

各级人力资源社会保障部门要切实履行新农保基金的监管职责，制定完善新农保各项业务管理规章制度，规范业务程序，建立健全内控制度和基金稽核制度，对基金的筹集、上解、划拨、发放进行监控和定期检查，并定期披露新农保基金筹集和支付信息，做到公开透明，加强社会监督。财政、监察、审计部门按各自职责实施监督，严禁挤占挪用，确保基金安全。试点地区新农保经办机构和村民委员会每年在行政村范围内对村内参保人缴费和待遇领取资格进行公示，接受群众监督。

十一、经办管理服务

开展新农保试点的地区，要认真记录农村居民参保缴费和领取待遇情况，建立参保档案，长期妥善保存；建立全国统一的新农保信息管理系统，纳入社会保障信息管理系统（"金保工程"）建设，并与其他公民信息管理系统实现信息资源共享；要大力推行社会保障卡，方便参保人持卡缴费、领取待遇和查询本人参保信息。试点地区要按照精简效能原则，整合现有农村社会服务资源，加强新农保经办能力建设，运用现代管理方式和政府购买服务方式，降低行政成本，提高工作效率。新农保工作经费纳入同级财政预算，不得从新农保基金中开支。

十二、相关制度衔接

原来已开展以个人缴费为主、完全个人账户农村社会养老保险（以下称老农保）的地区，要在妥善处理老农保基金债权问题的基础上，做好与新农保制度衔接。在新农保试点地区，凡已参加了老农保、年满60周岁且已领取老农保养老金的参保人，可直接享受新农保基础养老金；对已参加老农保、未满60周岁且没有领取养老金的参保人，应将老农保个人账户资金并入新农保个人账户，按新农保的缴费标准继续缴费，待符合规定条件时享受相应待遇。

新农保与城镇职工基本养老保险等其他养老保险制度的衔接

办法，由人力资源社会保障部会同财政部制定。要妥善做好新农保制度与被征地农民社会保障、水库移民后期扶持政策、农村计划生育家庭奖励扶助政策、农村五保供养、社会优抚、农村最低生活保障制度等政策制度的配套衔接工作，具体办法由人力资源社会保障部、财政部会同有关部门研究制订。

十三、加强组织领导

国务院成立新农保试点工作领导小组，研究制订相关政策并督促检查政策的落实情况，总结评估试点工作，协调解决试点工作中出现的问题。

地方各级人民政府要充分认识开展新农保试点工作的重大意义，将其列入当地经济社会发展规划和年度目标管理考核体系，切实加强组织领导。各级人力资源社会保障部门要切实履行新农保工作行政主管部门的职责，会同有关部门做好新农保的统筹规划、政策制定、统一管理、综合协调等工作。试点地区也要成立试点工作领导小组，负责本地区试点工作。

十四、制定具体办法和试点实施方案

省（区、市）人民政府要根据本指导意见，结合本地区实际情况，制定试点具体办法，并报国务院新农保试点工作领导小组备案；要在充分调研、多方论证、周密测算的基础上，提出切实可行的试点实施方案，按要求选择试点地区，报国务院新农保试点工作领导小组审定。试点县（市、区、旗）的试点实施方案由各省（区、市）人民政府批准后实施，并报国务院新农保试点工作领导小组备案。

十五、做好舆论宣传工作

建立新农保制度是深入贯彻落实科学发展观、加快建设覆盖城乡居民社会保障体系的重大决策，是应对国际金融危机、扩大国内消费需求的重大举措，是逐步缩小城乡差距、改变城乡二元结构、推进基本公共服务均等化的重要基础性工程，是实现广大农村居民老有所养、促进家庭和谐、增加农民收入的重大惠民政策。

各地区和有关部门要坚持正确的舆论导向，运用通俗易懂的

宣传方式，加强对试点工作重要意义、基本原则和各项政策的宣传，使这项惠民政策深入人心，引导适龄农民积极参保。

各地要注意研究试点过程中出现的新情况、新问题，积极探索和总结解决新问题的办法和经验，妥善处理改革、发展和稳定的关系，把好事办好。重要情况要及时向国务院新农保试点工作领导小组报告。

国务院

二〇〇九年九月一日

附录三

关于做好2015年新型农村合作
医疗工作的通知^①

国卫基层发〔2015〕4号

各省、自治区、直辖市卫生计生委、财政厅（局）：

为贯彻落实国务院关于"十二五"期间深化医药卫生体制改革规划的有关要求，巩固完善新型农村合作医疗（以下简称新农合）制度，现就做好2015年新农合工作通知如下：

一、提高筹资水平

2015年，各级财政对新农合的人均补助标准在2014年的基础上提高60元，达到380元，其中：中央财政对120元部分的补助标准不变，对260元部分按照西部地区80%、中部地区60%的比例进行补助，对东部地区各省份分别按一定比例补助。农民个人缴费标准在2014年的基础上提高30元，全国平均个人缴费标准达到每人每年120元左右。积极探索建立与经济发展水平和农民收入状况相适应的筹资机制，逐步缩小城乡基本医保制度筹资水平差距。

二、增强保障能力

合理调整新农合统筹补偿方案，将政策范围内门诊和住院费用报销比例分别提高到50%和75%左右。以省（区、市）为单位统

① 国家卫生计生委、财政部：《关于做好2015年新型农村合作医疗工作的通知》，国家卫生计生委门户网，2015-01-29，http://www.nhfpc.gov.cn/jws/s3581sg/201501/98d95186d494472e8 d4ae8fa60e9efc5.shtml。

一制订新农合报销药品目录和诊疗项目目录，建立完善目录动态调整机制。严格控制目录外费用占比，缩小政策报销比和实际报销比之间的差距。加强门诊与住院补偿方案的衔接，适当提高门诊手术、日间手术等门诊诊疗报销比例，合理设置住院起付线或低费用段报销政策，控制门诊转住院行为。将符合条件的村卫生室、非公立医疗机构、养老机构内设医疗机构等纳入新农合定点范围，满足参合群众多样化需求。

三、全面实施大病保险制度

2015 年，各地要全面推开利用新农合基金购买大病保险工作，尽早启动大病保险补偿兑付。2015 年底前，以省（区、市）为单位实现城乡居民大病保险的统一政策，统一组织实施，提高抗风险能力。要建立健全招标机制，以地市或省为单位委托有资质的商业保险机构承办大病保险。要根据新农合基金规模、基本医保保障范围与保障水平、高额医疗费用人群分布等影响因素，科学调整大病保险筹资标准。健全以保障水平和参保人员满意度等为主要内容的商业保险机构考核评价机制，激励商业保险机构发挥专业优势，规范经办服务行为。鼓励各地在委托商业保险机构承办大病保险业务的基础上，将新农合基本保障经办服务工作委托商业保险公司一并负责，打通基本医保和大病保险经办服务通道，实现"一站式"全流程服务。2015 年底前，将儿童先天性心脏病等重大疾病以按病种付费方式纳入新农合支付方式改革，先执行新农合报销政策，再按大病保险有关规定予以报销。

四、完善支付方式改革，推动建立分级诊疗制度

全面、系统推进按人头付费、按病种付费和总额预付等多种付费方式相结合的复合支付方式改革，在开展按病种付费方式改革的地区，将病种范围扩大到 30—50 种。完善相关配套政策措施，建立严格的考核评估和质量监督体系，防止定点医疗机构为降低成本而减少必需的医疗服务或降低服务质量。将考核从定点医疗机构延伸到个人，将医生成本控制和服务质量作为医生个人综合考核的重

要内容，并与其个人收入挂钩，充分调动其控费积极性。合理拉开不同级别医疗机构起付线和报销比例的差距，引导参合农民合理就医。逐步探索以各级医疗机构诊疗能力为基础的分级诊疗制度，有条件的地区要结合实际明确基层医疗卫生机构的诊疗病种范围。对于基层医疗卫生机构可以诊治的病种，上转不予报销或大幅降低报销比例；基层医疗卫生机构诊治能力不足的病种，依据相关规定向上级医疗机构转诊的，可按规定比例报销。按规定上转或下转患者的起付线连续计算，不重复收取。支持以医疗联合体为单位实施总额预付，推动医疗联合体内部建立双向转诊机制。

五、规范基金监管，建立健全责任追究制度

完善新农合基金风险预警机制，确保基金既不过度结余，也不出现超支。加快提高新农合统筹层次，增强基金抗风险能力。以次均费用、住院率、目录内药品使用比例等作为主要考核指标，定期开展对定点医疗机构的考核评价，考核结果与资金拨付挂钩，并定期向社会公布。探索建立定点医疗机构信用等级管理和黑名单管理制度。贯彻落实原卫生部、财政部《关于进一步加强新型农村合作医疗基金管理的意见》(卫农卫发〔2011〕52号)相关要求，加强新农合经办机构内部监督，健全新农合基金监管责任制和责任追究制度。进一步规范管理，加大补偿结果公开力度，大力推进即时结算，既要减少报人情帐，又要最大限度减少推诿扯皮，方便群众报销，使广大群众最大限度地得到实惠。广泛宣传全国人民代表大会常务委员会《关于〈中华人民共和国刑法〉第二百六十六条的解释》，依法加大对骗取新农合基金等违法违规行为的处罚力度。

国家卫生计生委　财政部

2015年1月23日

附录四

国务院关于进一步加强和改进
最低生活保障工作的意见[①]

国发〔2012〕45 号

各省、自治区、直辖市人民政府，国务院各部委、各直属机构：

最低生活保障事关困难群众衣食冷暖，事关社会和谐稳定和公平正义，是贯彻落实科学发展观的重要举措，是维护困难群众基本生活权益的基础性制度安排。近年来，随着各项相关配套政策的陆续出台，最低生活保障制度在惠民生、解民忧、保稳定、促和谐等方面作出了突出贡献，有效保障了困难群众的基本生活。但一些地区还不同程度存在对最低生活保障工作重视不够、责任不落实、管理不规范、监管不到位、工作保障不力、工作机制不健全等问题。为切实加强和改进最低生活保障工作，现提出如下意见：

一、总体要求和基本原则

（一）总体要求

最低生活保障工作要以科学发展观为指导，以保障和改善民生为主题，以强化责任为主线，坚持保基本、可持续、重公正、求实效的方针，进一步完善法规政策，健全工作机制，严格规范管理，加强能力建设，努力构建标准科学、对象准确、待遇公正、进出有序的最低生活保障工作格局，不断提高最低生活保障制度的科学性和

---

① 国务院办公厅：《关于进一步加强和改进最低生活保障工作的意见》，中央政府门户网，2012-09-26，http://www.gov.cn/zwgk/2012/09/26/content_2233209.htm。

执行力，切实维护困难群众基本生活权益。

（二）基本原则

坚持应保尽保。把保障困难群众基本生活放到更加突出的位置，落实政府责任，加大政府投入，加强部门协作，强化监督问责，确保把所有符合条件的困难群众全部纳入最低生活保障范围。

坚持公平公正。健全最低生活保障法规制度，完善程序规定，畅通城乡居民的参与渠道，加大政策信息公开力度，做到审批过程公开透明，审批结果公平公正。

坚持动态管理。采取最低生活保障对象定期报告和管理审批机关分类复核相结合等方法，加强对最低生活保障对象的日常管理和服务，切实做到保障对象有进有出、补助水平有升有降。

坚持统筹兼顾。统筹城乡、区域和经济社会发展，做到最低生活保障标准与经济社会发展水平相适应，最低生活保障制度与其他社会保障制度相衔接，有效保障困难群众基本生活。

二、加强和改进最低生活保障工作的政策措施

（一）完善最低生活保障对象认定条件

户籍状况、家庭收入和家庭财产是认定最低生活保障对象的三个基本条件。各地要根据当地情况，制定并向社会公布享受最低生活保障待遇的具体条件，形成完善的最低生活保障对象认定标准体系。同时，要明确核算和评估最低生活保障申请人家庭收入和家庭财产的具体办法，并对赡养、抚养、扶养义务人履行相关法定义务提出具体要求。科学制定最低生活保障标准，健全救助标准与物价上涨挂钩的联动机制，综合运用基本生活费用支出法、恩格尔系数法、消费支出比例法等测算方法，动态、适时调整最低生活保障标准，最低生活保障标准应低于最低工资标准；省级人民政府可根据区域经济社会发展情况，研究制定本行政区域内相对统一的区域标准，逐步缩小城乡差距、区域差距。

（二）规范最低生活保障审核审批程序

规范申请程序。凡认为符合条件的城乡居民都有权直接向其户籍所在地的乡镇人民政府（街道办事处）提出最低生活保障申请；乡镇人民政府（街道办事处）无正当理由，不得拒绝受理。受最低生活保障申请人委托，村（居）民委员会可以代为提交申请。申请最低生活保障要以家庭为单位，按规定提交相关材料，书面声明家庭收入和财产状况，并由申请人签字确认。

规范审核程序。乡镇人民政府（街道办事处）是审核最低生活保障申请的责任主体，在村（居）民委员会协助下，应当对最低生活保障申请家庭逐一入户调查，详细核查申请材料以及各项声明事项的真实性和完整性，并由调查人员和申请人签字确认。

规范民主评议。入户调查结束后，乡镇人民政府（街道办事处）应当组织村（居）民代表或者社区评议小组对申请人声明的家庭收入、财产状况以及入户调查结果的真实性进行评议。各地要健全完善最低生活保障民主评议办法，规范评议程序、评议方式、评议内容和参加人员。

规范审批程序。县级人民政府民政部门是最低生活保障审批的责任主体，在作出审批决定前，应当全面审查乡镇人民政府（街道办事处）上报的调查材料和审核意见（含民主评议结果），并按照不低于30%的比例入户抽查。有条件的地方，县级人民政府民政部门可邀请乡镇人民政府（街道办事处）、村（居）民委员会参与审批，促进审批过程的公开透明。严禁不经调查直接将任何群体或个人纳入最低生活保障范围。

规范公示程序。各地要严格执行最低生活保障审核审批公示制度，规范公示内容、公示形式和公示时限等。社区要设置统一的固定公示栏；乡镇人民政府（街道办事处）要及时公示入户调查、民主评议和审核结果，并确保公示的真实性和准确性；县级人民政府民政部门应当就最低生活保障对象的家庭成员、收入情况、保障金额等在其居住地长期公示，逐步完善面向公众的最低生活保障对象信息查询机制，并完善异议复核制度。公示中要注意保护最低生活保障对象的个人隐私，严禁公开与享受最低生活保障待遇无关的信息。

规范发放程序。各地要全面推行最低生活保障金社会化发放，按照财政国库管理制度将最低生活保障金直接支付到保障家庭账户，确保最低生活保障金足额、及时发放到位。

(三)建立救助申请家庭经济状况核对机制

在强化入户调查、邻里访问、信函索证等调查手段基础上，加快建立跨部门、多层次、信息共享的救助申请家庭经济状况核对机制，健全完善工作机构和信息核对平台，确保最低生活保障等社会救助对象准确、高效、公正认定。经救助申请人及其家庭成员授权，公安、人力资源社会保障、住房城乡建设、金融、保险、工商、税务、住房公积金等部门和机构应当根据有关规定和最低生活保障等社会救助对象认定工作需要，及时向民政部门提供户籍、机动车、就业、保险、住房、存款、证券、个体工商户、纳税、公积金等方面的信息。民政部要会同有关部门研究制定具体的信息查询办法，并负责跨省(区、市)的信息查询工作。到"十二五"末，全国要基本建立救助申请家庭经济状况核对机制。

(四)加强最低生活保障对象动态管理

对已经纳入最低生活保障范围的救助对象，要采取多种方式加强管理服务，定期跟踪保障对象家庭变化情况，形成最低生活保障对象有进有出、补助水平有升有降的动态管理机制。各地要建立最低生活保障家庭人口、收入和财产状况定期报告制度，并根据报告情况分类、定期开展核查，将不再符合条件的及时退出保障范围。对于无生活来源、无劳动能力又无法定赡养、抚养、扶养义务人的"三无人员"，可每年核查一次；对于短期内收入变化不大的家庭，可每半年核查一次；对于收入来源不固定、成员有劳动能力和劳动条件的最低生活保障家庭，原则上实行城市按月、农村按季核查。

(五)健全最低生活保障工作监管机制

地方各级人民政府要将最低生活保障政策落实情况作为督查督办的重点内容，定期组织开展专项检查；民政部、财政部要会同有关部门对全国最低生活保障工作进行重点抽查。财政、审计、监察部门要加强对最低生活保障资金管理使用情况的监督检查，防止挤占、挪用、套取等违纪违法现象发生。建立最低生活保障经办人员和村（居）民委员会干部近亲属享受最低生活保障备案制度，县级人民政府民政部门要对备案的最低生活保障对象严格核查管理。充分发挥舆论监督的重要作用，对于媒体发现揭露的问题，应及时查处并公布处理结果。要通过政府购买服务等方式，鼓励社会组织参与、评估、监督最低生活保障工作，财政部门要通过完善相关政策给予支持。

（六）建立健全投诉举报核查制度

各地要公开最低生活保障监督咨询电话，畅通投诉举报渠道，健全投诉举报核查制度。有条件的地方要以省为单位设置统一的举报投诉电话。要切实加强最低生活保障来信来访工作，推行专人负责、首问负责等制度。各级人民政府、县级以上人民政府民政部门应当自受理最低生活保障信访事项之日起60日内办结；信访人对信访事项处理意见不服的，可以自收到书面答复之日起30日内请求原办理行政机关的上一级行政机关复查，收到复查请求的行政机关应当自收到复查请求之日起30日内提出复查意见，并予以书面答复；信访人对复查意见不服的，可以自收到书面答复之日起30日内向复查机关的上一级行政机关请求复核，收到复核请求的行政机关应当自收到复核请求之日起30日内提出复核意见；信访人对复核意见不服，仍以同一事实和理由提出信访请求的，不再受理，民政等部门要积极向信访人做好政策解释工作。民政部或者省级人民政府民政部门对最低生活保障重大信访事项或社会影响恶劣的违规违纪事件，可会同信访等相关部门直接督办。

（七）加强最低生活保障与其他社会救助制度的有效衔接

加快推进低收入家庭认定工作，为医疗救助、教育救助、住房保障等社会救助政策向低收入家庭拓展提供支撑；全面建立临时救助制度，有效解决低收入群众的突发性、临时性基本生活困难；做好最低生活保障与养老、医疗等社会保险制度的衔接工作。对最低生活保障家庭中的老年人、未成年人、重度残疾人、重病患者等重点救助对象，要采取多种措施提高其救助水平。鼓励机关、企事业单位、社会组织和个人积极开展扶贫帮困活动，形成慈善事业与社会救助的有效衔接。

完善城市最低生活保障与就业联动、农村最低生活保障与扶贫开发衔接机制，鼓励积极就业，加大对有劳动能力最低生活保障对象的就业扶持力度。劳动年龄内、有劳动能力、失业的城市困难群众，在申请最低生活保障时，应当先到当地公共就业服务机构办理失业登记；公共就业服务机构应当向登记失业的最低生活保障对象提供及时的就业服务和重点帮助；对实现就业的最低生活保障对象，在核算其家庭收入时，可以扣减必要的就业成本。

三、强化工作保障，确保各项政策措施落到实处

（一）加强能力建设。省级人民政府要切实加强最低生活保障工作能力建设，统筹研究制定按照保障对象数量等因素配备相应工作人员的具体办法和措施。地方各级人民政府要结合本地实际和全面落实最低生活保障制度的要求，科学整合县（市、区）、乡镇人民政府（街道办事处）管理机构及人力资源，充实加强基层最低生活保障工作力量，确保事有人管、责有人负。加强最低生活保障工作人员业务培训，保障工作场所、条件和待遇，不断提高最低生活保障管理服务水平。加快推进信息化建设，全面部署全国最低生活保障信息管理系统。

（二）加强经费保障。省级财政要优化和调整支出结构，切实加大最低生活保障资金投入。中央财政最低生活保障补助资金重点向保障任务重、财政困难地区倾斜，在分配最低生活保障补助资金时，财政部要会同民政部研究"以奖代补"的办法和措施，对工作绩效突出地区给予奖励，引导各地进一步完善制度，加强管理。要切实保障基层工作经费，最低生活保障工作所需经费要纳入地方各级财政预算。基层最低生活保障工作经费不足的地区，省市级财政给予适当补助。

（三）加强政策宣传。以党和政府对最低生活保障工作的有关要求以及认定条件、审核审批、补差发放、动态管理等政策规定为重点，深入开展最低生活保障政策宣传。利用广播、电视、网络等媒体和宣传栏、宣传册、明白纸等群众喜闻乐见的方式，不断提高最低生活保障信息公开的针对性、时效性和完整性。充分发挥新闻媒体的舆论引导作用，大力宣传最低生活保障在保障民生、维护稳定、促进和谐等方面的重要作用，引导公众关注、参与、支持最低生活保障工作，在全社会营造良好的舆论氛围。

四、加强组织领导，进一步落实管理责任

（一）加强组织领导。进一步完善政府领导、民政牵头、部门配合、社会参与的社会救助工作机制。建立由民政部牵头的社会救助部际联席会议制度，统筹做好最低生活保障与医疗、教育、住房等其他社会救助政策以及促进就业政策的协调发展和有效衔接，研究解决救助申请家庭经济状况核对等信息共享问题，督导推进社会救助体系建设。地方各级人民政府要将最低生活保障工作纳入重要议事日程，纳入经济社会发展总体规划，纳入科学发展考评体系，建立健全相应的社会救助协调工作机制，组织相关部门协力做好社会救助制度完善、政策落实和监督管理等各项工作。

（二）落实管理责任。最低生活保障工作实行地方各级人民政府负责制，政府主要负责人对本行政区域最低生活保障工作负总责。县级以上地方各级人民政府要切实担负起最低生活保障政策制定、资金投入、工作保障和监督管理责任，乡镇人民政府（街道办事处）要切实履行最低生活保障申请受理、调查、评议和公示等审核职责，充分发挥包村干部的作用。各地要将最低生活保障政策落实情况纳入地方各级人民政府绩效考核，考核结果作为政府领导班子和相关领导干部综合考核评价的重要内容，作为干部选拔任用、管理监督的重要依据。民政部要会同财政部等部门研究建立最低生活保障工作绩效评价指标体系和评价办法，并组织开展对各省（区、市）

最低生活保障工作的年度绩效评价。

（三）强化责任追究。对因工作重视不够、管理不力、发生重大问题、造成严重社会影响的地方政府和部门负责人，以及在最低生活保障审核审批过程中滥用职权、玩忽职守、徇私舞弊、失职渎职的工作人员，要依纪依法追究责任。同时，各地要加大对骗取最低生活保障待遇人员查处力度，除追回骗取的最低生活保障金外，还要依法给予行政处罚；涉嫌犯罪的，移送司法机关处理。对无理取闹、采用威胁手段强行索要最低生活保障待遇的，公安机关要给予批评教育直至相关处罚。对于出具虚假证明材料的单位和个人，各地除按有关法律法规规定处理外，还应将有关信息记入征信系统。

国务院

2012 年 9 月 1 日

参考文献

[1] 阿玛蒂亚·森：《以自由看待发展》，中国人民大学出版社 2002 年版。

[2] 阿里木江·阿不来提、赵凤莲：《少数民族地区农村社会养老保险问题思考：以甘肃省甘南州为例》，《开发研究》2006 年第 3 期。

[3] 安华：《民族地区社会风险、社会稳定与社会保障研究》，《西南民族大学学报》2012 年第 10 期。

[4] 安华：《民族地区社会保障差异化制度设计：基于现实需求与制度文化差异的视角》，《现代经济探讨》2013 年第 3 期。

[5] 安华：《民族地区农村牧区社会保障体系的设计及其实施》，《理论探索》2013 年第 4 期。

[6] 安华：《社会保障促进民族地区经济社会发展的机理研究：兼论民族地区社会保障的模式选择》，《西南民族大学学报》2013 年第 4 期。

[7] 敖双红、吴师法、苏艳蓉：《少数民族山区医疗保障制度的实证研究：以新型农村合作医疗制度为视角》，《中南民族大学学报》2008 年第 3 期。

[8] 白维军：《民族地区社会风险与社会管理创新研究》，《贵州民族研究》2013 年第 2 期。

[9] 包学雄：《民族自治区的养老保险：国民经济学视野》，中国经济出版社 2006 年版。

[10] 才让加、王平：《民族地区的特殊性与社会保障制度建设》，

《西北民族大学学报》2007 年第 1 期。

[11] 柴瑞娟：《我国农村社会保障构建困境与求解之道》,《社会科学家》2011 年第 5 期。

[12] 常立新：《论内蒙古气候资源及灾害性天气》,《阴山学刊》2004 年第 1 期。

[13] 陈传波、丁士军：《中国小农户的风险及风险管理研究》, 中国财政经济出版社 2005 年版。

[14] 陈向军、刘新峰、杨兴华：《当前新疆自然灾害形势及其防御对策》,《国土与自然资源研究》2008 年第 3 期。

[15] 陈元刚：《社会保障水平与经济发展水平关系研究》,《理论前沿》2007 年第 15 期。

[16] 邓大松、何晖：《基于文献计量的我国农村社会保障研究进展分析》,《情报科学》2010 年第 12 期。

[17] 邓大松、薛惠元：《新型农村社会养老保险制度推行中的难点分析》,《经济体制改革》2010 年第 1 期。

[18] 邓大松、薛惠元：《新型农村社会养老保险替代率精算模型及其实证分析》,《经济管理》2010 年第 5 期。

[19] 邓晓红、毕坤：《贵州省喀斯特地貌分布面积及分布特征分析》,《贵州地质》2004 年第 3 期。

[20] 狄展辉：《关于对新型农村合作医疗制度存在问题及完善措施的探析》,《经营管理者》2013 年第 2 期。

[21] 窦玉沛：《规范农村最低生活保障辅导读本》, 中国社会出版社 2012 年版。

[22] 菲利克斯·格罗斯：《公民与国家：民族、部族和族属身份》, 新华出版社 2003 年版。

[23] 封进、李珍珍：《中国农村医疗保障制度的补偿模式研究》,《经济研究》2009 年第 4 期。

[24] 封铁英、戴超：《以需求为导向的新型农村养老保险参保意愿与模式选择研究》,《人口与发展》2010 年第 6 期。

[25] 封铁英、贾继开：《农村最低生活保障线测定的模型构建及应用》，《西安交通大学学报》2008 年第 2 期。

[26] 封铁英、李梦伊：《新型农村社会养老保险基金收支平衡模拟与预测》，《公共管理学报》2010 年第 4 期。

[27] 冯伟林、杜茂华：《农村社会保障的产品属性分析与政府责任》，《特区经济》2010 年第 5 期。

[28] 高新才、汪振江：《民族地区农村社会保障的模式选择与体系构建》，《经济社会体制比较》2007 年第 3 期。

[29] 高永久、刘庸：《城市化背景下西北少数民族文化的保护与开发利用》，《西北民族大学学报》2005 年第 6 期。

[30] 高真真、杨杰、吴平：《城郊农村居民参与新型农村社会养老保险的意愿及影响因素研究》，《安徽农业科学》2010 年第 31 期。

[31] 葛庆敏、许明月：《农村社会保障体系建设中的政府角色及其实现的法制保障》，《现代法学》2011 年第 6 期。

[32] 耿永志：《农村社会保障品供求分析》，《农业经济问题》2011 年第 4 期。

[33] 顾金龙、葛和平、陈晓雪：《制约西部少数民族牧区新型农村合作医疗制度推行的原因与对策》，《江苏农业科学》2008 年第 5 期。

[34] 关志华、陈传友：《西藏河流水资源》，《自然资源》1980 年第 2 期。

[35] 韩玉梅、孙建忠：《青海省三江源地区草原生态保护补偿机制探析》，《甘肃畜牧兽医》2013 年第 1 期。

[36] 韩至钧、金占省：《贵州省水文地质志》，地震出版社 1996 年版。

[37] 和春雷：《当代德国社会保障制度》，法律出版社 2001 年版。

[38] 贺金瑞：《论多民族国家协调发展的政治基础》，《中央民族大学学报》2010 年第 4 期。

[39] 何生海：《生态风险背景下对我国西部民族关系的新读》，《北方民族大学学报》2012 年第 3 期。

[40] 胡宏伟、蔡霞、石静：《农村社会养老保险有效需求研究：基于农民参保意愿和缴费承受能力的综合考察》，《经济经纬》2009 年第 6 期。

[41] 胡联：《论我国新型农村合作医疗可持续发展中的政府作用》，《特区经济》2007 年第 11 期。

[42] 胡敏：《侗族婚姻家庭述略》，《学术论坛》1988 年第 5 期。

[43] 胡善联、左延莉：《中国农村新型合作医疗制度的建立：成绩与挑战》，《卫生经济研究》2007 年第 11 期。

[44] 黄清凯：《浅议贵州气候旅游经济》，《农业致富之友》2012 年第 22 期。

[45] 黄维民、冯振东：《文化视角下的中国西部农村少数民族社会保障研究》，中国社会科学出版社 2011 年版。

[46] 黄燕：《浅谈广西地质情况及相应桩基选用》，《现代物业》（上旬刊）2012 年第 7 期。

[47] 黄真：《贵州农村少数民族低保户的现状与对策思考》，《新西部》2009 年第 6 期。

[48] 贾宁、袁建华：《基于精算模型的"新农保"个人账户替代率研究》，《中国人口科学》2010 年第 3 期。

[49] 贾小玫、冉净斐：《农村社会保障制度与消费需求增长的实证分析》，《科学·经济·社会》2004 年第 2 期。

[50] 蒋占峰：《农村社会保障制度缺失与城镇化论析》，《云南社会科学》2007 年第 2 期。

[51] 姜芝簪：《我省少数民族乡镇新型农村合作医疗的调查与思考：以剑河县敏洞乡为例》，《理论与当代》2009 年第 4 期。

[52] 金海和、李利：《社会保障与政府责任：以中国农村社会保障体系建设为例》，《中国行政管理》2010 年第 3 期。

[53] 金兆怀、郭赞：《政府在农村社会保障建设中的作用研究》，《经济纵横》2007 年第 9 期。

[54] 孔祥智、涂圣伟：《我国现阶段农民养老意愿探讨：基于福

建省永安、邵武、光泽三县抽样调查的实证研究》，《中国人民大学学报》2007 年第 3 期。

[55] 李斌、李小云、左停：《农村发展中的生计途径研究与实践》，《农业技术经济》2004 年第 4 期。

[56] 李春林：《民族自治地方行政管理特点探要》，《理论研究》1999 年第 6 期。

[57] 李慧娟、米迎海：《南疆少数民族新型农村养老保险试点评析：以喀什地区麦盖提县为例》，《西北人口》2011 年第 1 期。

[58] 李建新、于学军、王广州、刘鸿雁：《中国农村养老意愿和养老方式的研究》，《人口与经济》2004 年第 5 期。

[59] 李俊杰、李海鹏：《省际边界民族地区边界效应分析与治理模式初探》，《西南民族大学学报》2010 年第 3 期。

[60] 李俊清：《试论少数民族地区社会保障制度的改革与完善》，《湖北民族学院学报》2006 年第 3 期。

[61] 李俊清：《民族区域自治地方行政管理的特点与改革》，《北京行政学院学报》2010 年第 2 期。

[62] 李陇堂、赵小勇：《影响宁夏城市形成和分布的地貌因素》，《宁夏大学学报》1999 年第 2 期。

[63] 李娜：《民族自治地方行政管理面临的问题及对策》，《民族论坛》2009 年第 4 期。

[64] 李琼：《构建民族地区农村最低生活保障制度的路径选择》，《吉首大学学报》2008 年第 6 期。

[65] 李瑞君、王萃萃：《试论国家认同与边疆民族地区农村社会保障》，《黑龙江民族丛刊》2011 年第 5 期。

[66] 李小云、董强、饶小龙、赵丽霞：《农户脆弱性分析方法及其本土化应用》，《中国农村经济》2007 年第 4 期。

[67] 李迎生：《论政府在农村社会保障制度建设中的角色》，《社会科学研究》2005 年第 4 期。

[68] 李宇均：《贵州省自然灾害状况与防灾减灾研究》，天津大

学 2008 年版。

[69] 廖君湘：《侗族传统社会家庭：结构、功能及家庭成员关系》，《佳木斯大学社会科学学报》2005 年第 5 期。

[70] 林义：《国际农村社会保障改革发展的新趋势》，《学海》2004 年第 5 期。

[71] 林义、郑军：《完善农村社会保障，启动消费需求增长引擎》，《消费经济》2010 年第 1 期。

[72] 林毓铭：《政府社会保障职能与角色转换机制研究》，《中州学刊》2006 年第 5 期。

[73] 刘安宁：《试论新型农村合作医疗制度的完善》，《经济与社会发展》2013 年第 2 期。

[74] 刘昌平、谢婷：《基金积累制应用于新型农村社会养老保险制度的可行性研究》，《财经理论与实践》2009 年第 6 期。

[75] 刘亚敏、张生、刘亚峰：《新疆气候变化对水资源影响分析研究》，《河北工业大学学报》2011 年第 1 期。

[76] 刘燕：《我国农村社会保障制度改革中政府责任问题研究》，《人口与经济》2006 年第 2 期。

[77] 刘艳艳：《青海省土地资源利用现状及可行性建议》，《经营管理者》2012 年第 3 期。

[78] 龙联芳：《提高基层行政效率的几个问题》，《开放时代》1996 年第 2 期。

[79] 陆存生、吕梅花、王秀琴：《宁夏水文概况》，《宁夏农林科技》2006 年第 5 期。

[80] 罗力、姜晓朋、章滨云、李鹏翔、丁晓沧、信亚东、吴延风、郝模、尹爱田、王志锋、孙邦贵、袁小平：《就医经济风险比较指标的探索》，《中国初级卫生保健》2000 年第 2 期。

[81] 马戎：《民族社会学：社会学的族群关系研究》，北京大学出版社 2004 年版。

[82] 马子量：《甘肃省民族地区农村社会保障现状实证分析：以

甘肃省临夏县为例》,《科学·经济·社会》2009 年第 3 期。

[83] 毛入玉:《从少数民族行政管理制度的二元结构看民族区域自治制度实现的必然性》,《阵地与熔炉》(哲学社会科学版),2002 年第 1 期。

[84] 孟广涛、方向京、丽萍、柴勇、李贵祥、张正海:《云南省生态环境现状及其防治对策》,《水土保持研究》2006 年第 2 期。

[85] 米红、项洁雯:《中国新型农村养老保险制度发展的敏感性分析暨有限财政投入仿真研究》,《社会保障研究》2008 年第 1 期。

[86] 穆怀中:《社会保障适度水平研究》,《经济研究》1997 年第 2 期。

[87] 穆怀中:《社会保障水平经济效应分析》,《中国人口科学》2001 年第 3 期。

[88] 穆怀中、闫琳琳:《新型农村养老保险参保决策影响因素研究》,《人口研究》2012 年第 1 期。

[89] 木永跃、杨文顺:《云南少数民族社会保障问题分析》,《经济问题探索》2010 年第 11 期。

[90] 彭官章:《少数民族婚姻家庭的演进》,《满族研究》1992 年第 2 期。

[91] 彭宅文:《社会保障与社会公平:地方政府治理的视角》,《中国人民大学学报》2009 年第 2 期。

[92] 钱亚仙:《地方政府在农村社会保障中的责任探讨》,《中共青岛市委党校青岛行政学院学报》2008 年第 4 期。

[93] 钱振伟、卜一、张艳:《新型农村社会养老保险可持续发展的仿真评估:基于人口老龄化视角》,《经济学家》2012 年第 8 期。

[94] 青海省统计局编:《青海统计年鉴 2012》,中国统计出版社 2012 年版。

[95] 仇晓洁、温振华:《我国农村社会保障水平与工业化、城镇化水平关系的研究》,《经济问题》2009 年第 8 期。

[96] 曲木铁西:《试论少数民族高等教育与少数民族地区社会发

展的关系》,《中央民族大学学报》(哲学社会科学版) 2007 年第 3 期。

[97] 塞缪尔·P·亨廷顿:《变化社会中的政治秩序》,上海人民出版社 2008 年版。

[98] 沈道权:《土家族地区农村社会保障研究》,民族出版社 2001 年版。

[99] 盛昭瀚、朱乔、吴广谋:《DEA 理论、方法与应用》,科学出版社 1996 年版。

[100] 世界银行:《2000—2001 世界发展报告》,中国财政经济出版社 2001 年版。

[101] 石绍宾、樊丽明、王媛:《影响农村居民参加新型农村社会养老保险的因素》,《财贸经济》2009 年第 11 期。

[102] 石蕴琮:《内蒙古自然环境主要特征及其地域分异规律初步探讨》,《内蒙古师院学报》1980 年第 1 期。

[103] 司睿、韩旭峰:《甘肃民族地区农村社会保障体系构建》,《山西农业大学学报》2011 年第 3 期。

[104] 宋才发:《民族区域自治制度重大问题研究》,人民出版社 2008 年版。

[105] 苏祖勤:《民族地区乡镇服务型政府建设研究》,人民出版社 2014 年版。

[106] 孙合珍:《对我国贫困地区农村社会保障资金问题的探析》,《调研世界》2009 年第 1 期。

[107] 孙淑云:《关于新型农村合作医疗制度社会保障属性的分析》,《经济问题》2011 年第 1 期。

[108] 孙晓筠、Adrian Sleigh、Gordon Carmichael、李士雪、Sukhan Jackson:《新型农村合作医疗保护农民免于疾病经济风险评价方法》,《中国卫生经济》2007 年第 1 期。

[109] 孙永勇:《社会保障对储蓄的影响》,武汉大学出版社 2007 年版。

[110] 唐炳莉、丘平珠、覃峥嵘:《广西气候特点对档案载体的影

响初探》,《气象研究与应用》2008 年第 2 期。

[111] 唐敏、吴本银:《新型农村合作医疗制度创新》,《经济问题探索》2007 年第 3 期。

[112] 唐仁郭:《试论近代少数民族婚姻形态的宗法性》,《贵州民族研究》2007 年第 3 期。

[113] 唐新民:《民族地区农村社会保障研究》,人民出版社 2008 年版。

[114] 田艳、王禄:《少数民族文化风险及其法律规制研究》,《贵州民族研究》2011 年第 4 期。

[115] 涂玉华:《农村社会保障支出对促进农民消费需求的影响研究》,《经济经纬》2012 年第 4 期。

[116] 王保真、武迎:《农村新型合作医疗制度与传统合作医疗的比较》,《中国卫生产业》2003 年第 12 期。

[117] 王德厚:《浅谈新疆土壤形成与自然和地质条件的关系》,《新疆环境保护》1989 年第 4 期。

[118] 王富红:《青海省水文特性》,《水文》1999 年第 2 期。

[119] 王济川、郭志刚:《Logistic 回归模型:方法与应用》,高等教育出版社 2001 年版。

[120] 王吉智:《宁夏土壤的形成作用》,《华中农业大学学报》1989 年第 1 期。

[121] 王静:《农村社会保障制度缺失:城镇化发展的深层障碍》,《农村经济》2007 年第 5 期。

[122] 王伟:《建立健全民族地区农村社会保障法律制度》,《中央民族大学学报》2008 年第 2 期。

[123] 王霞斐:《地形对云南气候的影响》,《昆明师范学院学报》1979 年第 5 期。

[124] 王越:《中国农村社会保障制度建设研究》,中国农业出版社 2005 年版。

[125] 韦红:《德国农村社会保障政策的特点与启示》,《新视野》

2007 年第 3 期。

[126] 汪三贵、张伟宾、陈虹妃、杨龙：《少数民族贫困变动趋势、原因及对策》，《贵州社会科学》2012 年第 12 期。

[127] 吴建国：《20 世纪末叶中国边疆民族地区反贫困行动述评》，《西南民族学院学报》2001 年第 3 期。

[128] 吴开松、周薇：《论需求导向型的民族地区农村公共产品供给机制》，《中南民族大学学报》2011 年第 5 期。

[129] 吴庆田、陈孝光：《农村社会保障消费效应的协整分析与误差修正模型》，《统计与决策》2009 年第 18 期。

[130] 吴玉锋：《社会互动与新型农村社会养老保险参保行为实证研究》，《华中科技大学学报》2011 年第 4 期。

[131] 西藏自治区统计局编：《西藏统计年鉴 2012》，中国统计出版社 2012 年版。

[132] 谢冰、叶慧：《关于我国少数民族地区农村养老保障问题的调查与思考》，《贵州师范大学学报》2010 年第 1 期。

[133] 谢东梅：《农户生计资产量化分析方法的应用与验证：基于福建省农村最低生活保障目标家庭瞄准效率的调研数据》，《技术经济》2009 年第 9 期。

[134] 谢伏瞻：《中国收入分配的现状与政策分析》，《管理世界》1994 年第 2 期。

[135] 解宏伟、李晓敏：《青海省水能可持续开发战略探讨》，《青海大学学报》（自然科学版）2004 年第 2 期。

[136] 新疆维吾尔自治区统计局编：《新疆统计年鉴 2012》，中国统计出版社 2012 年版。

[137] 熊亚兰、张科利、宁茂岐：《贵州省土壤侵蚀危险度评价》，《贵州农业科学》2011 年第 3 期。

[138] 许朝斋、梁旭、尚永生：《宁夏气候资源、气候灾害及气候变化》，《干旱区资源与环境》1993 年第 1 期。

[139] 薛鹏举：《宁夏近 50 年来气候变化特征及其变化趋势》，

《科技信息》2009 年第 29 期。

[140] 杨德亮、马晓琴：《西北民族地区农村社会保障的现状与问题：以宁夏石湾村为调查个案》，《宁夏社会科学》2009 年第 3 期。

[141] 杨发相：《新疆地貌及其环境效应》，地质出版社 2011 年版。

[142] 杨方方：《关于中央政府和地方政府社会保障责任划分的几点看法》，《经济体制改革》2003 年第 3 期。

[143] 杨胜利、高向东：《人口老龄化对社会保障财政支出的影响研究》，《西北人口》2012 年第 3 期。

[144] 杨天宇、王小婷：《我国社会保障支出对居民消费行为的影响研究》，《探索》2007 年第 5 期。

[145] 杨正文：《中国婚俗文化》，辽宁大学出版社 1990 年版。

[146] 易红梅、张林秀：《农村最低生活保障政策在实施过程中的瞄准分析》，《中国人口资源与环境》2011 年第 6 期。

[147] 尹志芳：《新型农村合作医疗面临的问题和对策思考》，《经济问题》2007 年第 2 期。

[148] 虞光复、陈永森：《论云南土壤的地理分布规律》，《云南大学学报》1998 年第 1 期。

[149] 喻国忠：《漫谈广西主要土壤》，《南方国土资源》2007 年第 3 期。

[150] 余婷：《广西干旱区类型划分及农村治旱对策研究》，广西师范学院 2011 年版。

[151] 俞雅乖：《我国城镇化进程中农村人口对社会保障依赖程度分析》，《农村经济》2007 年第 3 期。

[152] 袁春光：《青海土壤资源评析》，《四川草原》2006 年第 6 期。

[153] 袁玉鸣：《论少数民族地区新型农村合作医疗可持续发展——以湖北恩施自治州为例》，《赤峰学院学报》（自然科学版）2012 年第 24 期。

[154] 袁兆康、郑建刚、章美娟、廖小兵、肖云昌、洪鹰、程红亮、汪金福：《新农合对农民医疗服务需求与利用影响的五年连续追踪调

查》,《中国农村卫生事业管理》2008 年第 2 期。

[155] 云南省统计局编:《云南统计年鉴 2012》,中国统计出版社 2012 年版。

[156] 曾晋鲁:《西藏资源概述》,《西藏科技》2000 年第 4 期。

[157] 曾玉成、王誉霖、谭忠游:《少数民族地区社会保障管理模式研究》,《贵州社会科学》2011 年第 9 期。

[158] 张彬彬:《新型农村合作医疗与农村患者就医地点选择的决定因素:基于安徽、江苏两省的调查》,《中国劳动经济学》2009 年第 2 期。

[159] 张红梅、杨明媚、马强:《现阶段阻碍农村社会养老保险制度发展的影响因素》,《华南农业大学学报》2009 年第 3 期。

[160] 张娟、唐城、吴秀敏:《西部农村居民参加新型农村社会养老保险意愿及影响因素分析》,《农村经济》2010 年第 12 期。

[161] 张琴:《新型农村合作医疗筹资问题研究——基于机制创新的视角》,《贵州社会科学》2008 年第 7 期。

[162] 张锐:《少数民族优惠政策探析》,《文山学院学报》2010 年第 3 期。

[163] 张思锋、张冬敏、雍岚:《引入省际人口迁移因素的基本养老保险基金收支测算》,《西安交通大学学报》2007 年第 2 期。

[164] 张协奎、杨林慧、陈伟清、林剑:《基于 DEA-Malmquist 指数的北部湾经济区行政效率分析》,《管理世界》2012 年第 8 期。

[165] 张秀生、马晓鸣:《农村社会保障与农民收入增长的互作用分析》,《武汉大学学报》2009 年第 2 期。

[166] 张毅:《农民不参加新型农村合作医疗的原因分析》,《社区医学杂志》2005 年第 8 期。

[167] 张毅、张帆:《民族地区贫困问题研究述评》,《当代经济》2011 年第 6 期。

[168] 张运书、潘淑娟:《目标与范式:日本农村社会保障制度之借鉴》,《经济理论与经济管理》2011 年第 3 期。

[169] 赵桂玲、周稳海：《河北省农村养老保险参保意愿的实证研究》，《特区经济》2009 年第 7 期。

[170] 赵建国、韩军平：《影响农村养老保险制度需求的因素分析》，《财经问题研究》2007 年第 8 期。

[171] 赵维城：《论云南地貌体系》，《云南地理环境研究》1998 年第 1 期。

[172] 郑功成：《中国社会保障改革研究及理论取向》，《经济学动态》2003 年第 6 期。

[173] 郑功成：《尽快推进城镇职工基本养老保险全国统筹》，《经济纵横》2010 年第 9 期。

[174] 郑功成：《中国社会保障改革与发展战略》，人民出版社 2011 年版。

[175] 之聿：《新疆的河流与湖泊》，《新疆林业》1981 年第 1 期。

[176] 中国建设年鉴编委会：《中国建设年鉴 1999》，改革出版社 2000 年版。

[177] 中国驻日使馆经参处：《日本农村社会保障体系及其启示》，《宏观经济研究》2003 年第 7 期。

[178] 钟祥浩、刘淑珍、王小丹、朱万泽、李祥妹、杨俐：《西藏高原国家生态安全屏障保护与建设》，《山地学报》2006 年第 2 期。

[179] 朱合理：《新型民族地区农村社会保障研究》，湖北人民出版社 2012 年版。

[180] 朱伦：《各族人民共同当家做主：中国特色社会主义民主政治的体现》，《民族研究》2007 年第 6 期。

[181] 朱新林：《论西藏的自然和社会环境对政府行政管理的影响》，《西藏民族学院学报》（哲学社会科学版）2002 年第 3 期。

[182] 朱院利、韩旭峰：《甘肃省民族地区新型农村合作医疗》，《财会研究》2009 年第 14 期。

[183] DaVanzo, J. and A. Chan, 1994, *Living Arrangements of Older Malaysians: Who Coresides with Their Adult Children?*

Demography, 31(1): 95-114.

[184] Devereus S.,2003, Conceptualising Destitution. IDS Working Paper 216, Brighton: Institute of Development Studies.

[185] Feldstein M., 1974, Social Security, Induced Retirement and Aggregate CapitalAccumulation. *Journal of Political Economy*, 82(51): 905-926.

[186] John, K. and N. Chayovan, 1997, Family Support and Living Arrangements of Thai Elderly, *Asia-Pacific Population Journal*, 12 (4): 1-17.

[187] Kobrin, F. E., 1976, The Fall in Household Size and the Rise of the Primary Individual in the United States, *Demography*, 13:127-138.

[188] Kotlikoff, S., 1979, Social Security and Household Saving in an International Cross Section. *American Economic Review*, 73(1) : 212-217.

[189] Lam, T., I. Chi, L. Piterman, C. Lam and I. Lauder, 1998, Community Attitudes toward Living Arrangements between the Elderly and Their Adult Children in Hong Kong, *Journal of Cross-Cultural Gerontology*, 13: 215-228.

[190] Leimer D. and Lesony D., 1982, Social Security and Private Saving: New Time Series Evidence.*Journal of Political Economy*, 90(3): 606-629.

[191] Mwabu G. M., Ainsworth, and A. Nyamete, 1993, Quality of Medical Care and Choice of Medical Treatment in Kenya. *Journal of Human Resource*, 28(4): 838-862.

[192] Pradhan M., and N. Prescott, 2002, Social Risk Management Options for Medical Care in Indonesia. *Health Economics*, 11: 431-446.

[193] Sandra B. W. and M. J. Sporakowski, 1972, An Intergenerational Comparison of Attitudes towards Supporting Aged Parents, *Journal of*

Marriage and the Family, 34: 42-48.

[194] Sharp，Kay, 2003, Measuring Destitution: Integrating Qualitative and Quantitative Approaches in the Analysis of Survey Data, IDS working paper 217.

后　记

　　本书是在国家社会科学基金项目"民族地区农村社会保障难点问题研究"（项目编号：10CMZ023）最终成果的基础上修改完成的。本书采用定量研究与定性研究相结合以及理论研究与实证分析相结合的研究方法，经过文献研究、政府部门相关工作人员访谈和农民入户调查三个阶段，从民族地区农村社会保障制度运行实践中，总结和凝练出民族地区农村社会保障各个子项目面临的难点问题，以问题为导向完善民族地区农村社会保障制度建设。

　　本研究共开展了三批次实地调研，调查地点曾涉足广西、云南、湖北、安徽、贵州、湖南和重庆七个省份，收集了大量一手资料，为本研究的顺利开展奠定了基础。这里要特别感谢中南民族大学公共管理学院谢冰教授为本研究实地调研工作所做出的贡献。无论是调查地点的选取，还是与当地政府的联系沟通，谢冰教授都给予了极大帮助。同时感谢重庆市张鸣副市长、重庆市扶贫开发办公室刘戈新主任、孙元忠处长和唐宁处长以及通道侗族自治县、芷江侗族自治县、酉阳土家族苗族自治县和黔江区的县（区）委县（区）政府的热情接待和指导。可以说，没有他们的指导和帮助，实地调研很难顺利开展。中南民族大学公共管理学院叶慧副教授、陈敏莉博士、王锦锦博士、梅乐老师以及劳动与社会保障专业的部分研究生和本科生参与了实地调研，在此一并表示感谢。

　　本书的出版得到了国家社会科学基金项目和湖北省人文社科重点研究基地"湖北民族地区经济社会发展研究中心"专项经费的资助。感谢中南民族大学公共管理学院院长吴开松教授、"湖北民族地区经济社会发展研究中心"主任苏祖勤教授和人民出版社政治编辑部侯俊智主任对本书的出版给予的大力支持。

　　鉴于本人的研究能力和学术水平有限，本书内容如有不妥之处，敬请各位专家学者和广大读者批评指正。

黄瑞芹

2015 年 3 月 25 日于南湖之滨

责任编辑:侯俊智

图书在版编目(CIP)数据

民族地区农村社会保障难点问题研究/黄瑞芹 著.

-北京:人民出版社,2015.4

ISBN 978 - 7 - 01 - 014771 - 0

Ⅰ.①民… Ⅱ.①黄…   Ⅲ.①民族地区-农村-社会保障-研究-中国

Ⅳ.①F323.89

中国版本图书馆 CIP 数据核字(2015)第 077943 号

民族地区农村社会保障难点问题研究
MINZU DIQU NONGCUN SHEHUI BAOZHANG NANDIAN WENTI YANJIU

黄瑞芹 著

人民出版社 出版发行

(100706 北京市东城区隆福寺街 99 号)

涿州市星河印刷有限公司印刷 新华书店经销

2015 年 4 月第 1 版 2015 年 4 月北京第 1 次印刷

开本:710 毫米×1000 毫米 1/16 印张:15.25

字数:200 千字

ISBN 978 - 7 - 01 - 014771 - 0 定价:32.00 元

邮购地址 100706 北京市东城区隆福寺街 99 号

人民东方图书销售中心 电话 (010)65250042 65289539